跨境客户服务与市场开发

陈 然　胡华江　**主　编**
袁　丽　李芳芳　**副主编**

北京理工大学出版社
BEIJING INSTITUTE OF TECHNOLOGY PRESS

版权专有　侵权必究

图书在版编目(CIP)数据

跨境客户服务与市场开发 / 陈然，胡华江主编. --北京：北京理工大学出版社，2023.12
ISBN 978-7-5763-3270-4

Ⅰ.①跨… Ⅱ.①陈… ②胡… Ⅲ.①电子商务-商业服务②电子商务-市场开发　Ⅳ.①F713.36

中国国家版本馆 CIP 数据核字(2023)第 248130 号

责任编辑：王梦春	文案编辑：辛丽莉
责任校对：周瑞红	责任印制：施胜娟

出版发行	/ 北京理工大学出版社有限责任公司
社　　址	/ 北京市丰台区四合庄路 6 号
邮　　编	/ 100070
电　　话	/ (010) 68914026（教材售后服务热线）
	(010) 68944437（课件资源服务热线）
网　　址	/ http://www.bitpress.com.cn
版 印 次	/ 2023 年 12 月第 1 版第 1 次印刷
印　　刷	/ 涿州市京南印刷厂
开　　本	/ 787 mm×1092 mm　1/16
印　　张	/ 16.5
字　　数	/ 385 千字
定　　价	/ 88.00 元

图书出现印装质量问题，请拨打售后服务热线，负责调换

前　言

　　党的二十大报告提出，"推动货物贸易优化升级，创新服务贸易发展机制，发展数字贸易，加快建设贸易强国。"作为发展速度最快、潜力最大、带动作用最强的外贸新业态，跨境电商不仅是数字贸易的重要组成部分，也是推动建设贸易强国的新动能。各地地方政府通过出台政策引导企业推进贸易各环节"上线触网"，借助跨境电商增强品牌培育能力，实现产业集聚、数字化赋能、品牌出海，打造贸易高质量发展新格局。由于企业的客户服务是直接面向客户的，因此对于客户来说，企业客户服务的水平就代表着企业的管理水平，客户服务管理的状况直接影响着客户对企业的感受和印象。企业竞争不仅是产品竞争，更是服务的竞争。在新形势下，跨境贸易从业者应具有跨境电商、客户服务、跨境物流、跨境营销、国际贸易实务等基础知识。比如，在跨境贸易中，对于不同消费者所在国家的文化、背景、消费习惯等，客服人员需要有良好的行业基础知识储备和语言表达能力。基于企业对跨境贸易人才的现实需求，为培养既具有系统性知识又具有较强操作能力的技术技能型人才，我们组织编写了这本《跨境客户服务与市场开发》。本书可以作为跨境电子商务、国际商务、国际贸易、商务英语等专业的用书，也可以作为企业跨境客服岗位培训用书。

　　本书以跨境贸易客服人员工作任务为引领，以企业进出口贸易的客户开发和维护为主线，以跨境贸易客服人员的岗位能力和职业标准为依据，采用流程式的工作任务与相关项目并列式的演练相结合方式架构内容。本书内容设计为7个教学项目、21个学习性工作任务。每个项目包括项目介绍、学习目标、知识导图、课外阅读、同步测试、综合实训，以及几个任务，每个任务又包括任务描述、任务实施、学习评价、知识储备四个部分，既有详细的操作步骤以锻炼学生的实操能力和解决实际问题的能力，又有想一想、职业技能证书考点、思政园地等内容以培养学生创新思维能力和良好的职业素养。

　　本书的项目一介绍了客户开发前行业及产品知识储备和报价单准备；项目二和项目三分别介绍了线下和线上开发客户的途径和方法；项目四、项目五和项目六分别介绍了跨境客户服务售前、售中、售后常见问题处理流程和处理技巧；项目七介绍了客户关系维护和客户跟进管理。

　　本书编写特色如下。

　　（1）价值引领，凸显立德树人。本书贯彻二十大精神，以社会主义核心价值观为引领，每个项目都设有素质目标和思政园地模块，统筹设计思政元素和知识体系的有机融合，培养学生自信自强、守正创新、爱岗敬业、精益求精的精神。

　　（2）任务驱动，凸显理实一体。本书以工作过程为主线，基于跨境客户服务岗位需求，以真实项目为载体，紧紧围绕完成工作任务的需要构建知识和技能，并将岗位典型工作任务转化为学习任务，采用任务驱动、学练结合的方式，提高学习效果。本书强调跨境客户服务及客户开发各环节的能力训练，通过视野拓展模块的英文报价单模板、英语实用句式等内容设置，帮助学生全面提升英语语言应用能力，从"了解"到"能做"，具有非常强的实用性和操作性。

（3）课证融合，凸显科教融汇。本书内容对接职业标准，吸收行业发展的新知识、新技术、新方法、新规范，涵盖 B2B、B2C 的客户服务内容，融入社交网络服务（social networking service，SNS）客户开发方法，结合一带一路暨金砖国家技能发展与技术创新大赛跨境电商数据化运营管理技能赛和相关"1+X"职业技能等级证书考点，建立以学习者为中心的课程教学评价体系，实现岗赛课证融通。

（4）资源配套，凸显新媒体应用。学生只需用手机扫描书中二维码，即可观看配套案例分析、视频动画，简单方便。同时，本书还提供了PPT、教学大纲、习题参考答案、微课视频等丰富的配套资源。

本书是浙江商业职业技术学院国家"双高计划"电子商务专业群所在专业的专业核心课程配套用书，由浙江商业职业技术学院陈然、浙江金华科贸职业技术学院胡华江主持编写。参加本书编写工作的有陈然（项目一、项目三、项目六）、袁丽（项目二、项目七）、李芳芳（项目四、项目五）；陈然负责全书的统稿和审核；胡华江教授负责指导本书内容体系架构、目录、样章的设计与开发。

本书为浙江省教育厅 2022 年高校访问工程师校企合作项目"高职跨境电商专业课程体系与企业岗位需求匹配度研究"（课题编号 FG2022095）的成果之一。

在编写过程中，中教畅享（北京）科技有限公司参与了本书提纲的讨论，并对本书的出版给予大力支持和帮助；浙江陪伴科技有限公司总经理董文杰、罗永鑫为本书的实训指导、案例选择及业务流程优化等方面提供了大力支持。此外，本书汲取了众多专家、学者的研究成果，参考了大量的相关资料，在此，一并表示衷心的感谢。

由于电子商务领域的发展变化较快及编者的水平有限，书中难免有欠妥之处，敬请广大读者批评指正。

编　者

目　　录

项目一　客户开发前准备 ……………………………………………………… (001)

任务一　行业及产品知识储备 …………………………………………………… (003)
　　1.1.1　认知行业及产品信息 ……………………………………………………… (006)
　　1.1.2　获取行业及产品信息 ……………………………………………………… (006)
　　1.1.3　挖掘产品卖点 ……………………………………………………………… (007)
　　1.1.4　FABE法则运用 …………………………………………………………… (008)

任务二　HS编码查询及出口退税 ……………………………………………… (010)
　　1.2.1　认知协调制度 ……………………………………………………………… (011)
　　1.2.2　HS编码查询 ……………………………………………………………… (013)
　　1.2.3　识别监管条件 ……………………………………………………………… (015)
　　1.2.4　出口商品退税 ……………………………………………………………… (017)

任务三　报价单准备 ……………………………………………………………… (020)
　　1.3.1　认知报价单 ………………………………………………………………… (024)
　　1.3.2　商品报价核算 ……………………………………………………………… (025)
　　1.3.3　制作报价单 ………………………………………………………………… (029)
　　1.3.4　关注报价单细节 …………………………………………………………… (030)

课外阅读 ……………………………………………………………………………… (031)
综合实训 ……………………………………………………………………………… (034)

项目二　线下客户开发 …………………………………………………………… (036)

任务一　展会客户开发 …………………………………………………………… (038)
　　2.1.1　展会前准备 ………………………………………………………………… (040)
　　2.1.2　展会现场沟通 ……………………………………………………………… (041)
　　2.1.3　展会结束跟进 ……………………………………………………………… (043)
　　2.1.4　云展会客户开发 …………………………………………………………… (045)

任务二　行业协会客户寻找 ……………………………………………………… (048)
　　2.2.1　认知行业协会 ……………………………………………………………… (049)
　　2.2.2　行业协会客户开发 ………………………………………………………… (051)

任务三　客户转介绍客户 ………………………………………………………… (053)

  2.3.1　认知客户转介绍 ……………………………………………………(055)
  2.3.2　转介绍客户分类 ……………………………………………………(056)
  2.3.3　转介绍客户开发方法 ………………………………………………(056)
课外阅读 …………………………………………………………………………(057)
综合实训 …………………………………………………………………………(060)

项目三　线上客户开发 ……………………………………………………(061)

任务一　B2B 平台客户开发 ……………………………………………………(063)
  3.1.1　确定客户开发目的 …………………………………………………(067)
  3.1.2　阿里巴巴平台客户开发 ……………………………………………(067)
  3.1.3　易单网平台客户开发 ………………………………………………(072)
任务二　SNS 客户开发 …………………………………………………………(078)
  3.2.1　认知 SNS 客户开发 …………………………………………………(080)
  3.2.2　Linkedin 平台使用 …………………………………………………(081)
  3.2.3　TikTok 营销推广 ……………………………………………………(088)
任务三　搜索引擎客户开发 ……………………………………………………(094)
  3.3.1　认识国外主流搜索引擎 ……………………………………………(095)
  3.3.2　利用关键词搜索客户 ………………………………………………(098)
  3.3.3　分析客户信息 ………………………………………………………(100)
任务四　其他途径寻找客户 ……………………………………………………(102)
  3.4.1　驻外商务机构客户开发 ……………………………………………(104)
  3.4.2　黄页客户开发 ………………………………………………………(105)
  3.4.3　专业信息机构客户开发 ……………………………………………(108)
课外阅读 …………………………………………………………………………(111)
综合实训 …………………………………………………………………………(114)

项目四　售前客户服务与沟通 ……………………………………………(115)

任务一　售前客户服务准备 ……………………………………………………(117)
  4.1.1　提升岗位核心能力 …………………………………………………(119)
  4.1.2　巧用跨境沟通工具 …………………………………………………(119)
  4.1.3　推送售前信息 ………………………………………………………(122)
  4.1.4　把握客户心理 ………………………………………………………(124)
任务二　售前常见问题处理 ……………………………………………………(126)
  4.2.1　询价问题处理 ………………………………………………………(128)
  4.2.2　商品问题处理 ………………………………………………………(130)
  4.2.3　支付问题处理 ………………………………………………………(135)
  4.2.4　物流问题处理 ………………………………………………………(138)
  4.2.5　关税问题处理 ………………………………………………………(139)
任务三　客户服务转化率提升 …………………………………………………(140)

4.3.1　增强服务意识 …………………………………………………… (141)
　　　4.3.2　加快响应速度 …………………………………………………… (142)
　　　4.3.3　善用沟通技巧 …………………………………………………… (143)
　　　4.3.4　制作话术模板 …………………………………………………… (144)
　课外阅读 ……………………………………………………………………… (148)
　综合实训 ……………………………………………………………………… (150)

项目五　售中客户服务与沟通 ……………………………………………… (152)

　任务一　认知售中客户服务 ………………………………………………… (154)
　　　5.1.1　售中客户服务岗位职责 ………………………………………… (155)
　　　5.1.2　售中客户服务工作流程 ………………………………………… (156)
　　　5.1.3　售中客户服务沟通技巧 ………………………………………… (157)
　任务二　售中订单控制与处理 ……………………………………………… (159)
　　　5.2.1　订单处理 ………………………………………………………… (162)
　　　5.2.2　物流跟踪 ………………………………………………………… (169)
　　　5.2.3　特殊订单处理 …………………………………………………… (174)
　课外阅读 ……………………………………………………………………… (179)
　综合实训 ……………………………………………………………………… (183)

项目六　售后客户服务与沟通 ……………………………………………… (184)

　任务一　客户评价管理 ……………………………………………………… (186)
　　　6.1.1　催促评价 ………………………………………………………… (188)
　　　6.1.2　好评回复 ………………………………………………………… (189)
　　　6.1.3　中差评修改 ……………………………………………………… (190)
　任务二　售后常规问题处理 ………………………………………………… (192)
　　　6.2.1　规范处理流程 …………………………………………………… (193)
　　　6.2.2　售后典型问题剖析 ……………………………………………… (194)
　　　6.2.3　售后问题分类处理 ……………………………………………… (195)
　任务三　售后纠纷处理 ……………………………………………………… (201)
　　　6.3.1　掌握纠纷处理流程 ……………………………………………… (202)
　　　6.3.2　分析纠纷原因 …………………………………………………… (206)
　　　6.3.3　纠纷的处理与预防 ……………………………………………… (208)
　任务四　售后服务平台操作 ………………………………………………… (213)
　　　6.4.1　阿里国际站操作 ………………………………………………… (214)
　　　6.4.2　速卖通操作 ……………………………………………………… (218)
　　　6.4.3　亚马逊操作 ……………………………………………………… (220)
　课外阅读 ……………………………………………………………………… (223)
　综合实训 ……………………………………………………………………… (227)

项目七　客户关系管理与维护 ………………………………………………… (228)

任务一　客户识别与分类维护 …………………………………………… (230)
　　7.1.1　客户价值识别 …………………………………………………… (232)
　　7.1.2　跨境客户分级管理 ……………………………………………… (233)
　　7.1.3　跨境客户分类管理 ……………………………………………… (238)
任务二　客户跟进管理 …………………………………………………… (243)
　　7.2.1　认知客户跟进管理 ……………………………………………… (244)
　　7.2.2　客户满意度管理 ………………………………………………… (246)
　　7.2.3　客户忠诚度管理 ………………………………………………… (247)
课外阅读 …………………………………………………………………… (251)
综合实训 …………………………………………………………………… (253)

参考文献 ……………………………………………………………………… (254)

项目一

客户开发前准备

 项目介绍

  客户是企业利润的源泉，开发海外新客户是跨境客服岗位的重要职责之一。但是，跨境客户开发的能力不是轻易就能获得的，而是要有丰富的知识储备和实践。本项目重点介绍跨境客户开发前的准备工作，包括行业及产品的知识储备，熟悉与产品有关的报关知识、出口退税额计算和准备报价单四个环节。

 学习目标

知识目标：
1. 了解行业、产品的相关知识及跨境贸易流程；
2. 掌握 HS 编码的结构及出口退税的内涵；
3. 掌握报价单的构成要素。

技能目标：
1. 能够通过相关渠道搜集行业及产品的相关信息；
2. 能够准确查询 HS 编码，能够计算出口退税额；
3. 能够正确核算产品价格并制作报价单进行报价。

素质目标：
1. 具备成为跨境客户开发人员遵守职业法规的基本素养；
2. 提升学生团队合作能力；
3. 树立学生诚实守信的职业操守。

 知识导图

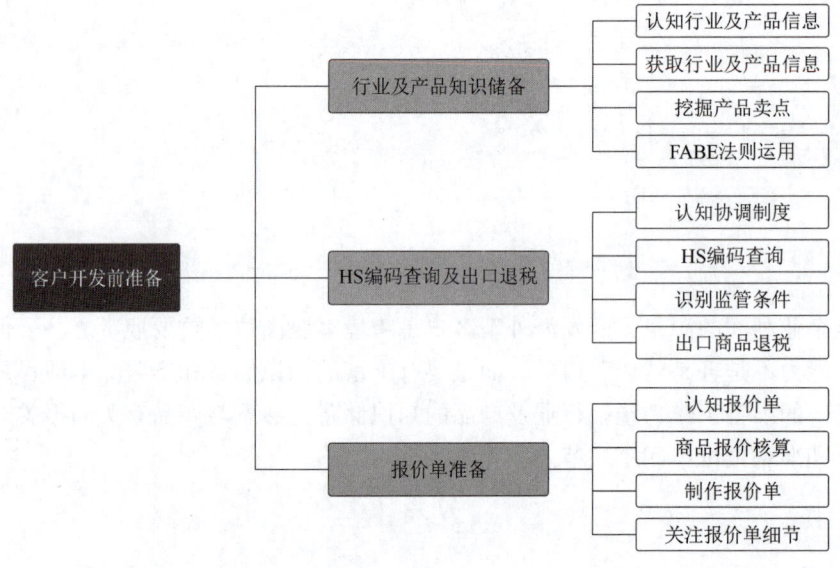

任务一　行业及产品知识储备

跨境客户服务（客服）人员肯定要对产品很熟悉，如果对产品一问三不知，那基本是谈不了生意的。对产品知识的了解，是建立自信的第一步，也是客服人员和客户关系的纽带。做跨境客服的角色就是一个"客户–工厂""客户–货代"之间的传话者，所以客服人员需要知道产品的成本构成、生产流程、生产工艺、认证等，了解产品的相关知识，这样不仅能在向客户介绍产品的时候做到知己知彼，百战不殆，还便于正确发布产品，使产品精准地展现在潜在客户面前，获取更多商机。

 任务描述

浙江超卓有限公司是一家主营通信设备的跨境出口贸易公司。近几年由于市场不景气，公司的客户数量逐渐减少，经讨论决定进一步开拓国外新市场，因此公司安排李佳经理带着新人王雪来负责此项工作。李佳经理有着丰富的跨境贸易经验，她认为在开发客户前首先应该深入地了解公司涉及的行业及公司产品，因此她安排王雪先了解公司生产的且比较热销的通信设备——蓝牙耳机的行业信息及产品信息。需要了解哪些产品相关信息？如何了解行业资讯及产品信息？希望你通过学习帮助王雪整理信息并完成表 1-1 的填写。

 任务实施

步骤 1：通过公司官网、产品手册或跨境电商平台了解产品的分类。

要了解蓝牙耳机的产品信息首先要了解它的分类，找到蓝牙耳机正确的所属类目。跨境贸易公司的产品一般都不会只有一个，它们少则有五六十个，多则有上百上千个。如果能够从类别着手记，先记住该产品类别的特点，而后慢慢熟悉这个类别的所有产品细节特点，接着再触类旁通，记住其他类别的产品，这样既不会混，也能成批同类的来联想熟记。图 1-1 所示为亚马逊平台蓝牙耳机的分类。

Department

Headphones & Earbuds

Earbud & In-Ear Headphones

Over-Ear Headphones

On-Ear Headphones

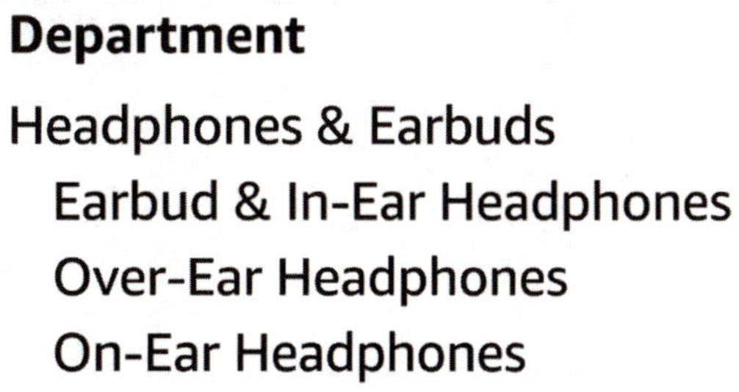

任务素材：产品资料

图 1-1　亚马逊平台蓝牙耳机的分类

步骤 2：通过网络信息搜集或深入工厂熟悉产品。图 1-2 所示为搜集的产品信息。

在外贸这一行一直都提倡到生产一线去实地考察，这是因为很多拿到手的产品资料图片，跟实际的产品会有一些差距。当走到生产一线，看着拿到的产品资料，再对照产品实例，这样更方便熟悉资料内容，甚至遇到一些细节问题，还可以直接咨询工厂技术人员。

对于工艺：现在大多数蓝牙耳机都是机械化生产的，首先要了解不同工艺的原理，包括

图 1-2　产品信息

灌封胶、三防漆、纳米涂层、派瑞林工艺等,哪些是关键部件,哪些是易损坏的部件,哪些情况会造成质量不合格。

对于属性:材质、颜色、尺寸、重量[①]等。

对于功能:如无线连接、语音交互、智能降噪、健康监测和听力保护等。

对于交易:最小起订量、价格、交货时间、包装方式、运输方式、支付方式等。

步骤 3:通过网络信息搜集或与公司前辈交流掌握行业信息。

步骤 4:填写表 1-1 所示的蓝牙耳机行业信息及产品信息表。

表 1-1　蓝牙耳机行业信息及产品信息表

项目	产品信息
产品型号	
产品分类	
关键词	
外壳材质	
连接技术	
颜色	
尺寸	
适合类型	
芯片	
电池寿命	

---

① 为体现与国际贸易工作的一致性,本书遵从行为习惯称谓,书中重量、净重、毛重实际指质量、净质量、毛质量。

续表

项目	产品信息
主动降噪	
功能	
质量	
产品卖点	
产品适用人群	
最小起订量	
品牌	
认证	
包装	
支付方式	
交货期	

项目	行业信息
行业现状	
市场规模	
主要出口国家	
竞争对手	
跨境贸易流程	

 学习评价

组织学生进行分享展示，从任务执行质量、效率、态度三个维度开展学生自评与教师点评，如表1-2所示。有条件的，可以邀请企业专家参与评价。

表1-2 行业及产品知识储备学习评价表

	评价内容		分值	学生自评	教师评价	企业点评
	评价维度	目标观测点				
任务一 行业及产品知识储备	任务执行质量	了解行业及产品信息重要性	10			
		掌握3种及以上行业及产品信息收集渠道	10			
		能够挖掘产品卖点	20			
		能够完整填写行业及产品信息表	20			
		掌握FABE法则的沟通技巧	10			
	任务执行效率	小组分工明确，能够在规定时限内完成行业及产品信息表	10			
	任务执行态度	小组团结合作，不断优化作品精益求精	20			
总评		目标达成总体情况	100			

 知识储备

客户开发前的第一步要对行业和产品进行充分的了解。这包括了解市场趋势、竞争对手、产品特点和优势等。比如蓝牙耳机，它就是将蓝牙技术应用在免持耳机上，让使用者可以免除恼人电线的牵绊，自在地以各种方式轻松通话。蓝牙耳机具有体积小、质量轻、单价高的特点，在了解蓝牙耳机产品信息时，要着重了解它的制作工序、所用芯片、通话质量、传输距离等特殊性信息。了解这些信息，不仅能在与客户的沟通中更好地展示该产品的优势和解决问题的能力，从而提高客户的购买兴趣和信心，同时还可以帮助客户开发人员更好地理解客户的需求并更好地服务客户。

1.1.1　认知行业及产品信息

行业内的信息对跨境贸易很重要。现在，信息已经不是少数人才能知道的秘密，同种产品，网上搜索一下可能就有几千家公司，邮件群发一次便有无数人能够知道客户的采购意向。如何在众多竞争者中脱颖而出，靠的就是比别人更善于了解、分析和利用信息的能力。行业及产品信息的重要作用主要体现在以下两个方面。

一是精准开发客户，提升工作效率。可以通过分析行业现状及市场规模、行业发展风向，掌握在哪些国家以及地区是一个空白市场或者存在很大的需求，这样不至于以后开发客户的时候过于盲目，可以有目标、有范围地寻找真正的需求客户，也可以大幅地提升工作效率。

二是提供优质服务，解决客户需求。不同的国家对于不同行业的进出口是有不同的需求和限制的，客户开发人员必须明白出口产品在行业内的地位、产品的优劣势、产品所需要的认证、行业的发展方向等，为开发国外客户打好基础，做好准备。同时，只有熟悉跨境贸易流程、产品属性、生产工艺等信息才能快速报价、解决客户问题为客户提供优质服务。

案例分析：产品专业知识是成功的密码

1.1.2　获取行业及产品信息

行业信息包含行业市场规模、在国内外的发展方向和趋势、进出口情况、国内外的竞争情况、行业的价格趋势、贸易模式、贸易流程、退税及不同国家的关税、行业内被淘汰的产品型号以及客户所在国家的局势等内容。客服人员可以通过利用行业展会、竞争对手的新品发布会、行业协会或专业机构信息网站以及一些产业研究数据统计方面的相关网站掌握相关信息及数据。图1-3所示为跨境贸易模式及流程。

不同的出口产品有不同的名称和特性，因此必须先熟悉产品的中外文名称和特性。产品信息可从以下四个渠道熟悉和了解。

（1）熟悉出口公司网站。成熟的外贸公司或出口型工厂一般都有制作维护比较完整、信息全面的网站，对跨境贸易新人来说这是学习产品知识最好、最直接的方法。

（2）熟悉出口公司目录册。出口公司目录册信息完整、直观，因此跨境贸易新人应快速了解目录册，尽管目录册可能有不少生涩的词汇，也应进行查询并记下来。

（3）了解产品样品实物。对照公司网站和公司目录册上的介绍，通过直观的产品样品实

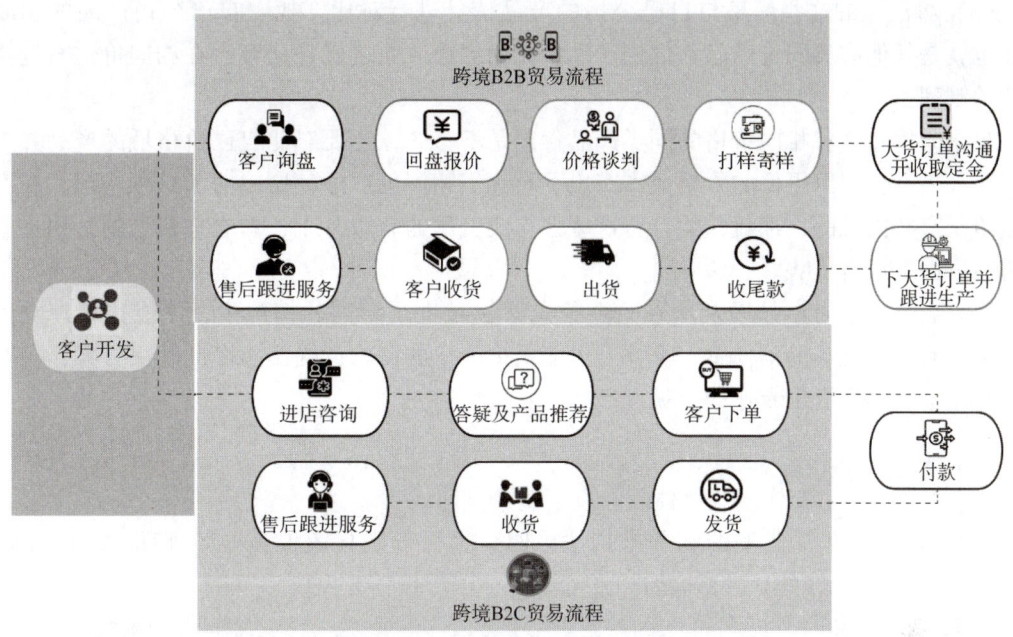

图 1-3　跨境贸易模式及流程

物,了解和熟悉出口产品外观、性能和包装。包装主要包括两个部分:一是包装物,例如 PE 袋、垫纸板、纸箱等,其主要作用是保护产品免于在运输途中损坏,国外客户一般没有统一的标准和要求;二是印刷品,例如说明书、吊卡、贴产地标等,印刷品涉及进口企业的营销和品牌,国外客户的要求往往就体现在印刷品上。

(4) 多下车间了解产品的生产工艺和工序。通过参与制作样品,熟悉生产的整个流程及生产周期,了解产品的原材料,并熟悉其在成品中的价值比重;其次,还应熟悉材料与材料之间的价格区别、不同产品之间的功能差异等;与生产部主管多沟通交流,虚心向前辈请教,定时整理相关产品信息,默记在心。

1.1.3　挖掘产品卖点

产品卖点挖掘的一个比较好的方法是可以通过市场上同类产品的汇总、对比、分析来完成的。

第一步,先将同类产品进行汇总,最好是在一个 Excel 表格里汇总出来,然后将这类产品的价格、型号、颜色等细节也都补充到表格里。这样就可以很清晰地知道同类产品的区别在哪里。

第二步,进行产品的对比分析,不仅要和自己公司的同类产品进行对比,也要和市场上的同类产品以及替代品进行对比。可以使用的做法如下。

(1) 先搜索一部分价格相似的同类产品,最好是不同区域的,因为不同区域产品的生产成本也是有区别的,然后分别将这些产品的型号、材料等信息汇总出来;

(2) 查找这些产品的客户评价,大多数商家在平台上都是有店铺的,可以看一下店铺里这些商品的评价如何;

（3）将汇总的这些信息与自己公司的产品信息进行对比，找出自己公司产品的相对优势，也就是其他同类同价产品与你们产品相比的劣势，而这就是让客户在相同价位时选择你们的关键理由。

只是分析相似和相同价格的同类产品肯定是不够的，还要对比自己价格低的产品并进行分析，如果有公司以更低的价格成本产出了与你们相同的产品，所以对于这种情况，在产品上竞争是有些困难的，那就只能分析这些公司或工厂的软服务了，看看你自己的公司在服务及售后方面有没有优势。

只有当你处于对产品以及所在行业信息掌握程度足够高的情况下，才能让客户觉得专业，从而对你有足够的信任感。你才有可能根据客户的需求，提出全套的解决方案，针对客户所在市场给客户提出专业的意见。

1.1.4 FABE 法则运用

FABE 法则是非常典型的利益推销法，四个字母分别代表 features（特征）、advantages（优势）、benefits（好处）、evidence（佐证）。

（一）基于 FABE 法则的沟通步骤

特征：首先介绍产品或服务的特征，包括各种性能、功能、规格等方面的特点。

优势：接着说明这些特征相对于竞争者的优势，即产品或服务比同类产品更好、更实用、更方便等。

好处：最后将这些优势转化为客户所能获得的具体好处和解决问题的能力，即让客户了解自己所购买的产品或服务能够带给自己什么样的收益和好处。例如：当客户询问关于商品质量的问题时，客户服务人员可回复：This item is made of ×××, which is quite good for your health.

佐证：利用真实数据、图片、证书等实际证据打消客户的顾虑。

按照这样的顺序来介绍，就是说服性演讲的结构，它达到的效果就是让客户相信你的产品或服务是最好的，从而促进成交。

（二）利用 FABE 法则的沟通技巧

1. 站在客户的角度思考

改变以往从产品的角度去介绍推荐，客服人员可以思考客户购买前可能存在的顾虑、问题，分析客户可能不进行购买的直接原因，利用数据、图片等实际情况打消客户的顾虑。

动画：FABE 法则

2. 注意话术使用时机

作为一个优秀的客服人员，当然不会一上来就使用 FABE 话术。FABE 话术是一种说服性的话术，是在说服购买阶段使用的。客服人员需要沉得住气，不要一上来就一大段地介绍推销，在没有了解客户的真实意图和购买动机之前，没必要启动 FABE 话术。

3. 做到推荐有的放矢

在没有弄清楚客户的需求前，对每一种产品都做一次介绍，大部分的客户会觉得厌烦，不想再听。客服人员可以通过试探性的问话快速捕捉客户的需求，有针对性地强调产品带来的好处。

示例如下。

跨境客服人员通过亚马逊平台向客户传递产品信息，在产品主图右侧五行描述区内阐述了产品的属性特点、产品优势以及客户购买该产品后能够享受的益处。图 1-4 所示为亚马逊宠物栏产品五行描述。

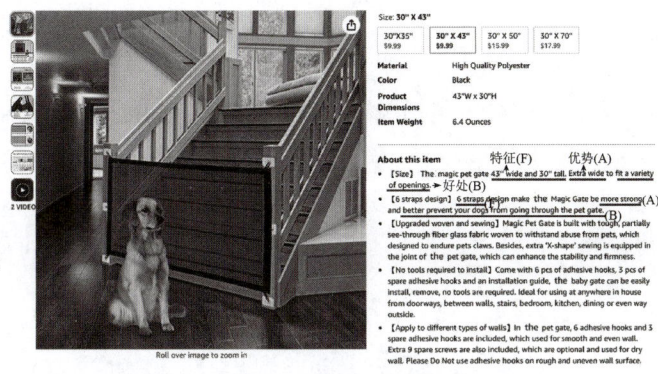

图 1-4　亚马逊宠物围栏产品五行描述

不同于过去电子商务详情页打造时冗余的图片堆砌，跨境电商平台上的图文篇幅往往是受限的，这就更需要跨境客服人员懂得 FABE 的销售模式，把更重要的信息传递出去，力求做到精益求精、严谨、极致，从而提供令客户满意的服务。

任务二 HS 编码查询及出口退税

**任务描述**

浙江超卓有限公司是一家主营通信设备类的跨境出口贸易公司。王雪作为一名新员工需要学习公司出口业务的核算业务,为开发海外客户做准备。李佳安排王雪查询近期公司新研发的 6 款产品的 HS 编码并核算相应的单件商品的出口退税金额。如何查询产品的 HS 编码和税率?怎么计算出口退税额?请你通过学习帮助王雪完成任务。

任务实施

步骤 1:首先确定这 6 款产品,包括电视、智能手表、摄像头、路由器、笔记本计算机、手机。然后登录 https://www.hsbianma.com/,如图 1-5 所示,查询 HS 编码,填入表 1-3。

图 1-5 HS 编码查询

任务素材:产品资料

步骤 2:查询这 6 款商品采购价格及出口退税税率,完成表 1-3 的填写。

表 1-3 商品信息表 1

商品名称	HS 编码	采购价格	出口退税税率
电视			
智能手表			
摄像头			
路由器			
计算机			
手机			

步骤 3:计算单件商品出口退税金额,填写表 1-4。

表 1-4 商品信息表 2

商品名称	计算过程	出口退税金额
电视		

续表

商品名称	计算过程	出口退税金额
智能手表		
摄像头		
路由器		
计算机		
手机		

 学习评价

组织学生进行分享展示，从任务执行质量、效率、态度三个维度开展学生自评与教师点评，如表1-5所示。有条件的，可以邀请企业专家参与评价。

表1-5 HS编码查询及出口退税学习评价表

评价维度		评价内容	分值	学生自评	教师评价	企业点评
	评价维度	目标观测点				
任务二 HS编码查询及出口退税	任务执行质量	掌握HS编码的结构及出口退税的内涵	10			
		能够准确查询商品HS编码	20			
		能够查询产品相应进出口税率	20			
		能够正确计算商品出口退税金额	20			
	任务执行效率	小组分工明确，能够快速查询HS编码并计算退税额	10			
	任务执行态度	小组团结合作，不断优化作品精益求精	20			
总评		目标达成总体情况	100			

 知识储备

HS编码是海关商品编码的简称，是一种国际上通行的商品分类系统。每个商品都可以被归入某个HS编码，用于对商品进行统计、监管等。不同国家的HS编码略有不同。常见的通信设备，如计算机，它的HS编码为8471492000，就是指以系统形式报验的小型计算机；HS编码为8471499900，是指以系统形式报验的其他计算机。出口退税是指政府为了促进出口贸易和提高国家经济竞争力，给出口企业返还所缴纳的增值税等税费的政策。在中国，出口退税是以出口货物HS编码分类为基础进行退税的。根据HS编码的等级和适用税率，海关将对企业实际支付的增值税、消费税等税款予以退还，促进企业出口和降低成本。

1.2.1 认知协调制度

（一）协调制度简介

《商品名称及编码协调制度》（Harmonized Commodity Description and Coding System），简称《协调制度》，即HS编码，也就是我们常说的海关编码，它是在《海关合作理事会商品分类目录》（CCCN）和联合国《国际贸易标准分类目录》（SITC）的基础上，为协调国际上多种主要的税则、统计、运输等方面的商品分类目录而制定的一部科学、标准的多用途商品分类体系和编码体系。

动画：HS 编码

1983 年 6 月，海关合作理事会在第 61/62 届会议上通过了《商品名称及编码协调制度国际公约》及作为附件的《商品名称及编码协调制度》目录，并于 1988 年 1 月 1 日在国际上正式生效。此后，为了适应新技术、新产品的不断产生和国际贸易发展格局的变化，《协调制度》一般 5~6 年做一次全面修订，曾经使用过的版本有 1992 年版、1996 年版、2002 年版、2007 年版、2012 年版、2017 年版和 2022 年版。

由于《协调制度》是一个完整、系统、通用、准确的国际贸易分类体系，具有严密的逻辑性和科学性，世界贸易组织及其成员国在进出口贸易申报、海关关税管理、关税和贸易谈判、贸易统计、国际商品运输、进出口商品检验、产地证签证及管理等各个领域广泛使用。目前，已有 200 多个国家和地区采用《协调制度》目录作为本国或本地区的海关税则和贸易统计目录。

HS 编码前 6 位是国际通行的标准编码，6 位码以上的编码及对应商品由各国自定。我国从 1990 年 1 月 1 日起先后在普惠制签证和商检机构实施检验的进出口商品种类表上实施 HS 编码。此后，从 1992 年开始我国海关也采用该《协调制度》，并以其作为基础并结合我国国际贸易的实际情况，编制了《中华人民共和国海关进出口税则》和《中华人民共和国海关统计商品目录》。

我国进出口税则采用十位编码，前八位等效采用 HS 编码，后两位是我国子目，它是在 HS 编码分类原则和方法的基础上，根据我国进出口商品的实际情况延伸的两位编码。HS 编码在我国运输、银行、保险以及其他领域也被广泛推广运用。因此，对每一位跨境贸易的从业人员来说，熟悉和掌握 HS 编码无疑是十分重要的。

视野拓展：2022 年版《协调制度》的新变化

（二）HS 编码基本结构

《协调制度》由三部分组成：协调制度归类总规则；类、章和子目的注释；税目和子目及其相应的数字。协调制度中所列商品共分为 22 类、98 章。

我国税则及统计目录采用了《协调制度》分类目录，并在《协调制度》的结构基础上增加了两位数码，第 7 位数码代表 3 级子目，第 8 位数码代表 4 级子目。例如，混合的豆油第 5 位数码代表 1 级子目（如图 1-6 所示），表示它所在税目下所含商品 1 级子目的顺序号；第 6 位数码代表 2 级子目，表示在 1 级子目下所含商品的顺序号；我国本国子目的第 7、8 位数码代表3级子目和4级子目，其含义与前面第5、6位数码含义相同。值得注意的是，在第6位或第8位数码编号中，若在第5~8位数码中出现数字"9"，一般情况下代表未具体列名的商品，而不一定是表示在该子目下的实际顺序号。

```
编码：  1 5   1 7   9     0     0     0
位数：  1 2   3 4   5     6     7     8
含义：  章号  顺序号 1级子目 2级子目 3级子目 4级子目
```

图 1-6　混合豆油 HS 编码示例

（三）HS 编码重要性

1. 标识商品身份

HS 编码可以在国际贸易中清晰准确地标识商品的身份，对于海关申报、商业合同、运输保险等环节都具有重要意义。

2. 实现海关统计

HS 编码是全球范围内通用的商品编码系统，可以较为准确地反映不同国家和地区的进出口贸易数据，从而实现海关统计和监管。

3. 促进贸易便利化

HS 编码可以避免因语言和地域差异造成的商品名称和编码不一致的问题，从而降低国际贸易的交流成本，促进贸易便利化。

4. 促进产业升级

HS 编码可以从输入到输出全程跟踪及分析每一个环节，帮助企业了解市场需求，提升技术研发能力，促进产业结构升级。

案例分析：进口申报时 HS 编码的重要性

1.2.2　HS 编码查询

HS 编码的查询方法主要有以下两种。

第一种方法，通过分类、章节依次进行查询。例如，使用《中华人民共和国海关进出口税则》查询首先根据产品材质或用途选择对应的分类和章号确定前4位编码，然后仔细阅读该编码系列号的注释，确定最终的 HS 编码，如图 1-7 所示，同时在编码的右侧会展示该产品海关关税、计量单位、监管条件等信息。

第二种方法，通过"输入搜索关键词"进行编码查询。例如：通过 HS 编码网站查询，进入 https://www.hsbianma.com/网站，输入想要搜索的产品品名关键词，一键搜索就能出现查询页面，与关键词相关的 HS 编码、商品名称、品目结构、申报要素、品目归类、税率标准、监管条件、检验检疫类别一目了然。

例如，通过 HS 编码查询网站查询"柳条椅子"的步骤和结果如下。

第一步：进入 https://www.hsbianma.com/ 网站。

第二步：在搜索框内直接输入 HS 编码或商品名称查询。如果对自己的产品名称有疑惑，可以用统称或泛称的方法查询，如输入"柳条椅子"，单击"查询"，结果如图 1-8 所示。其中，详细录入了与柳条椅子有关的具体产品及 HS 编码。从其中选取与"柳条椅子"最接近的商品名称和编码。

01.02		牛：
		-家牛：
0102.2100		--改良种用【改良种用家牛】〔101 种牛，102 屠宰牛，103 其他用途牛〕
0102.2900		--其他【非改良种用家牛】〔101 种牛，102 屠宰牛，103 其他用途牛〕
		-水牛：
0102.3100		--改良种用
0102.3100	10	改良种用濒危水牛〔999〕
0102.3100	90	改良种用水牛(濒危水牛除外)〔999〕
0102.3900		--其他
0102.3900	10	非改良种用濒危水牛〔999〕
0102.3900	90	非改良种用其他水牛〔999〕
		-其他：
0102.9010		--改良种用
0102.9010	10	改良种用濒危野牛〔999〕
0102.9010	90	其他改良种用牛〔101 种牛，102 屠宰牛，103 其他用途牛，104 水牛，105 牦牛〕

图 1-7　商品分类查询

图 1-8　商品泛称查询

第三步：单击子目注释或右侧详情查看中文描述，如图 1-9 所示，核对商品信息是否符合，从而选择正确的 HS 编码。

也可以从其他相关网站查询。相关网站如下。

编码查询网：https://www.hsbianma.com/；

跨关网：http://www.transcustoms.cn/；

全润通信息网：https://www.quanruntong.com/。

实操视频：如何快速查询 HS 编码

图 1-9　商品基本信息

1.2.3　识别监管条件

海关对不同商品实行不同的监管条件。《中华人民共和国海关法》规定：进口货物自进境起到办结海关手续止，出口货物自向海关申报起到出境止，过境、转运和通运货物自进境起到出境止，应当接受海关监管。

（一）商检和法检的区别

商检即商品检验，指由商检机构出单证明货物经检验符合怎样的品质和数量。进出口商品实施检验的内容包括商品的质量、规格、数量、重量、包装以及是否符合安全、卫生要求等。

法检即法定商检，是一种强制性检验检疫，指对列入国家出入境检验检疫局发布的《出入境检验检疫机构实施检验检疫的进出境商品目录》的商品必须经出入境检验检疫机构实施强制性检验检疫。

《出入境检验检疫机构实施检验检疫的进出境商品目录》上面的监管条件是"A""B"或"AB"的货物，在报关的时候必须向海关提供商检局的通关单。如果监管条件没有"A""B"或"AB"，就不算是法定检验货物，报关时候不需要提供通关单。一般通过网络查询HS编码结果出来后，单击"更多"即可显示详细的资讯，最后一栏为"监管条件"，如果有"A"，或者"B"，或者"AB"，毫无疑问即可判断该商品必须做法检。

监管条件 A——入境货物通关单：进口法定商检，进口商品按国家海关法规定要所属的出入境检验检疫局检验检疫才可以进口报关。

监管条件 B——出境货物通关单：出口法定商检，出口前必须取得所属国家出入境检验检疫局出具的检验检疫报告才可以通关。

监管条件为 AB——分别代表入境货物通关单和出境货物通关单。

（二）海关监管查验证件

海关依照监管依据对不同商品实行不同的监管，包括提供进出口许可证、检验检疫证、法定检验证、产地证、熏蒸证、配额证、濒危证等，见表1-6。现主要介绍以下四类。

表 1-6 我国海关进出口主要监管条件

许可证或批文代码	许可证或批文名称
1	进口许可证
2	两用物项和技术进口许可证
3	两用物项和技术出口许可证
4	出口许可证
5	纺织品临时出口许可证
6	旧机电产品禁止进口
7	自动进口许可证
8	禁止出口商品
9	禁止进口商品
A	入境货物通关单
B	出境货物通关单
D	出/入境货物通关单（毛坯钻石用）
E	濒危物种出口允许证
F	濒危物种进口允许证
G	两用物项和技术出口许可证（定向）
I	精神药物进（出）口准许证
J	金产品出口证或人总行进口批件
O	自动进口许可证（新旧机电产品）
P	进口废物批准证书
Q	进口药品通关单
S	进出口农药登记证明
T	银行调运外币现钞进出境许可证
W	麻醉药品进出口准许证
X	有毒化学品环境管理放行通知单
Z	进口音像制品批准单或节目提取单
e	关税配额外优惠税率进口棉花配额证
s	适用ITA税率的商品用途认定证明
t	关税配额证明

1. 进出口许可证

进出口许可证是国家管理进出口贸易通关的证件，由对外经济贸易部及其授权的有关省、自治区、直辖市经贸委局和特派员办事处审核签发。从1992年起，进出口许可证上各项标注中英文对照、商品名称、编码和计量单位，采用商品分类和编码协调制度。进出口许可证制度是国家协调市场、保护国民经济的一种方法，主要针对机电产品、食品、粮食、能源产品等有关国计民生的商品发放许可证。

2. 检验检疫证

商品检验是国际贸易发展的产物，体现不同国家对进出口商品实施品质管制。通过这种管制在出口商品生产、销售和进口商品按既定条件采购等方面发挥积极作用。

国家检验检疫部门根据对外贸易发展的需要，制定、调整并公布《商检机构实施检验的进出口商品种类表》）（以下简称《种类表》）。

3. 法定检验证

国家检验检疫部门对列入《种类表》的商品、《中华人民共和国进出口动植物检疫条例》规定的出口商品、《中华人民共和国食品卫生法》规定的出口食品、有关政府的要求和我国政府的要求或我国政府与有关国家协议的规定，由我国政府规定由商检机构统一执行检验的出口商品、装运出口粮油食品、冷冻食品等船舶或集装箱的装运技术条件实行法定检验。

4. 产地证、熏蒸证等

1）产地证

产地证是证明货物原产地和制造地的文件，也是进口国海关采取不同的国别政策和关税待遇的依据。产地证一般分为普通产地证、普惠制产地证和欧洲纺织品产地证。上述产地证虽然都用于证明货物产地，但使用范围和格式不一样。产地证并非法定的海关监管条件。

（1）普通产地证：又称原产地证，通常不使用海关发票或领事发票的国家，要求提供产地证明，可确定对货物征税的税率。有的国家限制从某个国家或地区进口货物，要求以产地证来确定货物来源国。

（2）普惠制产地证（简称 Form A）：普惠制的主要单据。凡是对给惠国出口的一般货物，须提供这种产地证。普惠制产地证由出口公司填制，中国进出口商品检验局出具，作为进口国减免关税的依据。

（3）欧洲纺织品产地证：对欧洲经济共同体国家出口纺织品时，信用证一般都规定须提供特定的产地证，即纺织品产地证。此种产地证在我国是由出口地的经贸委（厅、局）签发的。

2）熏蒸证

许多国家包括我国为了有效防止病虫害的侵入，对于进出口商品及其包装中易于携带病虫害的载体进行熏蒸消毒，继而出具已熏蒸的相关证书。

1.2.4 出口商品退税

出口退税是一个国家或地区对已报送离境的出口货物，由税务机关将其在出口前生产和流通的各环节已经缴纳的国内增值税或消费税等间接税税款，退还给出口企业的一项税收制度。1985 年 3 月，国务院正式颁发了《关于批转财政部〈关于对进出口产品征、退产品税或增值税的规定〉的通知》，其规定从 1985 年 4 月 1 日起对出口产品实行退税政策。自 1994 年 1 月 1 日起，随着国家税制的改革，我国改革了已有退还产品税、增值税、消费税的出口退税管理办法，建立了以新的增值税、消费税制度为基础的出口货物退（免）税制度。

（一）出口退税的重要意义

1. 提升企业竞争力

通过退税政策，企业可以将部分税费退回，从而降低生产成本，提高产品价格竞争力。

这有助于企业在国际市场上获得更多的订单，扩大市场份额。

2. 促进外贸发展

通过退税政策，企业可以降低出口商品的价格，提高其在国际市场上的竞争力，进而扩大出口规模，增加国家的外贸收入。此外，出口退税还可以鼓励企业开展对外贸易活动，推动国家对外贸易的多元化发展。

3. 推动产业升级

通过退税政策，企业可以将更多资金投入技术研发、生产设备升级等方面，从而提高产品质量、推动产业升级。这有助于提高企业的核心竞争力，为国家的长期发展奠定基础。

4. 避免重复征税

在国际贸易中，企业可能会面临多次征税的情况，这会增加企业的负担，影响其国际竞争力。通过出口退税政策，企业可以在国内生产、流通等环节所缴纳的税费进行退还，避免重复征税，提高企业的生产效率和市场竞争力。

（二）出口退税登记的基本条件

出口退税的基本条件包括以下三个方面。

（1）必须是出口的商品：出口即报关离境，出口退税的有效时间是出口报关后 90 天内，在这期间可以正常退税，如果有特殊原因可以申请延期一次。

（2）商品需在退税范围内：出口商品必须是增值税、消费税征收范围内的货物，如果是免税商品则不属于退税范围。

（3）必须是已收汇核销的商品：按照现行的规定，退税前必须先核销，如果没有收取外汇，导致不能核销，过了退税的时限就不能退税。

（三）出口退税登记的一般程序

（1）有关证件的送验及登记表的领取：企业在取得有关部门批准其经营出口产品业务的文件和工商行政管理部门核发的工商登记证明后，应于 30 日内办理出口企业退税登记。

（2）退税登记的申报和受理：企业领到《出口企业退税登记表》后，即按登记表及有关要求填写，加盖企业公章和有关人员印章后，连同出口产品经营权批准文件、工商登记证明等证明资料一起报送税务机关，税务机关经审核无误后，即受理登记。

（3）填发出口退税登记证：税务机关接到企业的正式申请，经审核无误并按规定的程序批准后，核发给企业《出口退税登记》。

（4）出口退税登记的变更或注销：当企业经营状况发生变化或某些退税政策发生变动时，应根据实际需要变更或注销退税登记。

案例分析：实体外贸企业谨防成为骗税掩护

（四）出口退税附送材料

（1）报关单：货物进口或出口时进出口企业向海关办理申报手续，以便海关凭此查验和验放而填具的单据。

（2）出口销售发票：出口企业根据与出口购货方签订的销售合同填开的单证，是外商购货的主要凭证，也是出口企业财会部门凭此记账做出口产品销售收入的依据。

（3）进货发票：提供进货发票主要是为了确定出口产品的供货单位、产品名称、计量单位、数量，是否是生产企业的销售价格，以便划分和计算确定其进货费用等。

（4）结汇水单或收汇通知书。

（5）属于生产企业直接出口或委托出口自制产品，凡以到岸价CIF结算的，还应附送出口货物运单和出口保险单。

（6）有进料加工复出口产品业务的企业，还应向税务机关报送进口料、件的合同编号、日期、进口料件名称、数量、复出口产品名称、进料成本金额和实纳各种税的金额等。

（7）产品征税证明。

（8）出口收汇已核销证明。

（9）与出口退税有关的其他材料。

（五）退税额计算

国家税务总局最终鉴定商品代码以及鉴定的退税率是计算出口退税税额的重要依据，整个代码体系及税率所形成的数据库称为出口商品退税率文库（亦称出口商品代码库）。出口企业可据此进行进出口报关、企业内部业务处理及财务核算，办理出口退税业务；各地的税务机关也可据此审定企业的退税申报、办理退税审核审批业务。退税额计算公式如下：

退税额＝购进价÷(1+增值税率)×退税率

动画：出口退税

[想一想]

臻饰公司拟出口一批玩具，已知玩具的出口退税率为9%，玩具供货商报出的价格和数量如下，已知增值税率为17%，该公司出口这批玩具可以获得的退税总额为多少元人民币？

货号	品名	供货价格	数量
JS2483	皮卡丘	每只32元	5 000 只
JS9745	大白鹅	每打165元	700 打
JS6648	小黄人	每只28元	900 只
JS3721	粉红顽皮豹	每打180元	1 000 打

任务三　报价单准备

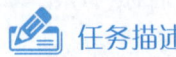 任务描述

浙江超卓有限公司正准备与国外某公司进行合作，李佳经理要求王雪在合作之前准备好一份完整的报价单，并发送给客户公司。如何核算价格？报价单采用什么格式？完整的报价单需要包含哪些信息？希望你通过学习进一步掌握制作报价单的核心要点，帮助王雪根据公司资料用英语制作报价单（报价单可以是 Word、Excel 或图片的形式）。

（1）根据材料信息制作报价单，报价单需分别报出三种常用贸易术语的价格。

（2）报价后收到国外客户反馈，表示其能够接受的 CIF 价格为 385 美元/台。试计算如果接受客户还价，出口商此笔交易的利润额将为多少？

 任务实施

步骤 1：收集了制作一份完整的报价单所需要的数据信息，见表 1-7。

表 1-7　某公司报价信息

出口方信息	公司名称	浙江超卓有限公司
	公司地址	上海市嘉定区翔方公路 2255 号
	联系方式	021-69015550
进口方信息	公司名称	C&Z Partners
	公司地址	August-Schanz-Str. 142，20539
	联系方式	214-689-3800
	电子邮件	jjeffries@ mapartners. net
产品信息	产品名称	通信电话
	产品型号	SR1087、SR1088、SR1089、SR010
	海关编码	8517691099
	产品购进价	分别为 2 100 元、2 300 元、2 400 元、2 600 元（含增值税，税率自查）
包装信息	箱包装方式	100 台/纸箱
	纸箱尺码	755 mm×900 mm×570 mm（长×宽×高）
	纸箱重量	47 kg/43.2 kg（毛重/净重）
交易信息	装运港	上海
	目的港	汉堡
	交货时间	工厂收到订单 3 个月内
	报价数量	500 箱

续表

交易信息	付款方式	买方于装运之日前 30 天内在中国银行开立保兑的不可撤销的 60 天即期跟单信用证
	各项出口费用	报检费 120 元、报关费 150 元、核销费 100 元、DHL 100 元、公司综合业务费 3 000 元
	交易的垫款时间	90 天
	银行贷款年利率	4.5%（一年按 360 天计）
	出口定额费用率	采购成本的 3%
	其他交易信息	海运集装箱的美元包箱费率由上海至汉堡每一个 20 ft[①]集装箱为 3 200 美元； 海运保险投保水渍险，保险费率自查； 出口退税率为自查； 银行结算手续费率为 0.3%； 结算货币为美元，美元汇率自查； 佣金率 3%
	预期利润	出口报价的 10%

步骤 2：收集报价核算所需的相关数据资料，确定通信电话的出口退税率、外汇汇率等。登录国家税务总局官网 https：//www.chinatax.gov.cn/，单击"纳税服务"中的"出口退税率查询"，进行税率查询，如图 1-10 所示。登录 https：//www.safe.gov.cn/，在左下角的汇率查询页面，可以查询对应出口国家的外汇汇率，如图 1-11 所示。

步骤 3：常用贸易报价为 FOB 价格、CFR 价格以及 CIF 价格，根据步骤 1 所收集的相关数据核算相应的价格，可参考表 1-8。

图 1-10　出口退税率查询

---

① 1 ft＝0.304 8 m。

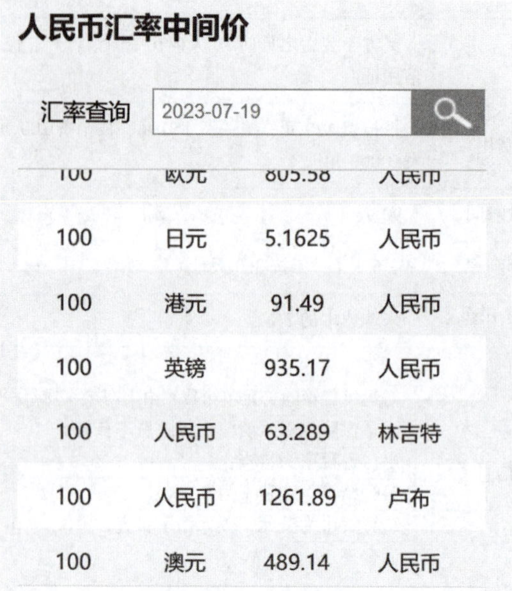

人民币汇率中间价

汇率查询 2023-07-19

100	欧元	805.58	人民币
100	日元	5.1625	人民币
100	港元	91.49	人民币
100	英镑	935.17	人民币
100	人民币	63.289	林吉特
100	人民币	1261.89	卢布
100	澳元	489.14	人民币

图 1-11 外汇汇率查询

表 1-8 产品价格核算表

计算项目	计算过程	计算结果	单位货币
实际成本			元/台
报价数量			台
国内费用	垫款利息		元/台
	银行结算费用		元/台
	其他费用		元/台
海洋运费			元/台
海运保险费			元/台
FOB 价格			美元/台
CFR 价格			美元/台
CIF 价格			美元/台

步骤 4：制作报价单并填写相应信息，如图 1-12 所示。

步骤 5：核算通信电话 CIF 价格为 385 美元/台，将该笔交易的利润额填写至表 1-9，确定是否能够接受客户还价。

XXXXX XXXXXX Co., Ltd

Add: XXXXXXXXXXXXXXXXXXXXXXXXXXXXXXXXXXXXXXXXXX. China

Tel: 86-XXXXXXXXXX　　Fax: 86-20-XXXXXXXXXX

E-mail: XXXXXXXXXXXXX　　XXXXXXXXXXXXXXXXXXX

TO:				**QUOTATION** Description: DATE:			
S/N.	ITEM NO.	DESCRIPTION	UNIT PRICE	PACKING			
			USD	PCS/CTN	CBM/CTN	PCS/CTN	CBM/CTN

Remarks:

1. Price term:
2. Packaging:　　normal export carton
3. Delivery:
4. Price:
5. Validity:
6. Minimum Quantity:

图 1-12　报价单

表 1-9　利润核算表

计算项目	计算过程	计算结果	单位货币
总销售收入			元
总退税收入			元
结算手续费总额			元
利润总额			元

步骤 6：核对报价单信息，尤其需要仔细检查商品价格及报价有效期、交货期。提前预估因原材料上涨、生产力不足的风险，避免发生无法按照报价单履约的情况。

注意，守诺——它是业务开展的基础，也是为人处世之道。客服人员不能为了促成订单而轻易做出承诺，在给客户承诺之前，先确认一个满足承诺的条件是否可行。而一旦做了承诺，就一定要做到。如果做不到，就要诚心地向客户道歉，不要去辩解或推卸责任，然后想办法来弥补。

 学习评价

组织学生进行分享展示，从任务执行质量、效率、态度三个维度开展学生自评与教师点评，如表 1-10 所示。有条件的，可以邀请企业专家参与评价。

表 1-10　报价单准备学习评价表

评价维度	评价内容		分值	学生自评	教师评价	企业点评
		目标观测点				
任务三　报价单准备	任务执行质量	了解报价单的构成要素	10			
		熟悉不同的贸易方式	20			
		能够准确核算产品成本并报价	20			
		能制作完整、美观的报价单并用英语准确填写相应信息	20			
	任务执行效率	小组分工明确，报价单完成度高且完成速度快	10			
	任务执行态度	具备精益求精的工匠精神及诚实守信的职业操守	20			
总评		目标达成总体情况	100			

 知识储备

报价是跨境贸易流程中最为关键的环节之一，它直接决定了是否能促成订单。在准备报价单时客服人员需要了解客户的需求和预算，以便为客户提供最适合的产品和更具吸引力的报价方案，达到促进销售的目的。通信电话的报价单还要额外注意以下几点。(1) 产品规格和型号：确保在报价单中准确列出产品的规格和型号，以确保客户能够清楚地了解他们所购买的产品。(2) 交货和保修政策：在报价单中提供有关产品交货时间和方式的信息，同时清楚地说明产品的技术参数和服务条款。(3) 附加费用和选项：如果有一些附加费用或可选项（如特殊配件、延长保修等电子产品特殊的信息），需要在报价单中明确列出并提供相应的价格信息。

1.3.1　认知报价单

（一）报价单的重要性

报价单是指企业根据客户需求，提供产品或服务价格的一份定制化清单。报价单准备是客户开发过程中至关重要的环节，它能够帮助企业更好地向客户展示自己的产品或服务，并且能够提高客户对商家的信任度，它的重要性主要体现如下。

（1）提高企业竞争力：报价单准备是企业吸引客户和赢得订单的前提条件。通过合理的价格和精心选定的服务内容，可以大大提高企业的竞争力，赢得更多的客户和市场份额。

（2）满足客户多样化需求：客户的需求变化十分迅速，要求企业具备更强的灵活性和敏捷性。因此，针对不同客户的不同需求，在报价单准备中提供个性化、差异化的解决方案，能够获得更多的认可和赞同。

（3）技术水平标准化：随着科技的进步和发展，客户对于技术方案和技术支持的要求也越来越高。在报价单准备的过程中，需要展示企业优秀的技术水平和专业能力，提供标准化的技术方案和服务，以满足客户的要求。

（4）成本管理优化：客户开发过程中涉及的工时、技术支持、物资成本等都需要进行严密的管理。在报价单准备的过程中，需要根据实际情况合理控制成本，确保企业的盈利能力，并提高企业的经济效益。

（二）报价单的样式

目前常见的外贸报价单样式主要有以下三类。

1. 图片式报价单

这是目前大家常用的报价单样式。图片式报价单将产品图片、产品名称、型号、价格、包装、交货期等重要内容都放在一起，有产品图片对应价格，能给客户留下比较直观的印象。

2. 对比式报价单

对比式报价单分为横向和纵向两个方面。横向报价单将公司同一类型、不同型号的产品进行对比，方便客户进行比较、选择适合自身情况的产品；纵向报价单通常以竞争对手公司的产品情况为"标杆"，列出自家产品与竞争对手产品的具体信息供客户参考。

3. 分析式报价单

分析式报价单中不仅有产品的价格、型号等基本信息，还会写明产品的优势，分析产品和公司的具体情况，比如淡旺季、国际市场标准等。一般来说，有经验的客服人员会采用分析式报价单来瞄准客户的"痛点"。

1.3.2 商品报价核算

（一）商品价格构成

跨境贸易中的价格主要是由成本（cost）、费用（expenses/charges）、预期利润（expected profit）三部分构成，同时还需要考虑汇率（exchange rate）的波动。

1. 成本

成本是整个价格的核心。它是出口企业或外贸单位为出口其产品进行生产、加工或采购所产生的生产成本，通常也称为含税成本。

2. 费用

出口报价中的费用主要有国内和国外费用两部分。其中国内费用主要包括包装费、仓储费、国内运输费、认证费、港口费、商检报送费、捐税、购货利息、经营管理费、银行费用等；国外费用包括出口运费、出口保险费、佣金等。

3. 预期利润

利润是出口价格的三个组成部分之一，出口价格包含利润的大小由出口企业自行决定。利润的确定可以用某一个数额表示，也可以用利润率即百分数来表示。用利润率表示时应当注意计算时的基数，可以用成本作为计算利润的基数，也可以用销售价格作为计算利润的基数。

4. 汇率

由于跨境贸易涉及不同国家和地区，汇率的波动可能导致出口价格波动，因此需注重跟踪汇率变化并采取适当的对冲措施。

（二）出口报价核算

1. 成本核算

一般来说，我们掌握的成本是采购成本或含税成本，即包含增值税。但很多国家为了降低出口商品的成本，增强其商品在国际市场的竞争能力，往往对出口商品采取增值税全部或部分退税的做法。在实施出口退税制度的情况下，在核算出口商品价格时，就应该将含税的采购成本中的税收部分根据出口退税比率予以扣除，从而得出实际采购成本。

因为：

$$实际采购成本 = 含税成本 - 退税收入$$

$$退税收入 = 含税成本 / (1+增值税率) \times 出口退税率$$

由此得出实际采购成本的公式：

$$实际采购成本 = 含税成本 \times [1 - 出口退税率 / (1+增值税率)]$$

例如：某产品每单位的购货成本是 28 元，其中包括 17% 的增值税，若该产品出口有 13% 的退税，那么该产品每单位的实际采购成本 = 含税成本[1-出口退税率/(1+增值税率)] = 28[1-13%(1+17%)] = 24.89 元/单位。

2. 运费核算

由于货物种类繁多，打包情况不同，装运方式有别，计算运费的标准也不一样。

整箱装：以集装箱为运费的单位，在 SimTrade 中有 20 ft 集装箱与 40 ft 集装箱两种。20 ft 集装箱的有效容积为 25 CBM[①]，限重 17.5 TNE[②]，40 ft 集装箱的有效容积为 55 CBM，限重 26 TNE。

拼箱装：由船方以能收取较高运价为准，运价表上常注记 M/W 或 R/T，表示船公司将就货品的重量吨或体积吨二者中择其运费较高者计算。

运费核算一般是计算最小单位单件产品的运费。

$$单件运费 = 总运费 \div [(柜体积 \div 每一个大箱体积) \times 每箱数]$$

3. 保险费核算

$$保险费 = 保险金额 \times 保险费率$$

$$保险金额 = CIF 货价 \times (1+保险加成率)$$

$$CIF 报价 = CNF / [1-(1+保险加成率) \times 保险费率]$$

4. 预期利润核算

利润是出口价格的三个组成部分之一，出口价格包含利润的大小是由出口企业自行决定的。利润的确定可以用某一个数额表示，也可以用利润率即百分数表示。用利润率表示时应当注意计算机的基数，可以用某一成本作为计算利润的基数，也可以用销售价格作为计算利润的基数。

---

① 1 CBM = 1 m³。
② 1 TNE = 1 000 kg。

例如：某商品的生产成本为185元/单位。出口的各项费用为13.5元，如果公司的利润为10%，公司对外报FOB价，试分别按生产成本、出口成本和FOB出口价格为基数计算利润额。

按生产成本为基数计算的利润为　185×10%＝18.5（元）

按出口成本为基数计算的利润额为　（185+13.5）×10%＝19.85（元）

按FOB出口价格为基数计算的利润额为

（185+13.5）/（1−10%）−（185+13.5）＝22.06（元）

案例分析：实际贸易中如何合理报价

5. FOB、CFR、CIF 三种价格的报价核算

《国际贸易术语解释通则2010》（简称《2010通则》）将11种贸易术语分为两类：一类适用于水上运输方式；另一类适用于各种运输方式。根据《2010通则》的解释，FAS、FOB、CFR和CIF四种术语仅适用于水上运输方式，即适用于海运和内河水运方式。而在现代的国际贸易业务中，这些术语使用比较普遍，特别是后面三种术语被各国的贸易界人士广泛采用，故又被称为常用贸易术语。

1）FOB：全称是 free on board，在中国的码头交货

比如约定在上海港口交货，就叫作FOB SHANGHAI。在这种方式下，除了货物本身的价值以外，还要加上把货物运到上海码头的运费和报关出口手续费以及上海码头上产生的杂费，才是总的成本价格。FOB价格是最基本的价格。

FOB报价=（实际采购成本+各项国内费用之和）/（1−预期利润率）

采用FOB术语时，双方承担的义务可简单概括如下。

（1）卖方必须提交符合合同规定的货物和商业发票或电子记录。

（2）卖方在装运港船上完成交货义务时，风险由卖方转移给买方。

（3）卖方自负风险和费用，取得出口许可证或其他官方批准证件，并且办理货物出口所需的一切海关手续；买方自负风险和费用，取得进口许可证或其他官方批准证件，并且办理货物进口所需的一切海关手续。

（4）卖方对买方无订立运输合同的义务，但如果买方有要求，或按照商业习惯，在由买方承担风险和费用的情况下，卖方也可以按照通常条件订立运输合同。

（5）卖方对买方无订立保险合同的义务。但在应买方的要求，并由其承担风险和费用的情况下，卖方必须向买方提供办理保险所需的信息。

2）CFR：在国外的码头交货

CFR即cost and freight成本加运费的意思（指定目的港）。它指卖方必须支付把货物运至指定目的港所需的开支和运费。比如约定在美国纽约港口交货，就叫作CFR NEW YORK。在这种方式下，除了FOB价格之外，还要加上货物运到美国纽约的运杂费。

CFR(CNF)报价=（实际采购成本+各项国内费用之和+国外运费）/（1−预期利润率）

采用CFR术语时，双方承担的义务可简单概括如下。

（1）卖方必须提交符合合同规定的货物和商业发票或电子记录。

（2）卖方在装运港船上完成交货义务时，风险由卖方转移给买方。

（3）卖方自负风险和费用，取得出口许可证或其他官方批准证件，并且办理货物出口所需的一切海关手续；买方自负风险和费用，取得进口许可证或其他官方批准证件，并且办理货物进口所需的一切海关手续。

（4）卖方必须按照通常条件订立或取得运输合同，将货物运到合同约定的目的港。

（5）卖方对买方无订立保险合同的义务。但在买方的要求，并由其承担风险和费用的情况下，卖方必须向买方提供办理保险所需的信息。

3）CIF：在国外的码头交货，同时给货物买保险以免途中损坏

约定在美国纽约港口交货就叫 CIF NEW YORK。这种方式就是在 CFR 价格的基础上，加上一点保险费。

$$CIF 报价 = (实际采购成本 + 各项国内费用之和 + 国外运费) / [1 - 预期利润率 - (1 + 投保加成率) \times 保险费率]$$

采用 CIF 术语时，双方承担的义务可简单概括如下。

（1）卖方必须提交符合合同规定的货物和商业发票或电子记录。

（2）卖方在装运港船上完成交货义务时，风险由卖方转移给买方。

（3）卖方自负风险和费用，取得出口许可证或其他官方批准证件，并且办理货物出口所需的一切海关手续；买方自负风险和费用，取得进口许可证或其他官方批准证件，并且办理货物进口所需的一切海关手续。

（4）卖方必须按照通常条件订立或取得运输合同，将货物运到合同约定的目的港。

（5）卖方对买方有义务签订保险合同。应注意，保险合同应与信誉良好的保险公司订立。

CIF 的难点就在于保险费的算法。保险金额 = 货物价值 × 投保加成；保险费 = 货物价值 × 投保加成 × 保险费率。投保加成是指把运费、保险费及一些杂费包含在保险金额里面，如果你的货物损失，保险公司不仅赔你的货值另外还赔你的运费、保险费及其他的费用。加成比例可以根据你的运费多少来选择，普遍选择加 10%，也就是乘以 110%。有些企业不愿加成，那么他的保险金额也就是他的实际货值了。保险费率要具体咨询投保的公司，每批货都不一样，一般在 0.2%~0.5% 之间。

[职业技能证书考点]

根据跨境电商 B2B 数据运营（中级）专业技能要求，在跨境交易履约项目中的交易管理任务下，要求学生能依据价格标准，完成报价核算并制作报价单。

例题：【单选题】下列 FOB、CFR、CIF 相互间的成本换算，不正确的是（　　）。

A. FOB 价 = 产品含税成本 + 国内费用 + 预期利润 - 出口退税

B. CFR 价 = FOB 价 + 海运费

C. CIF 价 = FOB 价 + 海运费 + 海运保险费

D. CIF 价 = CFR 价 + 海运费

1.3.3 制作报价单

（一）确定报价单关键要素

报价单应当做到详尽、专业，一般报价单有头部、产品基本资料、价格条款、数量条款、支付条款、质量条款等。

1. 头部（head）

（1）卖家基本信息：如标志、名称、地址、邮编、联系人姓名、职位、电话、传真、手机、邮箱、聊天工具、公司网址。

（2）买家基本信息：如标志、名称、地址、邮编、联系人姓名、职位、电话、传真、手机、邮箱、聊天工具、公司网址。

（3）报价单的抬头：包括报价单标题（quotation/quotation form/price list）、参考编号（reference No.）、报价日期（date）、有效日期（valid date）。

实物展台：报价单模板一

实物展台：报价单模板二

实物展台：报价单示例

2. 产品基本资料（product's basic information）

产品基本资料包括序号（No.）、货号（item No.）、型号（type）、产品名称（product's name）、产品图片（photo）、产品描述（description）、原材料（materials）、规格（specification）、尺寸（size）、长度（length）、宽度（width）、高度（height）、厚度（thickness）和产品技术参数（例如电流、电压、电阻、光源功率、中心光强、色度、光通量、光中心高度、结构、封装形式、结构高度、安装形式、可插拔次数、耐压特性、耐压强度、拉伸强度、抗张强度）等。

3. 价格条款（price terms）

价格条款包括贸易方式（EXW，FOB，CFR，CIF）、装运港、目的港（loading port, destination port）、货币种类、单位价格、货币单位。例如：USD 4.58 USD/PCS FOB SHANGHAI。

4. 数量条款（quantity terms）

数量条款涉及订货的数量和使用的计量单位。若是按重量计算的货物还应规定计算重量的方法。例如，最小起订量每款最少500件，MOQ：500PCS/Design；净重5吨，Net Weight：5 Tons。

5. 支付条款（payment terms）

支付条款包括国际结算方式、余额、总金额、定金。国际结算方式如即期信用证、远期信用证；可撤销信用证、不可撤销信用证；跟单信用证、光票信用证；可转让信用证、不可转让信用证；电汇等。

6. 质量条款（quality terms）

质量条款包括是否需要国家检验检疫局签发的法定检验、商品鉴定、质量认证认可、出口质量许可、出入境检验检疫标志、普惠制原产地证、一般原产地证等。检验内容包括包装检验、品质检验、卫生检验、安全性能检验。

7. 其他条款

其他条款如装运条款（shipment terms），包括装运日期、装运期限、装运时间、起运港、目的港、装运港/装货港、卸货港、转运港、分批装运、转船、航空、航海、散货、整装柜等；交货期条款（delivery time terms）；品牌条款（brand's terms）；原产地条款（origin terms）；外贸报价单附注的其他资料（others）。

（二）报价单优化

在制作报价单时，正确分析报价单是非常重要的，它可以帮助你了解成本、利润、需求、竞争和风险，以便做出准确的定价和报价单优化决策，提升签单成功率。下面是在进行报价单分析时的一些具体步骤。

（1）确定成本项：首先，你需要确定报价单中的各个成本项。这包括直接成本（如材料、劳动力等），间接成本（如运输、设备租赁等）以及其他费用（如税费、利息等）。

（2）评估成本：对每个成本项进行评估，并将其与实际成本进行比较。这将帮助你确定是否存在超过预期的成本或节省成本的机会。

（3）考虑利润目标：确定你希望在这个项目中获得的利润目标。这将有助于你确定报价单的定价策略。

（4）分析竞争对手：研究你的竞争对手的定价策略和市场定位。这将帮助你确定你的报价是否具有竞争力。

（5）考虑市场需求：分析当前市场对你的产品或服务的需求情况。这将影响你的定价策略和市场份额。

（6）考虑潜在风险：评估与项目相关的潜在风险因素，如供应链中断、法律风险等。这将有助于你确定是否需要在报价中考虑风险因素。

（7）制定报价单：根据对成本、利润目标、竞争对手、市场需求和风险的分析，制定报价单。确保报价单清晰明了，包含所有必要的信息，以便客户理解和比较。

思政园地：一份报价单折射出的职业价值观

1.3.4 关注报价单细节

（一）提供详细、规范的产品信息

日常中，一定要整理好所有产品的资料，所谓磨刀不误砍柴工，等到客户来询盘要求你给报价某某产品，这不仅仅在邮件里报个价这么简单，你还应将产品的图片、型号、尺寸、包装、付款方式等在报价单中体现，这些信息细致全面，一目了然，才能对客户有吸引力。所以，只有在平常的时候就整理好所有的产品信息，我们才能在客户一要报价就能第一时间给到他们。若你能快速并且详细地将报价单给到客户，相信客户一定会对你印象十分深刻的。

（二）排版整齐且条理清晰

报价单的整体排版一定要简约整齐，如果使用表格的话，那么在使用的时候要注意划分功能区域，格式字体要协调。内容方面要简单易懂，不需要卖弄英文语法能力，注意分段，不要出现很多文字一大段的情况，可以用不同的颜色文字标记不同的重点，通过图文交叉做出一个非常漂亮的报价文件。将客户需要的产品图片放在报价表里，可以让客户更加地了解我们的产品，更能促进合作的可能。

（三）特别注意细节

俗话说得好"细节决定成败"，在报价单上更是要把关细节。报价单上除了货物的具体信息，还要标注报价的有效期。报价是否含税、报价是否包含相关辅料配件等都是需要重点关注的细节问题，特别是专业术语，甚至于一些国家需要特别的一些认证，进口清关需要的特殊文件，例如很多东盟国家之前的贸易是可以享受最惠国待遇的，我们也一定要在报价单上提及，这样显得我们不仅专业而且细心，客户很容易就被我们俘虏了。

这里还要注意在制作报价单之前，还需要注意选择合适的报价单制作软件，如 Excel、Word、PDF 等。多种文件格式能方便客户对报价单做出修改，但无论使用哪种软件工具，都需要保证报价单的易读性和美观度。此外，报价单上添加的图片需要加上水印。一份报价单做得好不好那就得看客服人员够不够用心。客服人员可以在业余时间针对不同国家的客户做好几份报价单，这样当客户询价的时候就可以快、准、狠地给到客户，让客户更觉得我们格外用心。

课外阅读

深入研究所售产品，吸引行业影响力客户

也许你已经掌握了客户信息；也许你熟悉客户近几年的采购情况；也许你知道很多开发信格式和外贸谈判技巧，但是产品介绍发给客户后却没有任何回音，这种挫败感往往导致新入行的跨境客服人员非常沮丧。那么问题出在哪里呢？

客服人员开发案例如下。

小王是一家通信设备工厂的客服人员，2022年3月份小王看到了两个行业影响力不错的欧洲客户，其中一个法国客户，在欧洲多个国家都有自己的分部，给他们供货的是一家历史超过十年的深圳工厂。小王尝试给客户发了开发信，介绍工厂新款旋转摄像头产品，却没有收到回复。小王锲而不舍，电话联系后，法国客户要了报价和产品详细参数，在小王将资料发送给客户之后却怎么也联系不上客户了。

小王每天都在思考，客户为什么不回复自己？如何做才会获得客户回复？最后小王问了自己以下几个问题。

（1）我完全了解公司新产品的产品特性吗？

(2) 我有去详细了解竞争对手的旋转摄像头的长处和弱点吗？

(3) 我已经有思路去最大化自身产品优势，弱化竞争对手产品优势，突出竞争对手缺点吗？

(4) 我有详细了解客户网站信息并且了解其痛点吗？

其实小王没有，他只是做了一份介绍文件发了过去，就盼望着别人赶紧给他下单。然后他做了以下几件事：

(1) 详细了解了自己的产品，并把产品说明书看了几遍。

(2) 详细了解了竞争对手的产品，了解一些参数，哪些能为他所用。

(3) 参考国外优秀同行介绍的行文措辞方式，把所有产品图片重新拍摄，花了一个多星期，做了一份产品的PDF介绍文件。

最后他把新的介绍文件发给了法国客户，还给客户做了痛点分析，表示如果还不开始销售这种新型的旋转摄像头，他们的市场就要被竞争对手占领了，还附上了目前市场上旋转摄像系统优势劣势分析。

客户很快就有了回音，客户表示看完介绍文件后觉得这个产品做得很好，还告诉小王之前为何不回复的原因。"From the beginning, we have a strong business relationship with ××× et al, mainly with ×××. However, we are really interested in your pan and tilt camera because the one of ××× is not ready at the moment. It's a long time since we have waited for this type of camera as we have often inquiries from customers or potential customers. So we lose business."

原来客户与老供应商有着非常紧密的联系。而小王在客户为老供应商的新品研发能力跟不上市场需求发愁时能够精准找到客户的痛点并针对性地介绍自己产品与客户需求的匹配度。在这之后小王花了整整7个月开发客户，看起来只是发邮件，很轻松，实则小王在费更多的精力是思考为什么要发这样的邮件，他一遍一遍地去对比竞争对手，思考自身产品的卖点，这个思考的过程才是真正的考验。

当时欧洲还有一个西班牙客户，无论小王如何发开发信，如何做产品痛点，都没有回复。小王在与法国客户成功合作后，他给西班牙客户发了这样一封开发信："AGM-TEC shows much interests about our new product and we are cooperating now; if you have some interests about our products, please be free to contact us."客户立刻就回复了，要了详细的参数和报价。

案例分析如下。

小王赢得客户订单的秘诀在于遇到挫折不气馁，能够深入地研究自己的产品，抓住客户痛点做针对性介绍。这里值得注意的是，客户痛点是需要深入了解行业和竞品信息之后经过思考判断的，并不能机械地照搬。有的客户痛点是价格，有的是合作流程，有的是产品质量等，不同客户的痛点肯定是不一样的。

此外，当你做下一个行业有影响力的客户时，你可以用他的影响力去辐射其他的客户。当目标客户对你的产品不感兴趣或者犹豫不决导致项目中止的时候，亮出你的销售标杆案例，借标杆客户的行业影响力推动项目进展。在外贸销售中，由于客户对你没有任何认识，这种销售借力更加宝贵。

所以，与其用发一百封开发信的时间去开发客户，还不如好好研究一个在行业内有影响力的客户然后攻下来，这个过程不仅可以让你不断深入地学习产品知识，而且在后续开发工作中也可以借力打力。先定位自己，再定位客户，每一层都有很优质的客户，寻找在同等层次行业里有影响力的客户，打造你的销售标杆项目就可以了。

 项目小结

随着市场的全球化，跨境贸易已逐步成为企业新的利润增长点。而开发跨境客户是企业进行跨境贸易的基础。在进行客户拓展前，需提前了解跨境贸易过程中面临的各项注意点，加强对自身行业以及客户群的了解，并熟记跨境贸易中的各项规则，能够制作报价单并对商品进行合理定价。

本项目介绍了客户开发前的准备，包括行业及产品的知识储备、HS 编码查询及出口退税、商品报价计算及报价单准备。行业以及产品信息是企业进行跨境贸易的基础，跨境客服人员在一开始必须了解自己所处的行业以及销售的产品信息，并从中挖掘产品的卖点。HS 编码是国际上通行的商品分类编码。每个商品都可以被归入某个 HS 编码，用于对商品进行统计、监管等管理，并方便后期出口退税处理。同时，本项目介绍了商品的报价计算构成，以便能正确计算商品利润，确定是否能接受客户还价。此外，需了解报价单是企业与客户沟通的重要纽带，在制作过程中需排版整齐且条理清晰，并能准确地反映产品信息。

 同步测试

一、单项选择题

1. 国际贸易中，商品的品质（　　）。
A. 可以用文字说明表示，不可用样品表示
B. 可以用样品和文字说明等多种方式结合起来
C. 就买方而言，应尽可能地用更少的方式来表示
D. 或用文字说明，或用样品表示，两者择其一

2. 下面哪一项不属于商品单价的组成部分（　　）。
A. 计价货币　　　　　　　　　B. 单位价格金额
C. 贸易术语　　　　　　　　　D. 运输方式

3. 企业应在办理对外贸易经营者备案登记或签订代理出口协议之日起（　　）日内照实填写《出口货物退（免）税认定表》。
A. 30　　　　　B. 60　　　　　C. 90　　　　　D. 180

4. 商品编码前（　　）位各国一致。
A. 3　　　　　　B. 4　　　　　C. 5　　　　　D. 6

5. 我国出口商品时，价格可写为（　　）。
A. FOB 上海每吨 120 美元　　　　　B. 每箱 95 英镑 CIF 伦敦
C. CIF 纽约每件 80 元　　　　　　　D. 每箱 200 美元 CIF 美国

二、多项选择题

1. 我国出口货物退（免）税的企业主要有（　　）。
A. 外贸企业
B. 外商投资企业

C. 有进出口经营权的内资生产企业

D. 托付外贸企业代理出口的无进出口经营权的内资生产企业

2. HS 编码中，贵金属包括（　　）。

A. 金　　　　　　　B. 银　　　　　　　C. 稀有金属　　　　D. 铂及铂族金属

3. 下列关于报价单叙述正确的是（　　）。

A. 报价单应该有专门设计好的版式

B. 报价单应该尽量美观

C. 报价前每次去专门设计一个报价单

D. 报价单应该包括产品名称、产品图片、产品参数、贸易术语、成交数量、交易条件等

三、判断题

1. 出口货物增值税退税率是出口货物的实际增值税增税额欲退税计税依据的比例。（　　）

2. 为同一商品报价，一般 FOB 价格要比 CIF 价格报得要低。（　　）

3. 报检单上填写的 HS 编码应与当年海关公布的商品税则中的编码一致。（　　）

4. 出口货物的零税率，一是免征出口环节的关税，二是退税出口货物的进项税。（　　）

四、计算题

1. 我国某进出口公司出口一批货物，该批货物的税后货值为 100 万元，增值税率为 17%，出口退税率为 5%。求该批货物的退税。（保留两位小数）

2. 某公司客服人员向外报价某商品 $1 800/TEN FOB DALIAN，对方要求改报 CFRC5 NEW YORK 价，已知大连至纽约的运费为 $17/TEN，应改报何价才能保证净收入不变？（佣金按 FOB 净价计支）

综合实训

卡奈精密测控有限公司是一家集研发、生产与销售的电子衡器专业制造厂。公司主要产品有电子秤、精密天平、台秤、地磅、汽车秤、医疗秤、称重仪表、称重传感器及智能化称重系统，产品广泛应用于零售、商业、工业、实验室及医疗保健等领域。公司拥有完善的生产检测设备及优秀的研发团队，每年投入大量的研发经费，不断创新推出一系列高品质的产品。目前公司新开发一款电子秤，公司准备向国外市场进一步推广此电子秤（图 1-13），以此进一步开发客户。

下面是此电子秤的具体介绍。

TC-H 系列计重电子秤是采用传感器和测量电路以及单片机系统精心设计和制作而成的电子称重仪器。仪器的技术、优良的选材、精湛的制作工艺和严格的检测手段，使该系列电子天平具备以下优点。

（1）精度及灵敏度高，反应速度快。

图 1-13　电子秤

（2）采用应变式称重传感器。

（3）产品可靠性高、抗干扰能力强、使用寿命长、长期使用稳定性好，可以适应恶劣的使用环境并长时间连续工作。

（4）具有自动校正功能、自动零点跟踪功能、计数功能、全量程去皮功能、单位转换功能等。

（5）采用绿色大 LED 显示器，显示清晰、读数直观。

（6）计重电子秤可选配数据输出接口和打印按键，可直接连接打印机进行数据打印，更可直接与计算机接口，进行数据的采集、统计，同时计算机也可通过接口来控制电子秤的工作，对电子秤进行实时的远程控制。

（7）采用大容量的充电电池，一次充电可连续工作 36 h 以上，也可在充电时使用电子秤，并不影响电子秤的使用性能。

假设你在卡奈公司担任客服，并且你的目标客户是一家美国的电子秤批发商，根据上述要求完成客户开发前的准备工作。请你编写一份客户开发前的准备报告，描述你将如何完成此次准备工作，以实现对该客户的有效开发。要求报告中言之有据、条理清晰，并提供相应的调研数据和分析结果，以支撑你的报告结论。

项目二

线下客户开发

 项目介绍

线下开发新客户最重要的途径就是参加展会。外贸展会尤其是比较大型的展会是找客户的非常好的方法，很多大的国外厂商都会参展，在展会上找到的客户，相对来说比较可靠且信任度高。除了参展，线下开发客户最直接的方法还可以通过朋友或者客户来找客户，很多客户在交流的过程中会提供一些其他的人脉引荐，利用这些机会就可以找到更多的客户。本项目重点介绍三种线下客户开发的方式，包括展会客户开发，行业协会客户寻找，客户转介绍客户。

 学习目标

知识目标：
1. 掌握通过展会开发客户的具体要求，并了解云展会这一开发客户新形式；
2. 熟知通过行业协会进行客户开发的流程和技巧；
3. 了解客户转介绍客户的方法。

技能目标：
1. 能够通过展会各个环节的工作进行客户开发；
2. 能够通过行业协会找到客户；
3. 能够从客户处找到相关客户并进行开发。

素质目标：
1. 具备国际化视野，拓展学生的思维能力；
2. 提升学生与人沟通交往的能力；
3. 培养学生团队协作能力，树立道德与法律意识。

 知识导图

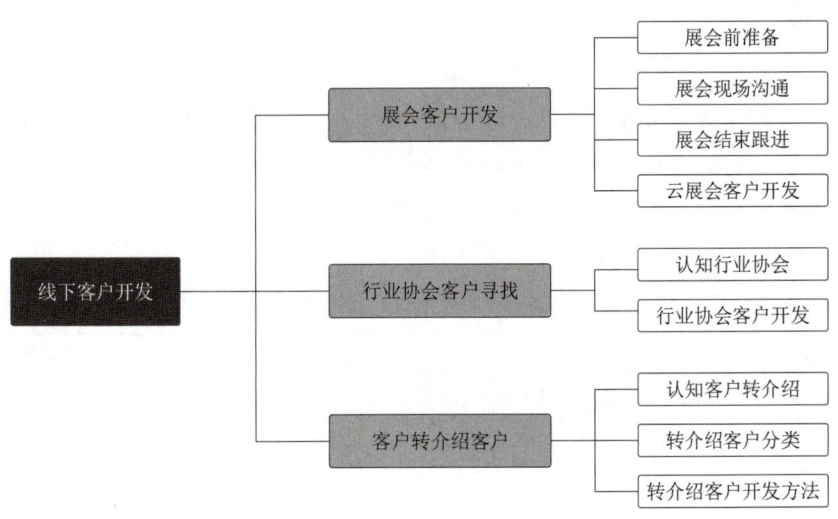

任务一　展会客户开发

展会对于外贸企业来说是一种性价比很高的营销推广方式和获客渠道。不仅如此，除了可以借助展会推广自己的产品提升品牌知名度以外，还可以获悉市场客户的需求以及同行竞争对手的产品动态，保证自己企业在针对客户需求以及同行产品动态的情况下，审视自己企业的发展方向。

 任务描述

浙江超卓有限公司成立于 1993 年，自成立以来公司非常热衷于参加各种展会开发新客户。公司目前拥有 100 多名高素质的员工。广交会即将开展，公司安排李佳来准备此次广交会的参展工作。正好近期公司新开发了一批计算机产品，想要让李佳在此次广交会上以此来拓展销量的同时结交更多客户。李佳接下来要准备展会的各项工作，包括准备此次展会的前期邀请、场地布置、客户服务等，目的是能够吸引更多的客户，从而与更多的客户建立联系。请你帮助李佳顺利完成这次参展。

 任务实施

步骤 1：展前工作准备。

展前的这段时间非常重要，在展前要设计好展会方案及样品展示的场景、风格等，要能够在展会中吸引大量的客户。并且展前对于客户的邀请及宣传对展会的开展都至关重要。离广交会的开展还剩一个月的时间，这段时间需要准备好参展前的各项工作，具体填写表 2-1 展前准备工作表。

表 2-1　展前准备工作表

类别	工作重点	具体内容	完成时间
参展目标	挑选合适的展会		
	参展目标		
	参展预算		
	……		
客户邀请及宣传推广	向老客户发邀请函		
	专业网站宣传		
	……		
样品准备	选定参展样品		
	样品展示设计		
	……		
布展	展台搭建		
	现场气氛营造布置		
	……		

步骤2：展会现场工作。

展会现场最重要的是引起客户的注意和兴趣，这时候要安排好各个参展人员的角色，要提前讲清楚在展会现场需要注意的问题，要将提前准备好此次计算机产品的新颖独特之处，让更多的客户注意新产品，从而被吸引过来。具体填写表2-2展会现场的工作表。

表 2-2　展会现场的工作表

类别	工作重点	具体内容	完成时间
开展	展销		
	交流		
	……		
宣传促销	宣传资料发放		
	促销活动		
	……		
客户接待	参观商登记		
	重点客户接待		
	……		
……			

步骤3：展会结束后的跟进工作。

展会结束后，客户开发的工作还没有结束。在展会后跟进是客户开发的有效方式。总结在展会后应该做的工作，填写表2-3展会结束后的工作表。

表 2-3　展会结束后的工作表

类别	工作重点	具体内容	完成时间
分类管理	划分客户等级		
	……		
跟踪服务	发送邮件		
	安排拜访		
	……		
……			

步骤4：云展会开发客户。

有时，由于大型线下集会不能开展，依托现代科技，展会渐渐地与互联网结合，新型云展会形式出现。收集云展会的各种资料，通过参加近期举办的云展会，为公司开拓新客户。具体工作内容填写云展会客户开发工作表（表2-4）。

表 2-4　云展会客户开发工作表

类别	工作重点	具体内容	完成时间
展会前准备工作	搭建云展厅		
	设计直播场景		
	……		

续表

类别	工作重点	具体内容	完成时间
展会期间的工作	高科技全面展示产品		
	采用丰富互动形式		
	……		
展会结束后的工作	直播二次回访		
	会后跟踪客户		
	……		
……			

 学习评价

组织学生进行分享展示，从任务执行质量、效率、态度三个维度开展学生自评与教师点评，如表2-5所示。有条件的，可以邀请企业专家参与评价。

表2-5 展会开发客户学习评价表

评价维度	评价内容		分值	学生自评	教师评价	企业点评
		目标观测点				
任务一 展会开发客户	任务执行质量	了解展会前、中、后的具体工作内容	10			
		熟悉云展会的参展流程及客户开发方法	10			
		能够独立完成订展	10			
		能够在展会现场吸引客户并与客户进行有效沟通	20			
		能够在展会后及时跟进客户	20			
	任务执行效率	团队成员之间配合默契，工作协调效率高	10			
	任务执行态度	具有热情主动的服务态度及团队合作精神	20			
总评		目标达成总体情况	100			

 知识储备

展会是一种大众的宣传方式，为各行各业提供一个拓展渠道、促进销售、传播品牌的平台。在利用展会开发客户时，首先要选择适合的展会：如果想要展示的是计算机，那么就应该选择与计算机相关的行业展会，这样可以确保目标客户更有可能参加。其次，在展会期间进行精彩的产品演示，展示新型计算机的特点、功能和性能。演示时要生动有趣，尽量吸引观众的关注和兴趣。此外，还可以提供互动体验，例如设置一些试用计算机的区域，让客户可以亲自试用产品，体验新型计算机的功能。

2.1.1 展会前准备

展会对于企业来说是一个重要的市场拓展和推广机会。然而，要在展会上脱颖而出，需要做好充分的准备。下面将介绍参展前的主要准备工作。

实物展台：展会邀请函实例

1. 选择合适的展会

选择展会是参展的第一步。可以通过以下几个维度来选择合适的展会，例如展会的目标市场、承办方的资质与水平、展会规模、展会的历史和推广力度、参展费用、展会举办的时间和地点、竞争对手和客户参展情况等。一般选择自身产品应用最多的行业展会参展。

2. 展前向客户发出邀请

对于参展企业来说，参加展会来获取订单的其中一个重要手段就是和客户直接接触，这里面也包括了曾经有过合作关系的老客户，希望自己的老客户能够过来现场，更好地维系好老客户的资源。同时，也可以让老客户对企业的发展、产品的研发、每一个新的动向，都能有更直观地了解。

3. 准备参展资料和样品

展品是企业给客户留下印象的重要因素，选择展品有三个原则：针对性、代表性、独特性。针对性是指要符合展出的内容；代表性是指要体现出企业的技术水平和生产能力；独特性则是指展品要有自身的独到之处，具有一定的特色。

同时，相关配套的参展资料也要好好准备，精心设计。在展会上，客户会参观很多企业，不一定会记住你，但你可以通过独特创意的公司海报、产品宣传资料、客户登记资料让客户对你的企业印象深刻。

此外，也要备齐办公用品，如计算机、PAD、数码相机装订工具、中性笔、笔记本、计算器、胶带、美工刀等物品，这些都能派上用场。

4. 精心策划展位设计

展位的设计非常重要，它关系着是不是能吸引国外客户停下脚步、走进你们的展位、进行深入地参观咨询。展位在一定程度上是企业形象的一个缩影，而展位风格的定位、产品的陈列设计、色彩搭配更能让参展的营销推广效果达到最大化地呈现。如推广的是产品的环保概念，就可以选择木质风格装修展位，产品包装材料接近大自然绿色环保的清新风格。

展品的摆放一定要从买家的角度去考虑，主推产品放哪里、哪个位置更醒目、摆放的角度，摆放的次序等，都是有讲究的。展品的摆放一方面可突出公司的专业性，一方面可提升客户体验。公司、产品相关的认证书、荣誉证书等一定要放在展会最醒目的位置，毕竟国外客户很看重这些。有重点地展示设计能吸引客户的注意力，一个深入人心的展示效果很容易就让展位和公司名字被人记住。

5. 培训参展人员

参展人员是企业与客户沟通的重要纽带，因此培训参展人员至关重要。培训内容可以包括产品知识、销售技巧、沟通技巧等。参展人员应了解企业的产品和服务，能够清晰、自信地介绍和推广公司产品，能与客户进行有效地沟通和洽谈。

2.1.2 展会现场沟通

在这个过程中，参展销售人员的表现会起到很大的作用，关键是要灵活机动和察言观色，一般一个客户看产品和摊位超过 5 s，客服人员就应该迎上去打招呼，建议客户尽量坐下来，同时第一时间去了解客户的需求，同时有针对性地抛出自己最具吸引力的产品给客户介绍，真诚耐心地对待客户。

视野拓展：展会实用句式

1. 多问需求，不要急于展示

有些销售人员在一开始接待客户时，没有任何对客户的问询，就急于介绍和推荐自己企业的产品，这样往往会导致不好的效果。参展销售人员最关键的是要多问客户需要什么，多听听客户对展品提出的要求。一切的介绍或者推广要以客户的需求为导向，尽量站在客户的角度来思考问题。

2. 及时记录来访客户信息

一般在展会现场与客户沟通时，销售人员应该现场及时记录客户的相关信息。对企业来说，可以事先准备好客户信息记录表单的资料。如果面对的是新客户，要了解客户的一些基本信息，如来自哪里，公司形态、采购要求、留意客户的关注点，记录对产品的意见或建议，记录洽谈过程中的一些重要信息，比如对客户的某种承诺或是某个细节。

视野拓展：认识展会客户

3. 增加动态展示和互动

参展企业可以尽可能地增加一些动态的展示，请专业人员现场演示产品的特色，或者通过一些视觉多媒体的手段提升展示效果，同时，给进入展位的客户赠送一些免费小礼物来增加互动效果。

4. 重视客户需求

展会必须从客户的需求出发，强调展会的特点和品质与客户需求之间的一致性，潜在客户才会逐渐接受该展会。否则，尽管展会的特点和品质客观存在，但如果它们与潜在客户的需求不相符，客户对展会仍会视而不见。所以，在与客户沟通时，要对潜在客户的观展需求、客户的个性品位、客户对展会的评价标准等进行充分了解，根据这些信息制定的展会营销和沟通策略对潜在客户来说才最不可抗拒。

5. 重视与客户的每次接触

展会与客户的接触通道包括人员接触和媒体接触两种，对于不同的客户，展会可以选择不同的接触通道。对于以媒体接触为主的客户，展会首先就要了解客户的媒体接触习惯和类型，即要了解客户习惯从哪些媒体寻求信息，客户习惯在这些媒体上寻求什么样的信息，客户最信任哪一种或哪几种媒体上面的信息，然后有针对性地选择媒体和发布信息。

对于以人员接触为主的客户，展会要选择合适的接触地点、时间和方式，强化接触的主题。不管以哪种通道与潜在客户接触，展会都要解决两个重要问题：一个是最能影响潜在客户信息传递的关键通道是什么？另一个是最能影响潜在客户观展决策的关键通道是什么？

6. 了解观展阻力

在潜在客户准备观展的决策过程中，往往会遇到各种各样的阻力，这些阻力可能来自经济方面，也可能来自社会、时间、心理和竞争者的影响等其他方面，它们影响着潜在客户的观展决策。展会要及时了解潜在客户所面临的观展阻力是什么，并及时采取措施，对展会营销和客户沟通策略进行有针对性地调整，尽量消除潜在客户的观展阻力，促使他们观展。

7. 提供观展便利

由于多数潜在客户没有参加本展会的经历，他们对如何参加本展会，如何办理各种观展手续，如何解决观展期间的食、住、行等问题基本不了解，展会要站在潜在客户的角度考虑如何解决这些问题，如何将解决这些问题的信息传递到潜在客户手中，让他们以最便捷的方式来观展。

只有这样，潜在客户才会充满信心地前来赴会。否则，顾虑重重的潜在客户是难以变成展会的现实客户的。促进潜在客户转化为现实客户是一项极富有挑战性的工作，为实现这一目标，展会必须站在客户的角度考虑问题。一方面，展会可以借助于CRM软件系统仔细分析客户的需求和欲望，跟踪客户的动态，了解客户的观展阻力；另一方面，展会可以根据已经掌握的客户信息，制定有针对性的展会营销和客户沟通策略，促进潜在客户对展会的认知和接受，使他们成为展会的现实客户。

2.1.3 展会结束跟进

由于展会的局限性和时间的仓促性，虽然在展会上能够收获许多客户资料和名片，但是大量的工作却需要在展会后进行。展会是建立新的客户关系的最佳时期，而展后跟进就是将这种关系发展成为实际客户关系的关键环节。

视野拓展：展会结束客户销声匿迹的原因

（一）将收集的客户进行分类管理

调整客户名录，重新划分类别。这样做的目的是区别对待不同客户，实施差异化的营销策略。客户名录通常将客户分成现实客户和潜在客户两大类。现实客户指那些已与企业建立业务联系并购买过产品或服务的客户。潜在客户指那些在展会上认识、已就发展业务交换过意见但尚未达成正式交易的客户。

注意：在展会结束后，客服人员应该把展会得到的各种资料原件交公司存档，尽快将展会信息转化为公司资源。

（二）对客户进行跟踪服务

根据展会具体洽谈情况，制定针对性强的跟踪方案，要真正做到有的放矢、重在实效。后续的跟踪大致包含如下几个方面。

1. 发函致谢

致谢应作为展后例行工作之一。致谢不仅是一种礼节，更是对销售线索的跟踪，而且对建立良好的客户关系有促进作用。如果在感谢信上就接待时一些问题发挥一下，感谢效果会更好，因为这已不是一般交流，而是比较近、比较深的交流方式，能表现出对参观者的重视。

2. 安排拜访

如果条件允许，参展人员展后可在当地多逗留几天，顺访重要客户，通过参观考察，进一步与客商交流，加深了解。

3. 兑现承诺

展会期间接待来访客户，因受客观条件限制，不能现场满足客户所有要求，此时展台客服人员会对客商做出一些具体承诺，答应展后及时解决问题，或补充材料，或邮寄样品。回到总部后，客服人员应认真履约，及时兑现承诺，不能言而无信。

4. 邮寄资料

展会结束之后，参展企业应考虑向客户特别是潜在客户定期寄送企业介绍、样本、样品、报价等资料，加深客商对参展企业的了解，对成交起催化作用。

同时应将产品册、名片、产品标签、技术说明书等最好是一步到位地寄给客户。在寄送样品的时候，最好多提供一些产品册。因为一般来说中大型的采购公司会有很多领导小组，多寄送产品册可以达到人手一份。包装方式一定要讲究，但是，安全第一，美观第二。展会中确认客户回国的时间，然后在客户正式上班的前 2~3 天寄送，这样可以最大限度地保证客户在刚上班的时候收到样品。在展会期间，最好是把客户和客户感兴趣的样品一起合影，然后有条件的话，可以把照片一起发过去。同时在邮件里面也发送，加深客户印象。

5. 业务跟踪

比如说给各类客户针对性地发邮件。由参观展会导致的实际成交有 2/3 是在展会结束后 11~24 个月之内达成的，因此做好各项跟踪服务有助于实现企业参展目标，最终促成贸易合同的签订。

一般来说，展会上获得的潜在客户质量最高，因为客户对你的产品已经有所了解，购买意愿也比较强，所以应当重点开发。而与普通的开发信不同，展会后的开发信是在掌握了客户一定资料与意向后，更具有针对性，因此不用那么繁琐，但因为更有针对性，所以也有着更高的要求，更注重技巧。

展后的客户跟踪开发信一定要坚持以下几个原则：

（1）简洁。内容一定要简洁，尽量控制在三段以内；

（2）简单。使用简单的单词，让每个即使是非英语国家的客人都不会产生歧义；

（3）准确。内容要到位，不说任何无用的话，说话要切中要点，切勿漫无边际。

开发信直奔主题，先简单介绍下自己和公司，要简单明了；写上和客户见面的时间以及感兴趣的产品。特别要标注出客户在展会上选的东西，而且主动提供详细资料和报价，包含详细参数尺寸包装材料。

做一个精美的产品目录，产品多的话可以分类做产品目录。整理图片，把每类产品的畅销书另外归档。做好后转换成 PDF 格式，压缩体积；把客人的名片和你的名片放在一起拍照附在邮件上加深客人的印象。

展会结束后最常见的难题就是给客户发邮件后没了下文。对于这种情况，最好的沟通方法就是电话，你应该按照客户分类将客户资料整理成文档，并及时备注每个客户的追踪情况，通过电话的形式了解采购商情况，制定相应的解决措施。当然对某些情况不紧急的客户，请耐心等待一下，隔几天再发邮件跟进。

视野拓展：展会后跟进客户的邮件模板

2.1.4 云展会客户开发

当不便举办大型线下聚集性活动时，面对比较大的贸易需求，各类线下展会纷纷转型，使用云展会的形式开发和连接客户。实质上在互联网+和科技的迅速发展下，实施展会与线上营销相结合的形式是顺应时代的选择，更是未来重要的发展趋势。

（一）云展会的重要性

云展会简单来说就是线上展会的模式，它是对线下展会的辅助和延伸，使传统的"面对面"转变到"屏对屏"，融合了VR、直播、大数据、AI等新技术，不仅能够使企业打破传统展会距离的限制，实现更大范围的覆盖，还能通过图片、视频、虚拟展示等方式，为参展客户带来更加丰富有趣的互动形式。

云展会可以打破时间的限制，能够全天候地进行展示。传统线下展会都会有固定的办展时间和具体的位置，客户需要根据展会的展览时间参展。云展会在网上进行展示，客户可以在自己方便的时间参与，客户不仅可以全面了解展商信息，还能够精准找到自己感兴趣的内容，提高双方的沟通效率。

不仅如此，云展会还支持回放直播，实现展会的二次传播。线下展会的时间是固定的，如果客户因为其他原因错过展会，那就没有办法再去了解当时的展会内容，也会错过与展商交流的机会。但是利用云展会，线上直播之后还支持回放视频，可以让不方便参加展会的客户之后再观看，非常方便。

（二）云展会开发客户

从展前买卖双方的邀约和预热；到展中帮助参展商营造氛围，把访问平台的买家引入垂直的行业展内；到展后提供数据复盘、买家跟踪、买家回访等服务，与线下展会的逻辑一样，打造一个完整的参展流程。

1. 展会前，打造个性化展位，通过多渠道推广，实现流量的转化

1) 搭建云展厅，选择直播场景

要选择与企业品牌风格相一致的直播场景。直播间的场景风格，直接影响客户对企业品牌的印象。再就是通过VR技术等打造云展厅，将产品信息全方位地进行展示。还要准备多种形式的直播，不仅包括现场直播，也可播放预先录制的视频内容，保证直播效果的多元化。

2）利用多渠道曝光，吸引客户

制作 H5 长图，将其转发分享到微博、微信等平台，吸引客户参与。还可以通过小程序来宣传引流，包括置顶小程序、公众号关联、好友推荐等渠道，使更多的客户了解云展会的信息。同时还要设置参会提醒，通过短信、模板消息等多种方式提醒报名客户及时参会，降低参会的流失率。

3）建立在线会客厅

可以设置一个在线的洽谈室，如果遇到了有意向的客户，就可以直接在线进行交流，把握机会。

2. 展会中，全方位曝光产品，丰富互动形式，在线洽谈对接商机

对于参与线上展会的客户而言，云展会的视觉呈现形式和会中互动活动，会直接影响观展体验。因此要使用更加丰富的形式来提高客户的体验。

1）3D 技术展示产品信息

通过将 3D 技术运用到展厅的页面视觉设计中，将产品信息等更加具象化、更加立体地进行展示，给客户以身临其境的形象、立体感，充分展示展厅、活动现场的场景，提升客户的线上观展体验。

2）互动丰富，还原线下场景

在参与线下展会时，有些展会进行一些礼品抽奖互动活动。同时，企业也会安排人对有意向的客户进行咨询服务。这些活动对聚拢展位人气非常有用。云展会也可以采用这种类似的形式，用红包打赏、抽奖、答题、聊天弹幕等多种互动形式，能够帮助企业活跃展位，轻松还原线下互动场景。

3）利用在线会客厅进行交流

在线会客厅功能把线下会展的供采双方洽谈的场所搬到了线上，每位参展商都可以在自己的会客厅内和采购商进行"零距离"音视频沟通。在线会客厅支持供应商同时接待多位买家，也支持供应商和采购商在私密会客厅进行一对一交谈，保护双方的商业机密。

4）直观体验线下工厂

利用 360°全景看厂功能，通过线下实景拍摄和数字处理，将企业工厂直观地展现在客户面前，让客户远隔万里，但是依旧可以通过网络进行"验厂"，省去了客户跨国出行等麻烦。

5）线上交换名片

云展会还提供名片互换功能全真模拟供采双方在线下参展时的名片互换场景，帮助双方识别对方身份，让双方在线上留存对方的信息，以便在展会后进一步进行沟通。

3. 展会结束后要实现二次传播，转化意向客户

云展会结束后并不意味着客户就会自动找上门，因此要学会持续扩大影响力，进一步跟进意向客户，并进行此次参会数据的评估分析，为后续活动提供优化依据。

1）设置直播视频回放

直播可以实现云端录制，活动结束后，自动转存视频，后期支持在线剪辑合并、自主点播、回放。剪辑后的视频素材，可以发到抖音、优酷、爱奇艺、腾讯等主流视频平台，实现展会的二次传播和曝光。

2）会后回访，跟进客户

根据客户的吸引力，能否提供完整的信息等条件，梳理云展会收集的信息，确定优先联系顺序，跟进要及时。

3）分析展会数据和活动效果

在云展会开展过程中，可以统计人流量、互动数据、观众停留时长等相关信息，通过内容分享数量、主页浏览数量、直播间人气等多维度的数据，量化品牌传播和转化效果，进行展会后的复盘，为下一次活动提供优化依据。

视野拓展："永不落幕"的线上数字展厅

[想一想]

假设你是一家公司的市场部经理，负责策划参展某个行业的展会。请思考以下问题：

(1) 在确定参展目标和预算后，你将如何选择合适的展会？

(2) 参展前需要进行哪些准备工作？

(3) 如何吸引潜在客户参观你们的展位？

(4) 展会期间如何与客户沟通交流，以便更好地推销产品或服务？

(5) 展会后如何评估参展效果，总结经验教训，并提出下一步行动计划？

任务二　行业协会客户寻找

随着各大线下会展按下"重启键",企业踊跃参展,行业协会办展组展进入"快进"模式。浙江超卓有限公司为了更好地满足国内外客户对于通信设备的需求,除了参加展会以外,公司正积极筹划利用行业协会开发客户。

 任务描述

李佳在参加展会之后,成功开发了几个客户,并在积极地跟进,希望能够促使客户下单,并发展成稳定客户。但仅仅通过参加展会的开发结果并不理想,公司的客户还是处于不饱和状态。因此,李佳决定再采取其他的方式进行客户开发,请你通过学习帮助李佳通过与通信相关的行业协会进行客户开发,获取更多更精准的客户。

 任务实施

步骤1:查询近期办展的与通信相关的行业协会信息。

通过搜索引擎 Google 搜索行业内的各大协会网站,通过一定的搜索方式,查询近期办展的通信相关的行业协会信息。

搜索方式:产品关键词/行业关键词+association/alliances/bureau/council/institute/society/guild/exhibition/tradeshow/fair/directory/business directory。

步骤2:获取行业协会成员名单。

通过行业协会官网获取协会成员信息,并通过查询协会成员公司的官方网站信息筛选潜在客户,整理并填入表2-6。

表2-6　相关通信行业协会成员表

类别	行业协会网站	行业协会成员名单
手机相关		
耳机相关		
计算机相关		
……		

步骤3:在查询好相关成员以后,将收集的信息先进行深加工,再运用一定的技巧进行客户开发,具体过程填入表2-7。

表 2-7　相关通信行业协会成员表

成员名单	深挖客户信息	相关开发技巧
王某/某公司	邮箱： 联系方式：	通过查询客户社交网络，获取相关信息，可通过邮箱及电话进行沟通
……	……	……

 学习评价

组织学生进行分享展示，从任务执行质量、效率、态度三个维度开展学生自评与教师点评，如表 2-8 所示。有条件的，可以邀请企业专家参与评价。

表 2-8　行业协会客户寻找学习评价表

评价维度	评价内容		分值	学生自评	教师评价	企业点评
	评价维度	目标观测点				
任务二　行业协会客户寻找	任务执行质量	了解行业协会的作用	10			
		熟知通过行业协会进行客户开发的流程和技巧	20			
		能够通过行业协会获取成员名单	20			
		能够根据行业协会成员名单查找客户联系方式并进一步开发客户	20			
	任务执行效率	能够快速获取行业协会成员名单并尝试通过多种方式高效查找客户联系信息	10			
	任务执行态度	具备坚持不懈的精神，遇到困难和挫折不放弃	20			
总评		目标达成总体情况	100			

 知识储备

通信公司可以与行业协会合作，组织和主办研讨会和展览活动，吸引潜在客户和其他行业专业人士参与。这些活动提供了一个展示产品和解决方案的平台，同时也是与潜在客户建立联系和谈判合作的机会。公司还要积极参与行业协会组织的会议、研讨会和其他活动。他们利用这些机会与其他行业专业人士网络联系，了解行业动态，并展示他们的专业知识和优势。通过各国行业协会，外贸业务人员能查找到一些采购商的信息，同时还能了解到行业的制造商、经销商的情况，对公司进一步清楚区域市场有很大帮助，同时在一些海外的买家对国内的供应商情况不太了解的情况下，就会委托这些行业协会等进行供应商推荐，这个也是很重要的一个开发外贸客户的途径。

2.2.1　认知行业协会

（一）行业协会简介

行业协会是指介于政府、企业之间，商品生产者与经营者之间，并为其服务、咨询、沟通、监督、公正、自律、协调的社会中介组织。行业协会是一种民间性组织，它不属于政府

的管理机构系列，而是政府与企业的桥梁和纽带。行业协会属于中国《民法》规定的社团法人，是中国民间组织社会团体的一种，即国际上统称的非政府机构（NGO），属非营利性机构。

视野拓展：行业协会四大职能

（二）行业协会成员

行业协会的成员通常包括以下几类人士。

（1）企业会员：各种规模和类型的企业可以成为行业协会的会员，包括大型企业、中小型企业和创业公司等。这些企业可能在该行业中经营、生产或提供相关产品和服务。

（2）专业人士：行业协会还吸引和接纳相关领域的专业人士作为会员，如律师、会计师、医生、工程师、设计师等。这些专业人士通常在行业中拥有丰富的技能和知识，并为行业的发展做出贡献。

（3）个人会员：行业协会有时也允许个人成为会员，这些个人可能是行业爱好者、研究者、学生或旁观者。个人会员通常通过参与活动和获取行业信息来增进对行业的了解。

（4）政府和非营利组织代表：一些行业协会还吸引政府官员和非营利组织的代表成为会员，以促进行业与政府和社会其他领域之间的合作与对话。

通过成为行业协会的成员，企业、专业人士和个人可以获得行业内的一系列权益和资源，包括专业培训、行业信息、网络机会、政策影响力等。同时，成为协会的一员也能够与行业内其他人士建立联系，分享经验和最佳实践，并为行业发展做出贡献。

（三）加入行业协会的意义

（1）行业身份——能够迅速巩固和提升会员企业在业内的地位，更容易赢得客户的青睐，为企业带来商机与财富。

（2）扩展人脉——协会最主要的就是一个人脉资源圈，它不仅能够增进本协会之间的交流与友谊，促进会员间的合作与共赢，增强协会和商会的活力、凝聚力与核心竞争力，而且还能够和其他兄弟行业协会、商会开展广泛的业务交流和往来。

（3）信息渠道——协会作为一个商人的团体组织，它所拥有的平台，使之成为沟通渠道和信息的汇聚地，其信息量远比个别企业多得多。

（4）宣传窗口——依托商会、协会的网站、刊物和会议、活动场合的宣传，可以取得花钱少收效大的宣传效果。

（5）求助平台——协会还是一个诉求平台，可以借助协会业已建立起来的各种关系、渠道和协会内其他企业界人士拥有的公共关系资源，协调、解决你在经商过程中遇到的各种问题。

（6）话语权重——有需要同官方打交道时，协会会长、副会长、秘书长、常务理事、理事等职务，因为团体的力量而多了一份让官方重视的身份，其话语权重也因此增加。

2.2.2 行业协会客户开发

行业协会通常由具有相同或相似业务兴趣的人组成，他们会在协会活动和会议上聚集在一起。通过行业协会进行线下客户开发是一种非常有效的方式，可以帮助您扩大业务网络并建立稳固的客户关系。下面将具体介绍如何通过行业协会开发客户。

1. 参加行业协会的会议和活动

参加行业协会的会议和活动是一种有力的客户开发方式，它能够为您提供与潜在客户进行面对面交流和互动的机会，并展示您的专业知识和业务能力。可以利用会议和活动期间的社交时间来与其他与会者建立联系。与会者中可能包括潜在客户、合作伙伴或行业的重要人士。通过参与社交活动，例如午餐会、欢迎酒会或晚宴，可以更加亲近地展开交流，在轻松的氛围中建立起持久的业务关系。

2. 提供有价值的内容

提供有价值的内容是通过协会平台分享你在行业内的专业知识和经验，这是一个有效地树立你的专业形象，并吸引潜在客户关注的方式。

（1）可以撰写行业洞察文章，分析最新的行业趋势、挑战和机会，并提供实用的建议和解决方案。这些文章可以在协会的网站、会刊或社交网络平台上分享，让更多的人了解你的专业能力和见解。

（2）可以申请发表演讲或举办研讨会。通过在协会活动中分享你的专业知识和经验，你可以向与会者传授有价值的信息，并展示你的专业水平。这不仅会增加你的曝光率，还能够与听众进行面对面的互动和交流，进一步建立信任和关系。

3. 主动建立联系

主动建立联系是在参与协会活动过程中的一项重要任务。除了参与活动，积极主动地与其他会员建立联系，并表达对他们业务和项目的兴趣。

（1）通过个人会面来建立联系。在活动期间，你可以主动与其他会员互动，介绍自己和你的业务，并尝试找到共同的兴趣点和合作机会。通过个人会面，你可以建立起真实的人际关系，增加彼此的了解和信任。

（2）交换名片。在协会活动中，名片是一种重要的联系方式，可以帮助你保持和其他会员的联络。当你收到别人的名片时，记得主动与他们联系，并表示对他们业务和项目的兴趣，这将为进一步的合作奠定基础。

（3）社交网络也是建立联系的有力工具。在活动结束后，你可以通过社交网络平台（如Linkedin、Twitter等）与其他会员保持联系。通过关注他们的动态、点赞或评论他们的帖子，以及分享有关行业有价值的内容，你可以继续与他们保持互动和对话，进一步加强关系。

4. 加入专业委员会或工作组

在加入协会的专业委员会或工作组的过程中，可以与其他会员建立更深的关系，建立起更广泛的业务人脉，为未来的合作奠定基础。成员之间可通过分享专业知识和经验，共同解决问题，甚至可能找到新的合作机会。

5. 收集会员名单

收集协会的会员名单可以帮助你扩展业务和建立更广泛的业务网络。一旦获得会员名单,你可以利用不同的沟通方式,如线下拜访、邮件、电话、在线社交网络等,与这些会员进行有效地沟通,并了解他们的业务需求。

在与会员沟通的过程中,要确保你的信息和呈现方式与他们的需求和兴趣相匹配。个性化的沟通方式和内容将增加与会员进行深入对话的机会,并提高你与他们建立业务联系的潜力。要将会员名单视为一个长期的资源,不只是一次性地与他们进行沟通,而是持续地跟进和维护这些联系。通过定期更新、追踪会员的发展和兴趣,并及时回应他们的需求和问题,你可以建立起持久稳定的业务关系。

视野拓展:通过行业协会网站开发客户

最后,当客服人员通过行业协会开发客户时,有以下两点需要注意。

一是了解行业协会的规章制度:详细了解行业协会的章程、行为准则、会员义务等规定。确保你知晓并遵守规章制度,这包括参加义务性活动、缴纳会费、遵守会员守则等。了解这些规定可以帮助你在行业协会中建立良好的声誉并发展信任关系。

二是遵守保密义务:在与其他会员和客户进行沟通和交流时,要特别注意保护涉及商业机密和敏感信息的保密性。确保遵守协会的保密规定,不泄露其他会员或客户的商业秘密和机密信息。这有助于维护行业协会内部的信任和合作关系。

通过行业协会开发客户可以为你提供更广泛的业务机会,并增进行业的交流与合作。然而,要遵守协会的规章制度和法律法规,秉持诚信和道德原则,以确保自己的专业形象和个人声誉。

任务三 客户转介绍客户

在竞争激烈的市场中,能否通过有效的方法获取客户资源往往是企业成败的关键。况且客户越来越明白如何满足自己的需要和维护自己的利益,客户是很难获得长期保持的。因此加强客户开发对企业的发展起着至关重要的作用。如果客户能够带来更多的客户,那外贸人的客户资源就会越来越广阔。从客户处开发客户是一种省力、有效、快速建立客户信任的好方法,也是连锁开发客户的方法之一。

 任务描述

近期,李佳通过展会及行业协会开发的客户已经转化成功的数量不少,后期需要继续跟进稳固与客户的关系。因此,她打算借此机会去拜访客户,除了表达公司的诚意与重视以外,还想介绍最近公司新研发的各类通信设备,以此吸引客户,并看看有没有机会通过老客户再认识一些新的客户。如何维护与老客户的关系?如何吸引转介绍的客户?请你通过学习,帮助李佳通过拜访老客户开拓新的客户。

 任务实施

步骤1:首先要确定拜访的区域,除了考虑该区域新开发的客户以外,还要整理好公司在该区域的老客户,如表2-9所示。重点整理公司的忠诚客户,借此看看有没有开发新客户的机会。

表 2-9 新老客户所在区域整理表

客户	区域	总结
王某(新客户)	德国	
陈某(新客户)	俄罗斯	哪一区域的客户更多,就选择哪一区域,主要以老客户数量为主,但区域内也必须有新客户
梁某(老客户)	德国	
胡某(老客户)	德国	
……		

步骤2:确定好拜访国家/地区之后,需要提前将拜访礼物准备好,可以根据客户特点进行选取,也可以另外准备一份公司通信设备新产品的礼品,既展示你对于他们关怀,也能进一步向他们展示公司的新产品,具体可根据表2-10进行填写。

表 2-10 礼物准备表

客户名单	客户特点	礼物准备
王某	喜欢喝茶	茶叶及新产品耳机
李某	……	
谢某		
……		

步骤3：在出发前，还要提前想好该怎样让老客户去介绍新客户。

（1）对于比较熟的客户，可以友情请求帮助，对于关系一般的客户，可以采取利益驱动的方式。

（2）在适当的时机提起转介绍，并告知客户需求的类型。

你还有哪些技巧可以帮助李佳，整理后请填入表2-11。

表2-11 客户类型及转介绍技巧表

客户类型	技巧
爱表现型客户	
实际利益型客户	
需求交换型客户	
朋友义气型客户	

 学习评价

组织学生进行分享展示，从任务执行质量、效率、态度三个维度开展学生自评与教师点评，如表2-12所示。有条件的，可以邀请企业专家参与评价。

表2-12 客户转介绍客户学习评价表

评价维度	评价内容		分值	学生自评	教师评价	企业点评
		目标观测点				
任务三 客户转介绍客户	任务执行质量	了解愿意转介绍的客户类型	10			
		掌握客户维护的正确方法	20			
		把握客户转介绍时的时机及开发技巧	20			
		能够维护好老客户并灵活运用技巧获得转介绍	20			
	任务执行效率	团队成员之间配合默契，工作协调效率高	10			
	任务执行态度	具有热情主动的服务态度，团队合作精神	20			
总评		目标达成总体情况	100			

 知识储备

在与老客户沟通时，首先要表示公司的关心，再就是要着重介绍公司的新通信设备产品，并提供详细的演示和解释，展示产品的功能、性能和优势，并与老客户讨论如何使用这些产品解决他们的问题。最后可以请求他们的推荐和引荐，以介绍新的潜在客户，向他们介绍公司的目标市场和客户群，并请老客户帮助他们联系可能感兴趣的潜在客户。一旦老客户介绍了新客户，相关人员及时进行跟进，并与新客户建立联系，并提供进一步的咨询、定制解决方案，以满足新客户的需求，并建立长期的合作关系。世界销售大师乔·吉拉德曾经发现了250法则，即每个客户背后至少隐含了250位潜在客户，当你的服务足够出色和专业的时候，这1位客户会帮助你获得250位客源，当你的服务质量低劣又比较差时，你将会失去251位客源，这表明客户关系的潜在价值是非常大的。

2.3.1 认知客户转介绍

从客户处开拓新客户是一种有效的市场营销策略，可以帮助企业更快地发现和接触到潜在客户。

（一）从客户处开拓客户的优势

（1）口碑传播：现代社会中，人们往往倾向于相信朋友、同事或其他类似人群的建议或推荐，而不是广告或促销活动。通过与现有客户建立良好的关系并请求其推荐，企业可以更容易地获得潜在客户的信任和兴趣。

（2）建立信任：由于现有客户对企业已经有了积极的认知和评价，因此他们的推荐更容易被潜在客户接受。这意味着，企业可以更快地建立与新客户之间的信任和互信关系。

（3）精准匹配：现有客户通常会将企业推荐给那些可能需要或感兴趣的人或企业，因此这些推荐更加精准。与此同时，企业也可以根据现有客户提供的信息来制定个性化的销售计划，更好地满足新客户的需求。

（4）降低成本：与使用广告或促销活动相比，从客户处开拓新客户通常需要更少的成本。企业可以利用现有资源和人力来开展这项工作，从而实现低成本高效率的目标。

（二）开拓客户的条件

（1）客户认同你的服务：让客户感受到你的真诚，认可你，信任你。
（2）销售的产品或服务的过程良好：长期与客户保持良好关系。
（3）客户能从中获得更多利益：设计一个回馈客户的方案激励客户转介绍。

（三）维护老客户关系的技巧

如果想要从老客户那里获得新客户的资源，那么就要先学会维护老客户，与老客户处好关系。在与客户交往中要真诚待人，客户才会信任你，这样关系才会更加牢靠。

1. 与客户做"密友"

当面对销售人员的时候，会自然而然产生怀疑、防备的心理，但当面对自己的朋友的时候，希望会有一种信任感。因此，要将客户当成自己的朋友，做到坚决不欺骗客户，给予对方充分的信任感和安全感，让他们可以进一步相信你。

2. 让客户习惯你的存在

让客户习惯你的存在是维护客户关系的终极目标。最简单直接的方法就是存在感。既然是朋友，可以多与客户聊天，讨论生活中的琐碎。当对方习惯了你的存在之后，有需要时自然会主动联系你。

3. 定期回访

回访的方式有很多，可以是电话回访、短信电话，也可以是上门拜访。如果是上门拜访的话，建议带上一些有价值的信息，如产品项目的优惠活动向客户反馈，说不定能够促成进一步成交。

4. 礼物关怀

在节假日时，可以给客户送点小礼品，也可以是祝福短信/电话，在儿童节的时候还可以给客户的孩子买点礼品，要让客户感受到你的心意。

5. 适当提及转介绍

维护老客户的目的除了交朋友以外，自然也希望客户能转介绍更多客户。对于比较熟的客户，可以友情请求帮助，对于关系一般的客户，可以采取利益驱动的方式。

6. 分类营销

并不是面对所有客户都要面面俱到，毕竟精力有限，要根据资金和意向进行客户分类，有针对性地发起攻势。

案例分析：跟电话回访，用心服务客户

2.3.2 转介绍客户分类

转介绍客户分类如下。

1. 爱表现型客户

这类的客户喜欢表现自己，重视荣誉。他们特别愿意主动介绍新客户，而且一般是不要任何好处的。对于这样的客户，应该多给他表现的机会，让他的价值感和荣誉感得到极大的满足。这类客户可以称为黄金客户。

2. 实际利益型客户

这类客户很现实，会要金钱或物质上的好处。对待这类客户，只要谈好给他实际的利益，他在利益的驱使下会很卖力地给你转介绍。

3. 需求交换型客户

这类客户一般不会主动为你介绍新客户。但如果你在客户急需帮助时，为其解决了问题，此时趁热打铁"求介绍"，成功率会大大提高。

4. 朋友义气型客户

这类客户讲义气，看重朋友间的情谊，经常会出于朋友之间的友谊为你介绍新客户。他们如果认可你，就会把你当作好朋友。对于此类客户，要以朋友的方式与其交往，不要掺杂过多的利益。

2.3.3 转介绍客户开发方法

转介绍客户开发方法如下。

1. 抓住合适的时机

一是在成交之后，客户处在"满意"状态时，当面请求客户转介绍；

二是在与客户建立信任关系后，适时当面请求客户转介绍。

2. 选择合适的对象

首先你要清楚"谁会为你转介绍？""会介绍什么样的客户？"。这些关键点需要在与客户沟通过程中进行调查、分析和识别，而不是到最后环节贸然请求。

3. 说明你需要的客户画像

告知客户适合转介绍的客户标准，在要求客户引荐时，应该向他们说明你需要什么类型的客户，例如客户所在行业、公司规模、盈利模式等。

一个老客户转介绍的难度是开发一位新客户的 1/5。因为老客户的信用背书，就可以帮你减少获取信任的时间与成本。口碑的力量，往往会带来连锁反应与成倍增加的利润。客户的介绍是建立在人际关系上的，需要你持续灌溉。提供卓越的产品与服务，掌握提出要求的时机，并且在合作前后都维持良好关系。这样，客户自然会为你宣传，帮助你顺利进行新客户的开发。

思政园地：开发客户要坚守法律和道德底线

 课外阅读

跨界与融合——2022 年中国国际信息通信展全面升级

伴随着 2022 年全国两会圆满落幕，全年国民经济和社会发展计划的主要任务已经明确、发展目标已经锚定，全国各行业热议数字经济的声音余音绕梁。2022 年，信息通信技术（以下简称"ICT"）行业发展将围绕"发展 5G、谋划 6G，继续加大 5G 基站建设、推动 5G 应用落地、培育国家级'小巨头'企业以及应急通信"等多个领域。

作为国家级的 ICT 行业权威展示平台，PT 展在 2022 年将迎来全面升级——展区规模进一步扩大，展示内容更加丰富，论坛内容设置更具行业应用指导性。通过紧跟《"十四五"信息通信行业发展规划》和《"十四五"数字经济发展规划》，展会将全方位、多角度展示我国信息通信技术对各行业的深度赋能及创新成果，促进产业数字化转型升级，推动数字经济发展。

（一）围绕"数字"推演出 6 大展示内容，突出"深度融合"

2022 年 1 月，国务院印发了《"十四五"数字经济发展规划》，其中明确提到"数字经济是继农业经济、工业经济之后的主要经济形态，是以数据资源为关键要素，以现代信息网络为主要载体，以信息通信技术融合应用、全要素数字化转型为重要推动力，促进公平与效率更加统一的新经济形态。因此，在今年的展会现场，所有的展示内容和探讨话题将会进行重组和定义，深度围绕数字设施、数字技术、数字终端、数字应用、数字经济和数字治理进行展开。

数字设施将重点围绕 5G、大数据、人工智能、工业互联网、千兆光网、IPv6、数据中心、边缘计算、卫星通信、6G 等延展。

数字技术将围绕光通信、高频通信、5G 增强、量子通信、云原生、区块链、数字孪生、虚拟现实、双碳等延展。

数字终端将围绕 5G+、VR/AR 头显、工业机器人、智能可穿戴设备、智能汽车、智能家居、智能终端、芯片等延展。

数字应用将更加突出重点行业的相关应用成果展示,即政务、工业、能源、交通、卫生健康、教育、文旅、农业水利、金融、矿山、港口和通信。

数字经济内容板块将重点围绕乡村振兴、数字贸易和地方经济创新示范等展开。

数字治理通过围绕新型智慧城市、数字政务、智慧社区、App 治理与反诈、天地一体化应急通信、信息安全等方面进行延展。

总之,PT 展会将通过展示"数字"潜在价值,为各领域提供集"智能化、科学化、精细化、高效化"的数字治理解决方案。图 2-1 所示为 2021 PT 展会现场。

图 2-1　2021 PT 展会现场

(二) 重点设立 12 个展示专区,兼具技术与应用成果

展区全新升级,创新成果遍地开花。PT 展在保留包括 5G 创新应用、量子计算、区块链、信息无障碍、网络安全和天地一体化应急通信等传统专区外,将会全新设立数字医疗健康、双碳、专精特新和移动电子四大展示专区。

值得一提的是,数字医疗健康展区是 PT 展推出的首个以医疗健康为主题的数字化解决方案体验馆,由通用技术集团联合国家卫生健康委员会所属的中国卫生信息与健康医疗大数据学会等权威机构共同打造。展区将集中展示数字技术、信息技术与医疗健康行业深度融合的成果。展示内容涵盖数字医院、数字医疗和数字健康三大板块,涉及云计算、大数据、物联网、工业互联网、区块链、人工智能、AR&VR、行业优秀解决方案和创新应用等,力图为医疗健康机构经营管理者和医疗健康行业数字化、信息化解决方案供应商提供面对面交流与合作的平台。展区同期还举办"2022 数字医疗健康产业发展高峰论坛""5G+智慧医疗论坛""生命科学论坛"等多场主题论坛,并邀请近百位知名医疗健康行业专家出席相关活动。另外,超过 12 000 名来自行业主管部门、医院、康养机构、行业组织、投融资机构和媒体的专业观众受邀参观。

(三) ICT 中国·2022 高层论坛——聚焦前沿,汇聚精英,40 余场峰会论坛跑满整个展期

ICT 中国高层论坛素有 ICT 领域的"达沃斯"之称,凭借多年的"国际视野、专业深度、品牌立场、创新精神"广受各界好评。从 2019 年 5G 商用发布到 2020 年疫情后行业首秀,都有 ICT 中国·高层论坛的身影。

ICT 中国·2022 高层论坛将延续 "2+10+N" 的模式，即组办两场高层论坛、十场主题论坛、N 场专题论坛及企业自办活动。在保留行业热点话题的同时，展会将结合工信部"十四五"相关行动计划对重点领域议题进行补充或升级探讨，其中包括增设双碳发展论坛、5G+智慧医疗论坛、6G 发展论坛，升级探讨天地一体应急通信产业论坛等。

项目小结

在外贸业务高速发展的今天，客户已成为企业生存和发展的基础，没有了客户，一切都是空谈。不同于传统拓展线下客户的方式，通过云展会开发客户已变得越来越重要，线上展会逐渐成为一种新的客户开发方式，线上线下深度融合才是会展业发展的趋势。

本项目介绍了开发线下客户的三种方式，包括通过展会开发客户、通过行业协会寻找客户、从客户走向客户。企业需掌握展会开发客户的具体方式方法，以云展会开发客户为切入点，学习行业协会进行客户开发的技巧，熟悉从客户及竞争对手处找客户的方法，通过多种途径进行客户开发。

同步测试

一、单项选择题

1. 采用（　　）较易获得客户的信任，成功率也较高。
   A. 逐户拜访　　B. 个人观察　　C. 广告搜寻　　D. 客户介绍
2. 企业开发新客户的成本是保留老客户成本的（　　）倍。
   A. 3　　　　　B. 5　　　　　C. 8　　　　　D. 10
3. 以下说法不正确的是（　　）。
   A. 会展项目宣传推广包括选择宣传推广目标对象、选择合适的宣传手段、准备宣传资料和展会的联合推广与促销等环节
   B. 会展项目的宣传推广只需针对参展商
   C. 参展的厂商数量一般应该与会展的计划规模相适应
   D. 组展者要结合财务预算确定宣传的范围和力度
4. （　　）是一种按照会展项目所花费成本的高低来决定展位价格的方法。
   A. 成本导向法
   B. 需求导向定价法
   C. 竞争导向定价法
   D. 战略导向定价法
5. 下列关于行业协会的说法中，错误的是（　　）。
   A. 行业协会是同行业之间自愿组成的协调机构，是各企业间相互平等、民主管理的联合组织
   B. 它不是国家的行政机关，但又有一定的行政管理权力
   C. 它是在国家指导下的民间经济组织
   D. 它不是实体性的经济联合体

二、多项选择题

1. 下列属于展会前的准备工作的是（　　）。
   A. 挑选合适的参展展会　　　　　B. 确定参展目标
   C. 制定参展预算　　　　　　　　D. 选择参展样品
2. 云展会相较于传统线下展会而言的优势有（　　）。
   A. 3D技术展示产品信息　　　　　B. 直播视频回放
   C. 展示的产品更加直观、真实　　 D. 更易收集活动数据及效果
3. 参展企业收集的信息主要包括（　　）。
   A. 国内外市场上，多少会展企业提供本企业的会展服务
   B. 哪些会展企业在同行中处于领先地位
   C. 哪个会展企业的展会最适合本企业的需求
   D. 哪个会展企业的营销人员学历最高

三、判断题

1. 展会对于外贸企业来说是一种性价比很高的营销推广方式和获客渠道。（　　）
2. 将新客户作为中心客户进行客户的二次开发比老客户效果好。（　　）
3. 在展会结束后要进行客户分类管理，区别对待不同客户，实施差异化的营销策略。（　　）
4. 云展会可以打破时间的限制，能够全天候地进行展示，并且还支持回放直播，实现展会的二次传播。（　　）

四、简答题

1. 展会前需要从哪些方面做好准备工作才能更好地宣传展会及扩大展会效果？
2. 简要说明展会结束后如何更好地跟进客户以促进交易。
3. 请举例说明云展会的优势有哪些？
4. 简要说明为什么维护老客户很重要。

综合实训

假设你作为某汽车配件公司的营销服务经理，负责策划公司参加某大型汽车展览会，已经确定了展位，并且拥有足够的展品和宣传资料。请你按要求带领团队完成以下任务。

展台概念设计：根据公司产品属性和展位面积（18 m²），设计一个吸引人眼球、能够展现公司自身实力的展台概念设计方案。

参展人员安排：在方案中请详细描述需要哪些参展人员及其职责。

活动安排：根据方案，提出可行的活动安排，吸引更多的参观者并增强公司与客户之间的互动联络。

宣传推广：请提供一份宣传推广计划，保证公司的展台能够获得更多的曝光和关注。

项目三
线上客户开发

 **项目介绍**

　　客户开发不应该只是单纯地依靠传统的线下客户开发方式,应该综合性地利用电商平台、社交网络、搜索引擎等线上方式,数管齐下,才能发挥更好的作用。越来越多的跨境贸易企业开始依托科技的进步将互联网作为开拓国外业务的主战场。本项目重点介绍线上开发客户,包括常见的 B2B 平台客户开发、SNS 客户开发、搜索引擎客户开发和其他途径寻找客户四个环节。

 学习目标

知识目标：
1. 掌握 B2B 平台客户开发的目的及方式；
2. 熟悉国外社交平台及客户开发的步骤；
3. 掌握使用搜索引擎客户开发的流程及其他线上途径客户开发的方法。

技能目标：
1. 能够通过阿里巴巴等 B2B 平台进行客户开发；
2. 能够使用 Linkedin 等社交平台寻找客户；
3. 能够通过搜索引擎查找客户，并通过黄页、专业名录等方式进行客户开发。

素质目标：
1. 尊重和包容各种不同文化背景人群，能够开展跨文化交流与合作；
2. 提升学生的创新能力，解决问题从多角度出发，培养发散思维；
3. 具备与时俱进的能力，遵循国家与时代发展的要求。

 知识导图

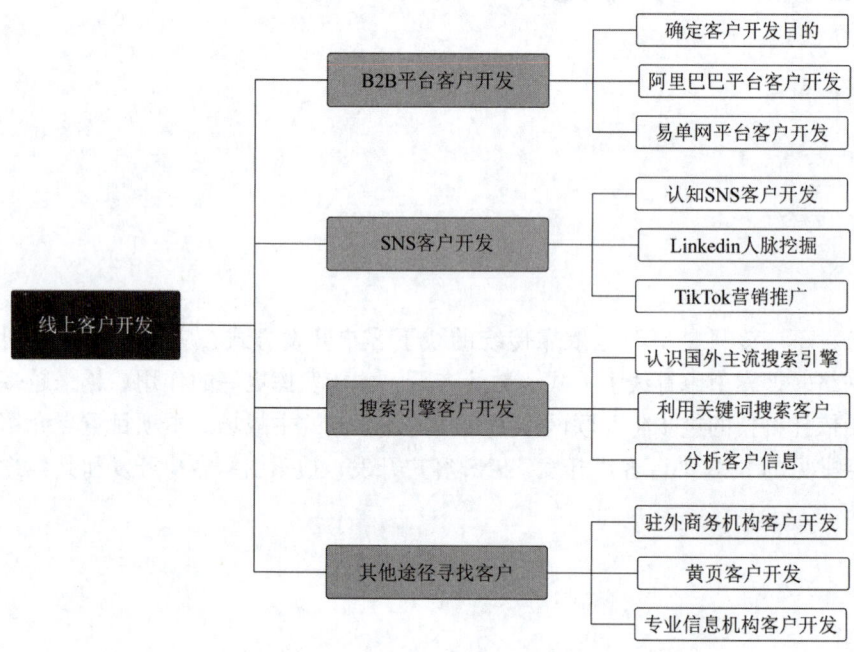

任务一　B2B 平台客户开发

由于大环境的原因，并随着技术的不断进步，线上开发客户逐渐成为各大公司选择的主要形式。

任务描述

浙江超卓有限公司主营通信类产品，近几年营业额逐年下降，公司经过讨论决定，安排王雪负责线上新客户的开发。王雪首先把目光瞄准了 B2B 跨境电商平台。阿里巴巴电子商务国际平台是阿里巴巴集团旗下的 B2B 电子商务平台，主要进行进出口贸易，它使得中外企业之间的贸易活动变得快捷而高效，更为企业开拓了十分广阔的市场和全新的贸易方式。王雪决定先通过阿里巴巴国际站来进行首次线上客户开发。请你通过学习帮助王雪利用阿里巴巴平台进行客户开发。

任务实施

步骤 1：发布高质量的产品信息。

首先登录到阿里巴巴国际站操作平台的首页，进入"我的阿里"首页；找到产品管理进入发布产品页面；在发布产品的首页单击"发布产品"；将公司的计算机、手机等相关通信设备发布到网站上。图 3-1 所示为阿里巴巴发布产品的页面。

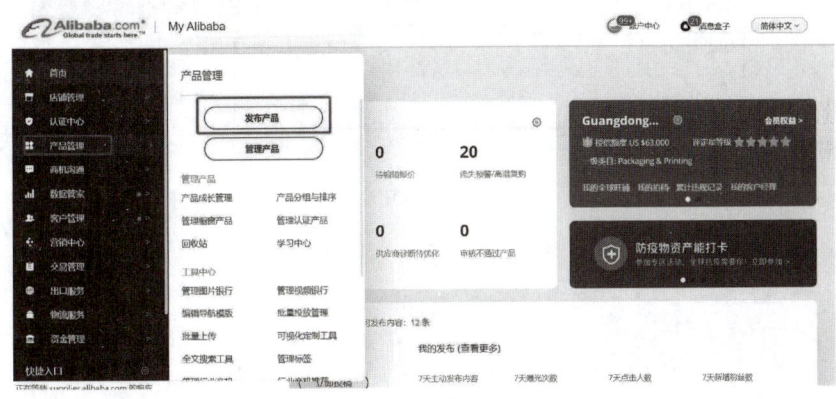

图 3-1　阿里巴巴发布产品的页面

（1）选择合适的通信设备的产品类目，让产品出现在买家的眼前。图 3-2 所示为阿里巴巴选择类目页面。

（2）填写产品的基本信息，使买家了解自己产品的基本信息，以作是否购买的参考。图 3-3 所示为基础信息填写页面。

产品标题是买家能搜索到你并吸引他进入商品详情页面的重要因素。标题字数不应太多，要尽量准确、完整、简洁。一般产品名为产品主体词+产品材质+特点+用途，还可包含商品形状描述、相关参数等；核心词展示在最前面，型号、属性、材质等非通用搜索词如果需要填写的话，要写在核心词的后面。清晰真实的产品图片更易吸引买家的关注，产品的图

片能够全方位、多角度地展示你的商品，大大提高购买商品的兴趣。这里建议上传不同角度的商品图片。

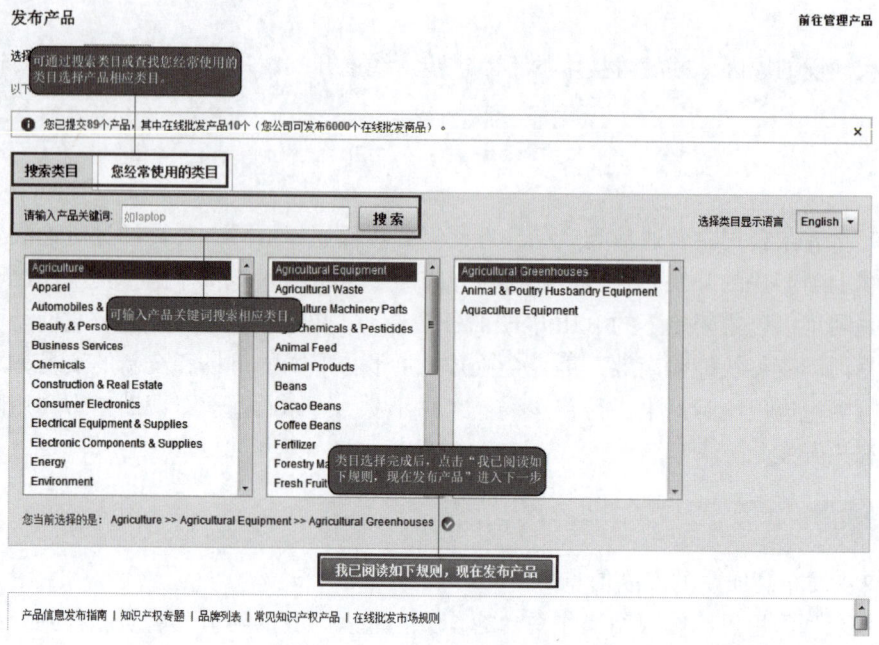

图 3-2　阿里巴巴选择类目页面

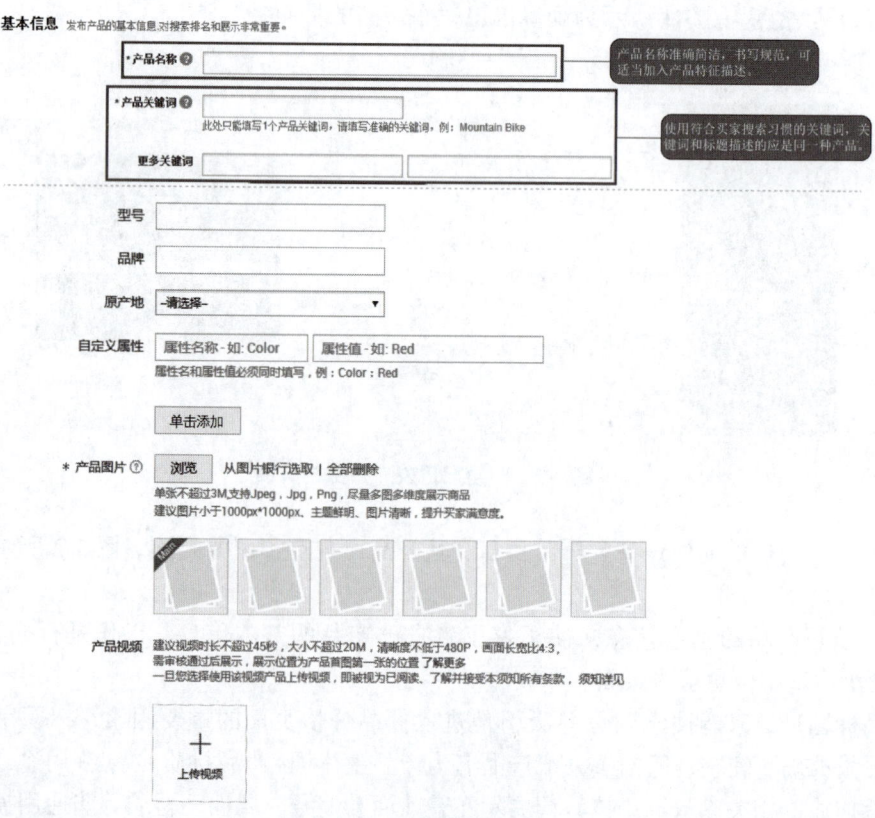

图 3-3　基础信息填写页面

(3) 总结通信产品发布要求及技巧,填入表 3-1。

表 3-1　产品发布要求及技巧

类别	具体方面	发布要求及技巧
基本信息	产品名称	
	产品关键词	
	产品分组	
	型号	
	产地	
	……	
商品描述	商品属性	
	……	
交易信息	……	
物流信息		
……		

步骤 2:寻找意向客户。

(1) 在阿里首页单击"求购",输入自己供应的通信产品的名称:计算机、手机、蓝牙耳机等。单击"搜索",就可以找到需要购买本产品的买家,单击自己需要联系的买家,可以联系买家,进行初步的沟通。

(2) 在客户管理中单击"访客营销"给对产品感兴趣的历史访客发送营销邮件,通过有竞争力的产品报价和优惠打折活动让他们再次光临店铺,成为商业合作伙伴。

(3) 设置营销语,通过 Trade Manager 消息的方式,对实时访问店铺的买家进行营销,获取商机。

步骤 3:回复询盘。

在发布产品之后,陆续收到了关于一些客户的询盘,接下来要将客户的询盘进行筛选,然后进行回复,转化客户资源,整理内容填入表 3-2。

表 3-2　筛选询盘及回复模板

询盘类型	示例	回复模板	注意事项
目标明确的询盘	Quantity:100 pcs Respected supplier, I am the purchase manager for outdoor supplies for×××. We are looking to expand our product line, so we want to inquire regarding your product. Please answer the following questions: —minimum order quantity; —packaging you offer; —DDP and EXW prices; —after sales service		对应详细的询盘,第一轮回复千万不要问一些风马牛不相及的问题,比如订单八字还没一撇,就问对方会如何付款,多久会下订单,甚至发客户信息表,让客户填写后才能报价。设置门槛的报价,只针对同时也在向你索取例如价目表、图纸、设计稿的客户
潜在询盘			
无目的询盘			
零买询盘			
……			

步骤4：RFQ报价。

RFQ是买家主动发布采购需求，供应商通过"采购直达"自主选择挑选合适的买家进行报价的方式。王雪决定主动去开发平台的资源，充分把握平台带来的商机，主动出击，把握住可以充分利用的RFQ资源，获取更多的客户资源。图3-4所示为阿里巴巴采购直达页面。

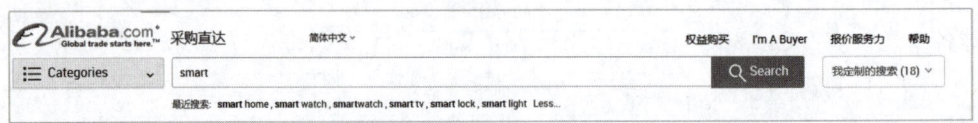

图3-4　阿里巴巴采购直达页面

可以使用的技巧：筛选关键词（定制搜索点选关键词）+发布时间（最近七天）+有剩余席位（勾选）+排序（偶尔使用）。表3-3所示为挑选合适的RFQ技巧。

表3-3　挑选合适的RFQ技巧

	技巧	具体注意事项
检查RFQ质量	善于从标题和需求描述中提取关键词信息	通过识别RFQ的标题和简要描述中的关键字，快速排除不合适的RFQ商机
	优先注意有剩余报价席位和发布时间短的	
	看客户采购量、发布国家、客户标签	
……	……	

 学习评价

组织学生进行分享展示，从任务执行质量、效率、态度三个维度开展学生自评与教师点评，如表3-4所示。有条件的，可以邀请企业专家参与评价。

表3-4　B2B平台客户开发学习评价表

	评价内容		分值	学生自评	教师评价	企业点评
	评价维度	目标观测点				
任务一　B2B平台客户开发	任务执行质量	掌握B2B平台客户开发的目的及方式	20			
		能够完整填写发布的产品信息	10			
		能够恰当回复客户询盘	20			
		能够根据企业实际情况选择合适的RFQ	20			
	任务执行效率	能够快速完成产品信息的发布及客户询盘回复，成功开发客户	10			
	任务执行态度	尊重和包容各种不同文化背景人群，能够开展跨文化交流与合作	20			
总评		目标达成总体情况	100			

 **知识储备**

在选择的 B2B 平台上，发布产品时要有详细介绍，并且要确保发布的通信设备产品的相关信息充满吸引力，包括高质量的照片、详细的产品描述和技术规格等信息。在发布产品后也要主动联系潜在客户，利用 B2B 平台的搜索功能，找到与公司的目标市场匹配的潜在客户。主动发送个性化的邮件或消息，介绍公司产品并提供进一步的合作机会。B2B 平台链接了全球各地的供应商和买家，为公司提供了更广阔的市场覆盖范围。并且这些平台通常具有强大的搜索和筛选功能，可以根据公司的目标市场和业务需求，精确地定位潜在客户和合作伙伴。这有助于节省时间和资源，将公司的消息和产品直接传达给兴趣和需求匹配的客户。通过 B2B 平台进行客户开发是一种灵活而高效的方式，可以帮助公司扩大市场，并与合适的客户和合作伙伴建立联系，适用于各种规模和类型的企业。

3.1.1 确定客户开发目的

B2B 平台客户开发的目的主要有以下几点。

（1）获取更多的潜在客户：B2B 平台作为一个专门面向企业的在线贸易市场，可以吸引大量相关行业的买家和供应商，帮助企业找到潜在的新客户。

视野拓展：常见 B2B 跨境电商平台

（2）开拓新市场：通过 B2B 平台客户的开发，企业可以进入新市场，扩大销售范围，增加营收。

（3）降低营销成本：相对于传统的线下销售渠道，B2B 平台能够为企业提供更加经济高效的营销方式。例如，参加线下展览会需要支付展位费、展台搭建以及参展差旅费等，通过 B2B 平台客户开发，企业则可以以更低廉的价格获取和跟进客户，从而降低营销成本，提高投资回报率（ROI）。

（4）提升品牌知名度：在 B2B 平台上展示和推广企业自身的产品和服务，有助于提升企业的品牌知名度和曝光率，并为企业带来更高的信誉和声誉。

（5）参与行业交流：B2B 平台通常会举办各种线上及线下的行业交流活动，这些活动不仅为企业扩大业务网络提供了机会，同时也增强了企业在行业内的影响力和竞争力。

3.1.2 阿里巴巴平台客户开发

阿里巴巴作为中国最大的也是客流量最高的电子商务平台，一般外贸企业都把这个平台当作首选渠道。阿里巴巴旗下有许多推广渠道网站和专业的外贸平台，如外贸圈、外贸国际站、1688 供应网等，在这里通过外贸人之间的交流、协同做好外贸。据报道，每年有数以万计的外贸企业通过阿里巴巴找到客户，达成合作。外贸人想要开发更多的客户，阿里巴巴国际站是一个很好的选择。

(一) 阿里巴巴开发客户的途径

1. 访客营销

访客邮件营销是供应商进行 EDM 邮件营销的入口,可以通过阿里巴巴平台向感兴趣的访客发送营销邮件,通过有竞争力的产品报价和优惠打折活动让他们再次光临店铺,成为我们的商业合作伙伴。图 3-5 所示为阿里巴巴访客营销页面。

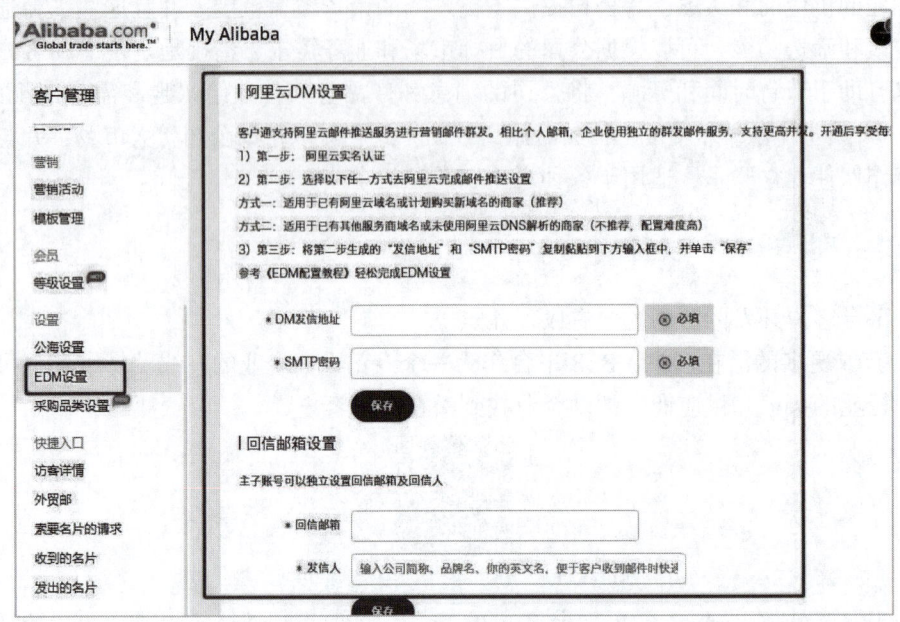

图 3-5 阿里巴巴访客营销页面

比如说访客详情页面:在访客列表的"操作"列会有相应标识,供应商可以在此处来筛选需要营销的访客。如果可以发送邮件,那么系统就会提示"可申请对该访客进行邮件营销";如果无法发送邮件,那么可以将鼠标放到图标上,会有相应的原因提示。单击"申请营销"后,进入营销表单页面介绍。表单中可以填写产品信息、港口、FOB 阶梯报价等信息。

2. 采购直达

采购直达,是指买家主动填写采购信息委托阿里巴巴平台寻找合适卖家,供应商可查看采购需求,根据买家要求及时报价的采购方式。

在这个公开的大市场中,买家会主动发布采购需求,供应商可以自主挑选合适的买家进行报价。采购直达服务在大幅度提升买家采购效率的同时,能够帮助供应商更好地完成订单转化,并赢取更多高质量买家。

1) 供应商寻找采购需求的方式

频道搜索:供应商可以进入"采购直达"公开招标频道挑选合适的 RFQ 进行主动报价。图 3-6 所示为 RFQ 详情页面。

自主定制:供应商根据自己经营的产品及商业偏好设置产品关键词订阅适合自己的 RFQ。可以登录 My Alibaba 平台,在"采购直达"中通过定制条件查询。图 3-7 所示为阿里巴巴商机订阅。

图 3-6　RFQ 详情页面

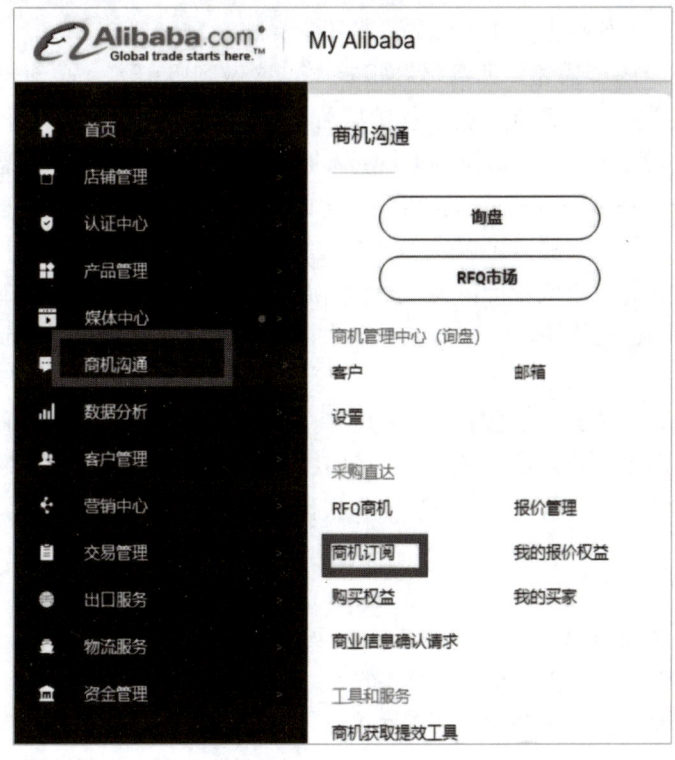

图 3-7　阿里巴巴商机订阅

系统推荐：阿里巴巴平台会根据供应商在网站上发布的产品信息推荐与其主营相关的 RFQ，如图 3-8 所示。当系统推荐给我们 RFQ 时，可以登录 My Alibaba，在"采购直达"→"管理 RFQ"→"系统推荐"的 RFQ 中查看。从平台推荐的 RFQ 中选取最适合自己的买家，再根据买家要求进行合适的报价。

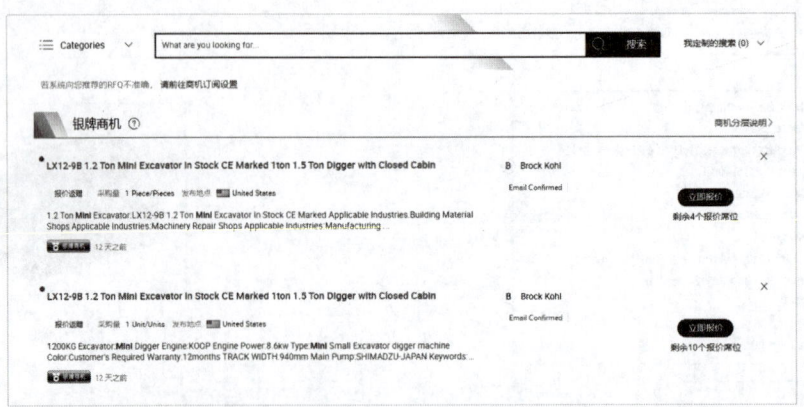

图 3-8　阿里巴巴系统推荐 RFQ

2）采购直达注意事项

（1）选对类目。不仅要选择正确的类目，而且要尝试选择多个适合的子类目。一定要用不同的关键词去搜索 RFQ，不要仅仅使用一个关键词。每天坚持发 10 条报价，那么一个月下来至少会收集到 300 条客户联系方式。RFQ 上大部分客户订单都比较急，所以速度很重要。报价速度快了，就能抢占先机，优先赢得买家青睐。

（2）重视标题及内容描述。回盘标题很重要，要做到吸引人，必须包含询盘产品关键词。报价描述内容要简洁、精准，突出优势就可以了，切忌长篇大论。报价已满的 RFQ 也不要直接忽略，可以通过 buyer profile 和 buyer activities 来收集客户联系信息。

（3）及时跟进。在报完价格后，会得到客户的详细信息，借助这些信息可以判断对方是不是真正的买家。如果是，那么可以发一个邮件跟进，询问客户是否收到报价，感觉如何。通过发一些类似产品的目录或者价格表过去，引起客户注意。如果客户真的有需要就会联系你。如果客户没反馈，也不用沮丧，可能是客户很忙，也可能客户没有收到。在这之后需要定期维护客户，不要断了联络。

（4）积极主动。只要产品匹配得上 RFQ，就要主动出击，同很多供应商竞争就是要比产品附加值、比服务态度、比产品真实性。类似 RFQ 的产品也一定要试着推荐，因为如果客户是做行业采购的，就不会仅仅采购一次。在报价之后获得客户联系方式，可以方便今后联系，推广新产品。

3. 实时营销

当有些买家在访问店铺时，会弹出"US 的买家正在访问我们的店铺，请及时营销"这样的消息。提前设置好营销语，可能会让正在浏览产品的客户主动联系你。实时营销和访客营销都是主动对买家进行营销推广，区别在于以下几个方面。

营销渠道不同：实时营销通过 Trade Manager 消息的方式，对阿里巴巴网站的买家进行营销；访客营销通过 EDM 邮件的方式，对阿里巴巴网站的买家进行营销。

买家时效不同：实时营销推荐的买家是当前在线的买家，是实时的；访客营销推荐的买家是历史访问阿里巴巴的买家，有一定的滞后性。

操作位置不同：实时营销是通过 Trade Manager 的营销进入，访客营销则是在 My Alibaba 后台的数据管家里。

跨境客服人员还可以通过粉丝通及 EDM 营销来开发客户，比如说平常会有一些客户关注了的店铺，但其实你还不知道，如果经常去更新粉丝通，把自己公司的优势产品在粉丝通做一个营销，那么之前关注过店铺的客户就会收到这些产品信息，因此很可能会吸引一些客户。或者通过发送站内信的方式去推广店铺的产品，有兴趣的客户就会联系你，这也是一个不错的方式。

视野拓展：阿里巴巴国际站粉丝通

（二）阿里巴巴平台开发客户的技巧

1. 做好信息的收集

在浏览阿里巴巴国际站时，可以通过寻找采购人这一选项来收集买家的信息。通常来说，可以列出一个 Excel 表格，在表格中填写采购人的采购日期、国籍、名字、邮箱以及其他联系方式、询盘账号、采购物品等相关关键信息。通过这一个表格，有利于做好日后的客户开发的工作，在这一表格内可以迅速直接地浏览到采购人的一系列数据，当外贸公司手上有新的产品要出口时，就可以根据这一表格来寻找合适的客户。

2. 分级开发客户

可以利用询盘模式将采购人发布的采购信息，按月份从近到远的时间来筛选。时间越远的采购信息对外贸人来说价值含量越小，时间越近的日期对外贸人来说价值含量越大，要抓住最新发布采购信息的客户。当你把采购人的信息收集好之后，就可以按照他们的采购需求，将他们分为不同的等级，将他们的询盘按照优先级来分级开发客户。采购意愿越强烈的客户，对于企业来说价值含量越大，外贸业务人员就应该放更多的精力在他们的身上。图 3-9 所示为采购人的信息整理。

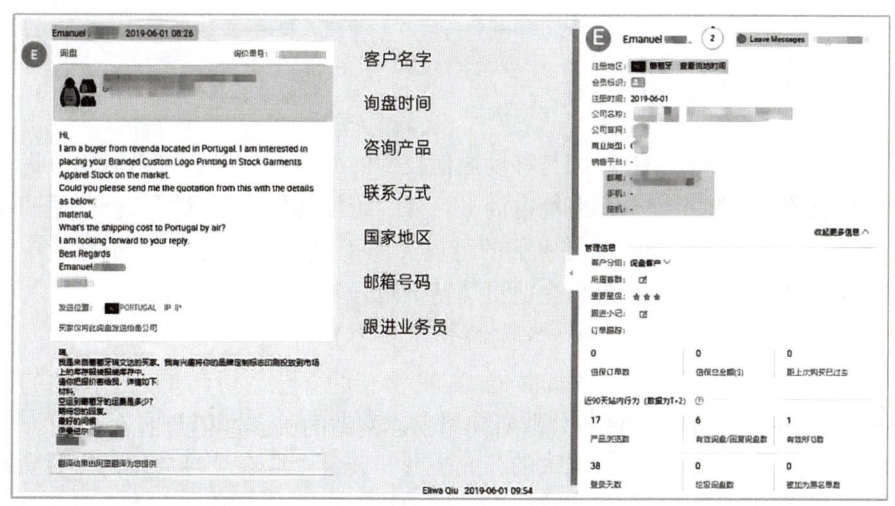

图 3-9　采购人的信息整理

3. 进行客户的批量营销

有采购意愿的客户数量非常庞大，但是要根据不同类型的客户来进行分批营销，将他们的采购意愿划成不同的类型，针对他们的采购意愿，做出对他们这一群体更有吸引性的营销方案。也可以按照国家地区来分类，不同的分类类型决定了你在针对这一类型客户时，该采取哪些营销措施。每一个跨境客服人员都应该谨慎地去分类，否则就会造成客户资源的流失。一旦你没有掌握好手中的客户资源，就很容易被公司的竞争对手抢走，这时对方的优势就会越来越大，对跨境客服人员及公司的威胁也就越大。图 3-10 所示为客户管理。

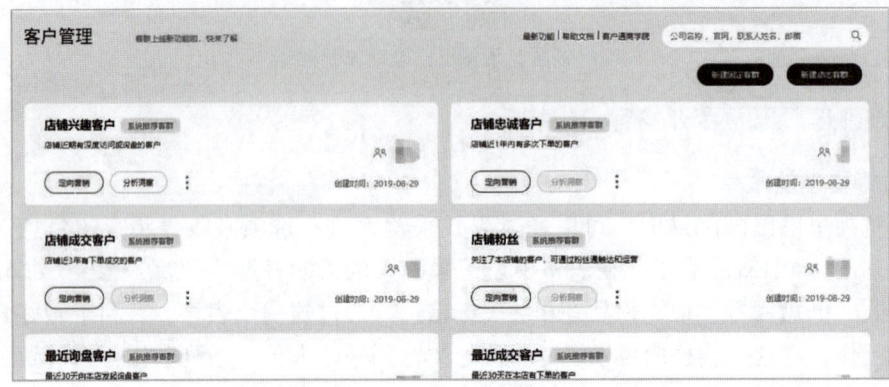

图 3-10　客户管理

客户资源对于跨境客服人员来说是很重要的，拥有较多的客户资源才能有机会成交更多的订单。因此，在进行客户开发时需要有足够的耐心，坚持不懈地跟进客户，才能将潜在的客户转化为订单客户。

视野拓展：国际站客户开发的避坑指南

3.1.3　易单网平台客户开发

大数据时代的快速发展，互联网与移动通信技术的融合与普及，使各种海外跨境电商获得了充分的信息资源。除了综合型跨境电商平台外，跨境客服人员还可以选择垂直型跨境电商平台挖掘客户，如易单网：中建材旗下的跨境交易平台，ECVV：中东机械及电子设备跨境交易平台等，这些渠道有利于外贸企业更加精准地开发新客户。

（一）易单网平台简介

易单网（OKorder.com）是建材行业首个现货交易网站。在 2011 年 2 月 10 日，易单网正式上线，网站依托中国建材集团强大的产业平台，整合企业在全球各地的现货资源和未来分布全球的物流园网络体系，与客户建立了良性的线上线下的互动，全面改善了客户的购物体验。同时，易单网帮助企业开发海外客户，将海外客户的订单与国内企业的产品进行精准匹配，提升了跨境电商的服务能力和效果。

（二）易单网平台的使用

易单网拥有庞大的客户群体，外贸业务员可以利用易单网进行客户开发，主动上传产品，从而吸引客户，获取客户询盘。

1. 账号注册

先进行账号注册，具体的注册登录页面为 http：//seller.okorder.com/，如图3-11所示。

图3-11　易单网登录页面

2. 产品上传

注册账号并成功登录后，接着就可以上传产品并进行发布。在产品中心，要从"添加新产品"这里进去上传产品页面，就可以根据公司的产品填写相关信息，如图3-12所示。

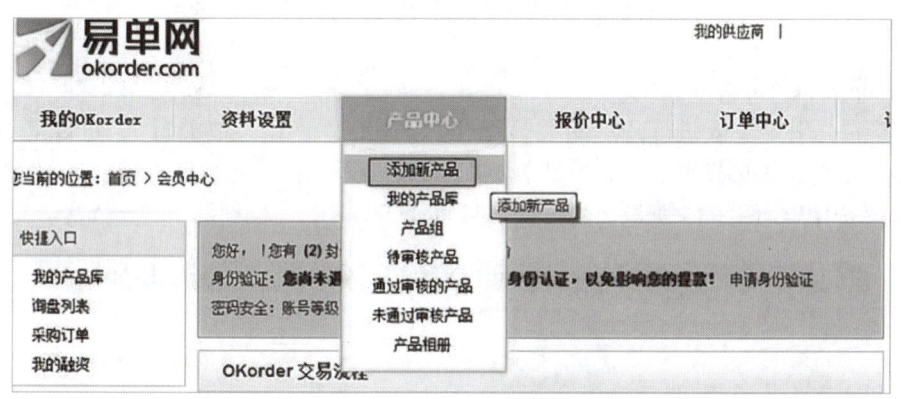

图3-12　易单网添加新产品页面

在进行产品上传时，要填写产品的基本信息，主要包括以下几个方面的内容。

1）产品名称及图片

产品名称要求同时填写产品英文名和中文名，并且产品标题是买家能搜索到你并吸引他单击进入商品详情页面的重要因素。字数不应太多，但要尽量准确、完整、简洁。一般产品名为产品主体词+产品材质+特点+用途，还可包含商品形状描述、相关参数等；建议英文名为40~100个字符，至少4个单词；实词首字母大写，副词、连词，包括and、at、on、in等必须小写；核心词展示在最前面，型号、属性、材质等非通用搜索词如果需要填写的话，要写在核心词的后面。图 3-13 所示为易单网产品名称页面。

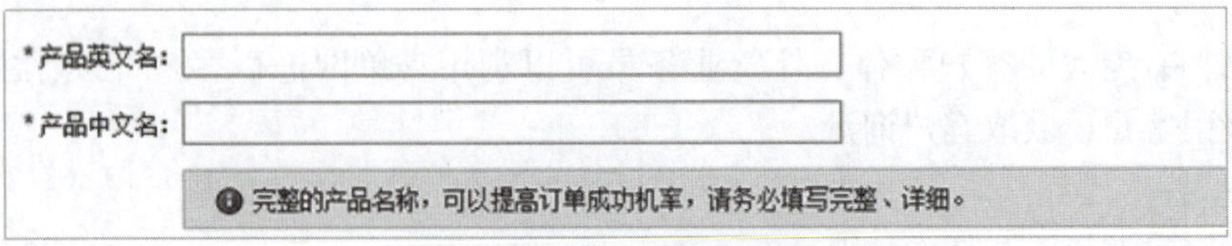

图 3-13　易单网产品名称页面

清晰真实的产品图片更易吸引买家的关注，产品的图片能够全方位、多角度展示你的商品，大大提高客户购买商品的兴趣。这里建议上传不同角度的商品图片。产品可以同时上传最少两张图片，主图尺寸要大于 350 像素×200 像素或者 200 像素×350 像素。上传产品之前要准备好图片，将图片上传到系统之后，系统会自动生成水印防止其他人盗用。图 3-14 所示为易单网产品图片及类目选择页面。

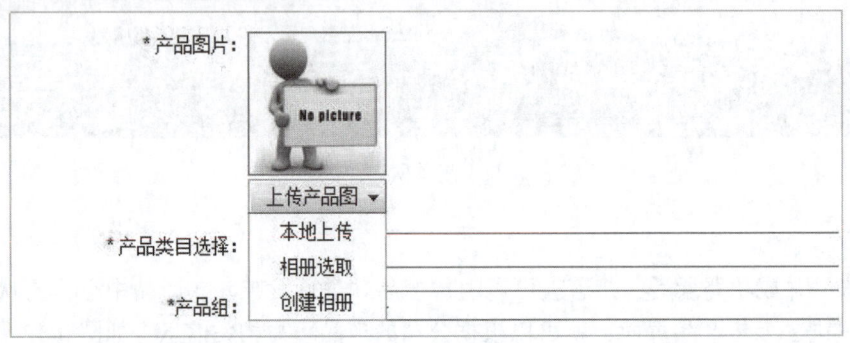

图 3-14　易单网产品图片及类目选择页面

2）产品类目及分类

上传产品图片后，要进行"产品类目选择"，单击"选择其他类目"，可以展开易单网全部类目，然后逐级选择类目，要求选择到最低级，没有下一级类目为止。选好类目之后，直接单击"选用"。图 3-15 所示为易单网类目页面。

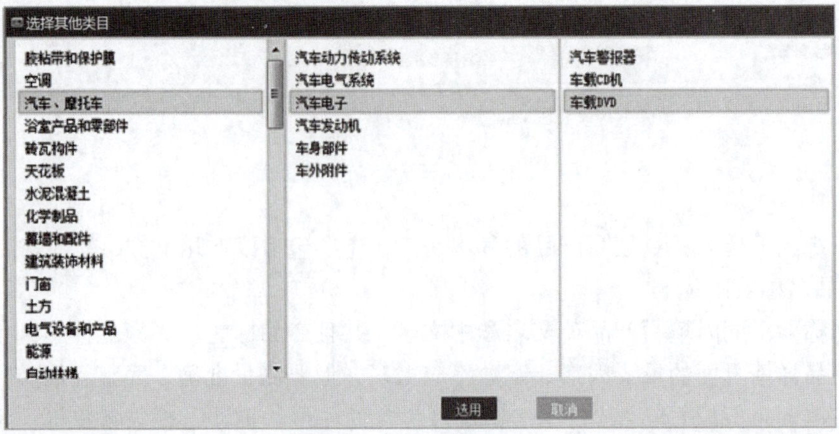

图 3-15　易单网类目页面

类目选好之后，需要将产品归到对应的分类中。如果产品没有合适的分类，可以单击"添加新产品组"。在"产品组"中，可根据产品特性、材质、用途等方面对产品进行分组，便于管理。图 3-16 所示为易单网分组页面。

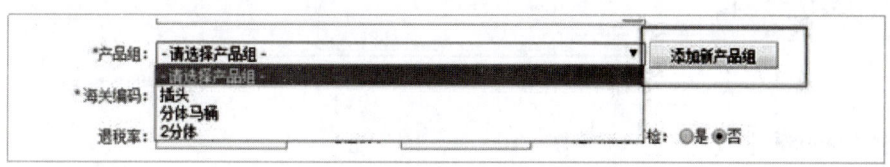

图 3-16　易单网分组页面

3）产品海关编码

这里需要填写产品的海关编码及退税率、增值税率，选择是否需要商检。图 3-17 所示为易单网海关编码页面。

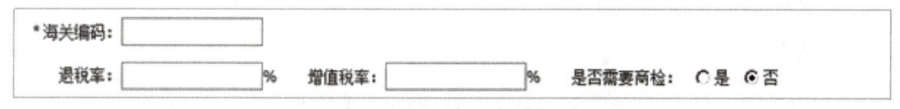

图 3-17　易单网海关编码页面

4）产品包装参数

简单明了的包装参数，方便买家能够更直观地了解产品的信息，因此，产品包装信息要求准确真实易懂，这里需要填写的参数较多。具体包括以下内容。

产品单位：指的是产品计量单位，方便买家对产品规格进行了解。在"单位"下拉框中选择对应的产品单位，如图 3-18 所示。

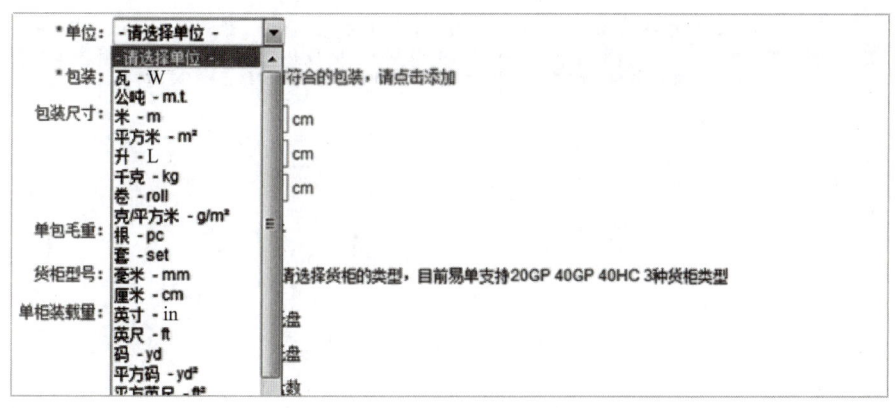

图 3-18　易单网产品包装参数页面

产品包装：系统目前仅"纸箱"一个选项，如果有其他的包装方式，可以在模块中添加，添加时要求同时填写中文及英文包装，如图 3-19 所示。

图 3-19　易单网产品包装类型页面

包装尺寸：填写正确的包装参数、重量、货柜型号、月供应量及交货港等信息，方便买家了解具体包装信息，如图 3-20 所示。

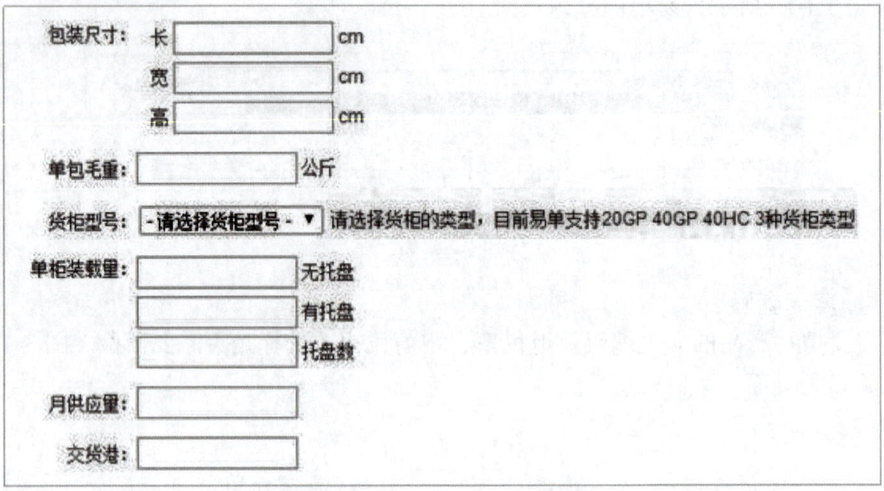

图 3-20　易单网产品包装尺寸页面

5）产品详细介绍

除了产品基础信息以外，还要填写产品的详细信息，目的是让客户能够对产品有一个更深入的了解。产品详细信息包括图片+表格参数+文字说明+售后相关内容。如果有相关的品牌说明、资质证书，也可以在详细描述中进行介绍。详细描述中有 5 万个字符空间，并且支持 HTML 语言。图 3-21 所示为易单网详细描述页面。

图 3-21　易单网详细描述页面

温馨提示：易单网面向的是国外的买家，所以需要使用英文填写一切产品信息，以便买家在搜索产品时可以准确地了解产品的各种情况。详细描述中不能出现易单网以外的链接，禁止出现任何形式的联系方式，如邮箱、网址、SKYPE 等。

6）上传相关证书

为了进一步提升买家对产品的信赖度，增强买家的购买欲，易单网提供了相关证书上传入口，可以上传 4 种证书，证书文件类型不限，可以是文档、表格、图片等形式，如图 3-22 所示。

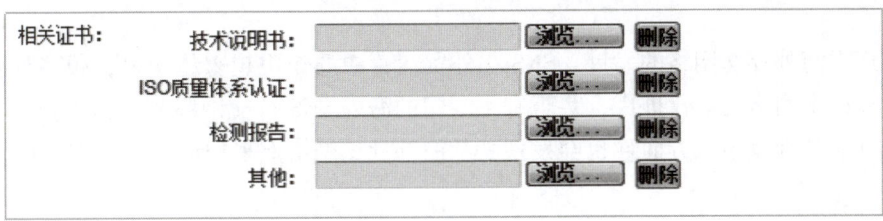

图 3-22　易单网上传证书页面

如果上传错误，可以单击右侧的"删除"按钮，将文件删除后再重新上传。在产品发布以后，要及时查看上传产品的状态，保证产品的成功上传。

3. 产品管理

在产品中心"我的产品库"中，可以看到上传的所有产品的状态。如果产品未通过，也可查看产品审核未通过的原因。

也可以单击"添加类似产品"将原有同类目上传的产品复制。只需在原有产品基础上做修改提交，就能完成一个新的产品上传。

4. 在线回盘

进入会员中心，在左侧快捷入口栏选择"询盘列表"，可以查看客户询盘，并有针对性地进行回盘，建立与客户的联系。

区别于常见的第三方电商信息平台，易单网全程参与外贸交易，严格把关海外采购商的资质，保证询盘和订单真实、有效，做到全程安全可控。同时易单网发挥规模效应、形成集成优势，为中小企业提供产品全球营销、客户开发、贸易谈判、订单执行、信用保险、供应链融资、物流运输、出口退税、售后服务的一站式全流程服务。

任务二　SNS 客户开发

随着现在海外社交网络的发展，SNS 在外贸运营中的作用越来越明显，很多外贸公司开始重视海外社交网络的运营推广，甚至有了专门的海外 SNS 社交网络的运营人员，并且花钱投放广告。而从询盘来源方面你也会发现，从海外社交网络上来的询盘比重在增加。

 任务描述

现在由于社交网络的影响力，很多国外客户都活跃在平台上，相关通信公司也成功地在这些平台上获取了不少客户资源。浙江超卓有限公司负责人近期也觉察到来自海外社交网络的询盘越来越多，公司认为王雪应该抓住这个机会，通过海外社交网络进行客户开发。不同的社交平台有哪些区别？如何才能在茫茫人海中找到潜在客户？请你通过学习帮助王雪利用社交网络平台进行客户开发。

 任务实施

步骤 1：注册账号及填写信息。

首先利用 Linkedin 等 SNS 社交网络，在平台上注册账号及填写个人信息。在了解客户需求的基础上，填写能让他们感兴趣的个人简介，比如技能、履历、兴趣爱好等。注意要合理嵌入关键词，这不但有利于潜在客户在社交平台内能搜索到你，并且很多社交网络是参与谷歌排名的，能够帮助企业同时获得谷歌关键词排名，实现引流。将整理的相关内容填入表 3-5。

表 3-5　信息填写及注意事项

SNS 社交网络	个人信息	注意事项
Linkedin	技能	
	履历	
	兴趣爱好	
	……	
……		

步骤 2：发布相关行业动态。

在进行内容发布时，会多尝试一些与公司通信产品相关的主题和内容模式，然后根据数据不断地进行总结，最终找到适合自己和潜在客户的内容营销思路。当实在缺乏素材时，也会参考优秀同行或网红来拓展思路。将整理的相关内容填入表 3-6。

表 3-6　发布动态注意事项

发布内容	发布频率及时间	注意事项
公司产品		

续表

发布内容	发布频率及时间	注意事项
行业动态		
公司动态		
……		

步骤3：建立公司主页。

接下来要创建公司主页去吸引客户，将公司经营的产品类目、行业等标注清楚，并在主页内发布消息。表3-7所示为创建公司主页表。

表 3-7　创建公司主页

社交网络	创建流程	发布消息注意事项
Linkedin	单击创建公司主页	
	选择公司类型	
	……	
……		

步骤4：选择合适方式寻找客户。

针对每个不同的海外社交网络进行针对性的客户开发，比如在Linkedin平台通过发布Post视频，发布一些通信设备的宣传片等，以此来获取更多的客户资源，并通过添加好友建立与客户的联系。图3-23所示为Linkedin平台视频发布页面。

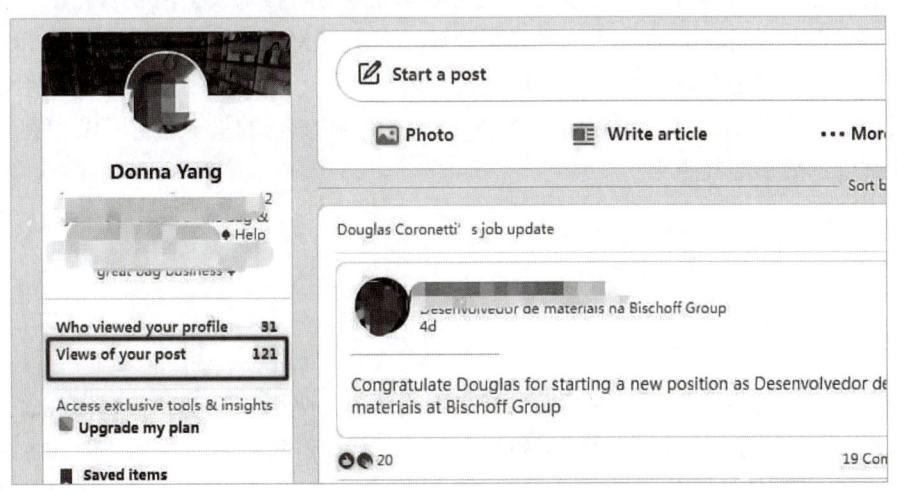

图 3-23　Linkedin 平台视频发布页面

 学习评价

组织学生进行分享展示，从任务执行质量、效率、态度三个维度开展学生自评与教师点评，如表3-8所示。有条件的，可以邀请企业专家参与评价。

表 3-8　SNS 客户开发学习评价表

评价维度	评价内容		分值	学生自评	教师评价	企业点评
		目标观测点				
任务二　SNS客户开发	任务执行质量	熟悉国外主流社交平台及其基本操作	10			
		掌握在社交平台与客户沟通的方法	10			
		掌握把握社交平台动态更新时机及注意事项	10			
		能够在社交平台建立公司主页并发布相关信息	20			
		能够成功添加客户好友或寻找客户邮箱、电话等信息与客户建立联系	20			
	任务执行效率	小组成员能够合理安排时间，在规定时限内达成客户开发任务	10			
	任务执行态度	具备与时俱进的能力，能够积极学习并使用不同的社交平台开发客户	20			
总评		目标达成总体情况	100			

 知识储备

SNS 即社交网络服务。SNS 客户开发是指利用 SNS 的分享功能，通过病毒式传播的手段，让产品被更多的人知道，挖掘产品相关客户信息，从而建立与海外客户的联系。国外主流的 SNS 平台有 Linkedin、TikTok、Twitter、Instagram 等，这些平台目前是外贸人使用率最高的开发渠道之一。跨境客服人员通过平台发布有价值的内容来吸引潜在客户。例如，王雪可以分享关于通信设备行业的新闻、趋势和见解，提供有关产品功能、技术规格和应用案例等信息，回答客户可能会有的疑问，确保发布的内容有用、有趣和易于分享，以引起客户的兴趣并增加品牌影响力。SNS 不仅可以提供更多、更新的客户信息，还可以和客户即时联系，远比邮件的效率要高得多。

3.2.1　认知 SNS 客户开发

（一）SNS 客户开发目的

进行 SNS 客户开发的主要目的是通过社交网络渠道来吸引、互动和营销潜在客户，建立和加强与客户之间的关系，进而增加业务机会和扩大市场份额。下面具体介绍 SNS 客户开发的目的。

（1）深入了解客户需求：SNS 平台拥有庞大的用户数据，并提供许多跟踪分析工具，利用这些资源可以获取更多关于客户的信息和需求。

（2）分享企业资讯：通过 SNS 平台发布企业动态和行业趋势，向客户传递企业价值观念，提升企业知名度和影响力。

（3）建立品牌形象：利用 SNS 平台，企业可以实时回应客户关注点，不断与客户互动，建立企业品牌良好形象，提高客户对企业的认可度和忠诚度。

（4）联系客户圈层：SNS 平台上用户分布广泛，通过各种方式，把企业账号分享给潜在客户，培养客户圈层，快速扩展客户群体。

（5）探索新商业模式：随着移动互联网的普及和技术进步，SNS 客户开发已成为企业与客户之间商业互动的一种新模式。

[想一想]
请从客户开发目的角度分析 B2B 平台客户开发与 SNS 客户开发有什么区别？

（二）SNS 客户开发优点

社交网络在商业中的重要性是与日俱增的，并且这也是未来的一个趋势。学会并利用好社交网络进行营销，这对企业是有利无害的。对于企业来讲，运用社交网络进行营销有以下三个优点。

1. 宣传成本更低

与传统的营销模式（例如纸媒、电视和广播广告）相比，利用社交网络进行营销在成本上会更有优势。社交网络营销不需要像传统的营销模式那样，投入大量的资金，它主要靠的是用户自发性的"口口相传"。相比传统营销模式，社交网络营销与用户的互动性更强。现实中，只要内容足够好，用户会自愿将企业想要宣传的品牌分享给好友，以此产生大量的转发。调研数据显示，71%的客户表示一旦在社交网络上感受到积极的品牌体现，会更愿意同他人推荐这个品牌。

2. 贴合用户习惯

《数字中国发展报告（2021）》数据显示，社交网络用户每天花费在平台上的时间是 2 小时 25 分钟。并且有 45%的互联网用户，在寻找自己想要购买的产品或服务的信息时，会选择社交网络。SNS 营销符合当代互联网用户的习惯，贴近他们的真实需求。尤其对于企业来讲，当目标客户更愿意利用社交网络去了解自己想要购买的产品或服务时，企业一旦打通这个营销渠道，那么在商业竞争中就会更加有利。

3. 目标用户更精准

首先，数据会更真实。现在大多数的社交网络平台都强调"实名制"，尤其像 Linkedin 这样的职场社交平台，信息更为真实准确，寻找目标用户也更为方便。

其次，SNS 营销中的用户，基本基于 SNS 平台上的好友列表，是可以通过地域、年龄、职位等筛选营销的目标群体，有针对性地进行营销，以性价比更高的方式达成客户开发的目的。

思政园地：与时俱进破局企业获客难题

3.2.2　Linkedin 平台使用

随着互联网渗透率提升，社交平台用户逐渐增加，外贸企业开发新客户也有了更多新的选择。作为全球最大的职业社交平台的 Linkedin，全球用户总量已超 8 亿，覆盖全球 200 多个国家，巨大的活跃用户体现了 Linkedin 的影响力，也预示着庞大的海外潜在客户，而且大部分公司都是带有姓名、职位等信息，非常精准，是一个很适合 B 端外贸企业零成本快速获客的平台。

Linkedin 是一家面向商业用户的社交网络服务网站，其目的是让注册用户维护他们在商业交往中的人脉，俗称"关系"。相对于 TikTok、Twitter 等，Linkedin 的注册用户大多是维护人脉关系的老板、采购人员、产品经理等，与外贸人群一致度较高。而且 Linkedin 注重专业化，用户信息全面，真实度较高，全面真实的用户信息可以使外贸企业快速地找到潜在客户，与之加强联系，提高业务效率。

视野拓展：Facebook 和 Linkedin 的区别

（一）Linkedin 平台的基本操作

1. 填写个人档案资料

在 Linkedin 平台注册账号以后，要将个人档案资料尽可能填写详尽，比如公司介绍、工作经历、技能等，要着重突出自己的优势，同时，不要忘了将个人资料设置为"全部公开"。这样做的目的是让媒体平台用户在浏览你的主页的时候，尽可能多地了解你，了解公司及所做的产品，容易对你产生信任感，从而提高好友通过率甚至驱使潜在客户主动加你为好友。同时，你的档案资料越完善，平台推荐给你的同行用户就会越精准。图 3-24 所示为 Linkedin 个人资料页面。

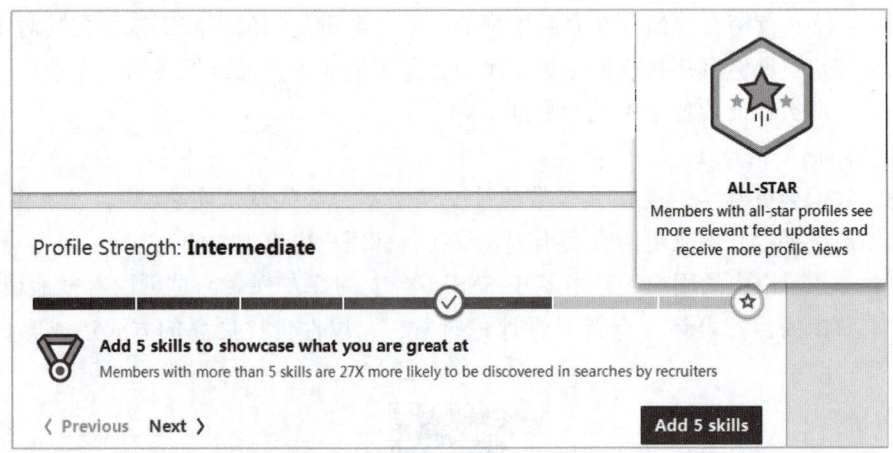

图 3-24 Linkedin 个人资料页面

实操视频：领英寻找客户的方法

2. 添加相关用户好友

新注册的平台账号，根据平台规则，你要加满 30 个好友，Linkedin 平台账号才算正式注册成功，之后就可以去添加你想要的同行或者客户了。

Linkedin 平台的人脉关系是分等级的，比如说一度人脉是指对方已经和你成为好友，可以直接发送消息；二度人脉是指企业好友的好友，这样是不能直接和对方进行沟通的，并且也不能得到对方的联系方式，但是可以发送联系请求，或者查看与对方的共同好友，间接地进行好友推荐。三度人脉是指和你有共同二度人脉的用户，你可以利用这种人脉关系，与对方建立直接或者间接的联系。图 3-25 所示为 Linkedin 关键词搜索人脉页面。

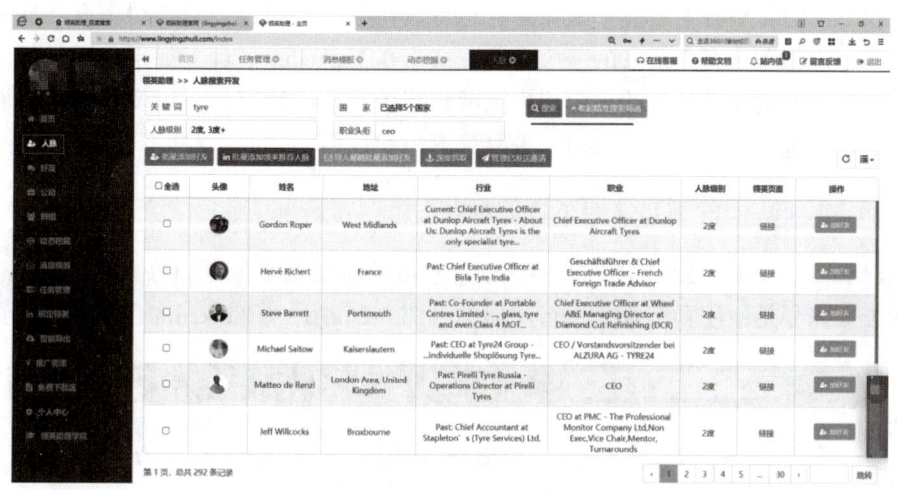

图 3-25　Linkedin 关键词搜索人脉页面

你要尽量精准地添加好友，这样在后期能使平台推荐给你的用户更加精准，并且要控制添加的好友数量，不要导致平台封号，随着好友通过率的提升再逐渐增加添加好友的数量。你可以利用关键词来搜索潜在客户，关键词可以是产品的，也可以是行业相关的，或者是直接搜索对方的公司。除了搜索以外，卖家也可以通过加入相关群组，来寻找目标客户。加入 2~3 个不同的私人团队，与他们产生互动，也能提升交易成功的可能性。

[职业技能证书考点]

根据 1+X 跨境电商 B2B 数据运营（高级）职业技能要求，在跨境电商全网营销项目中的海外社交网络营销任务下，要求学生能利用海外社交网络收集潜在客户信息，有针对性地执行软文营销、促销和交易磋商。

例题：【单选题】利用社会化媒体开发客户时，往往最关注获取（　　）。

A. 客户姓名

B. 客户背景信息

C. 客户联系方式

D. 客户收入状况

3. 发布相关行业动态

在 Linkedin 平台更新自己的动态，像平时发朋友圈一样，比如可以发布关于公司的产品、行业最新动态、公司最新动态等与公司行业相关并且有价值的信息，让你的好友能够进一步了解公司的详细信息，吸引感兴趣的客户。但在更新动态的时候要注意发布广告的频率，不要引起好友的反感，导致好友删除。同样，当看到 Linkedin 平台添加好友的新动态时，可以积极留言评论，与好友进行互动，增加好友对你的印象与好感，维系与好友的关系，这样对于开发新客户很有帮助。

4. 建立公司主页

除了在 Linkedin 平台上建立个人账号，也可以在账号上创建一个公司主页，这也是你在利用 Linkedin 进行海外客户开发的一个重要方式。在 Linkedin 平台上如果想要进行营销，那么必须是由企业的名义来进行的。公司主页就相当于自己的官网，可以发布动态，展示公司信息，做官网外链，对公司来讲也是一种品牌形象的宣传。

（二）Linkedin 平台建立公司主页的步骤

在创建 Linkedin 平台公司主页前，要确保公司目前没有其他同事在平台创建公司主页，并且你的个人账号是使用真实姓名进行注册的。图 3-26 所示为 Linkedin 创建领英主页页面。

图 3-26　Linkedin 创建领英主页页面

第一步：单击 Linkedin 平台主页中右上角的"更多"图标，选择"创建公司主页+"。
第二步：根据自身情况，选择对应的企业类型，填写企业基本信息，如图 3-27 所示。
第三步：根据步骤指引完成表格内容的填写，这些内容将会在创建的公司主页展示。图 3-28 所示为 Linkedin 创建主页操作页面。

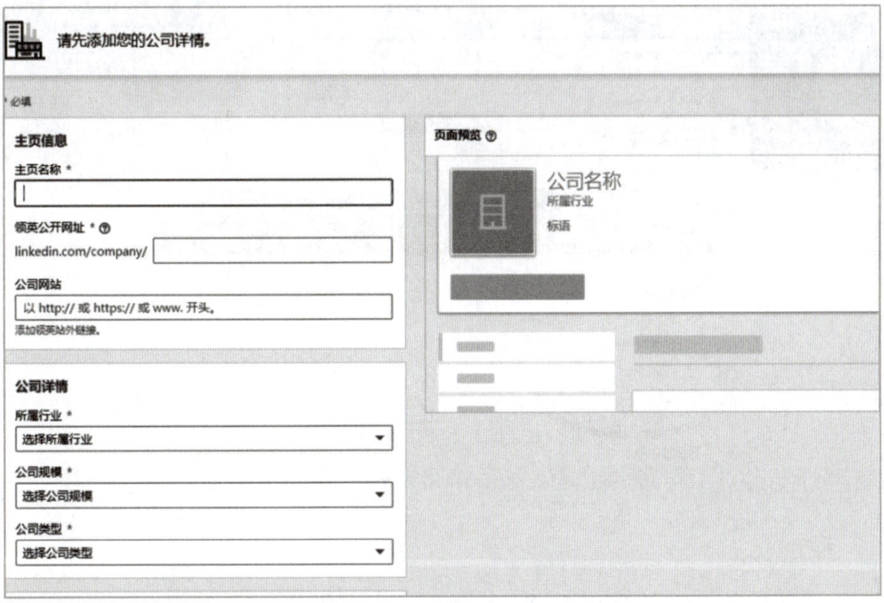

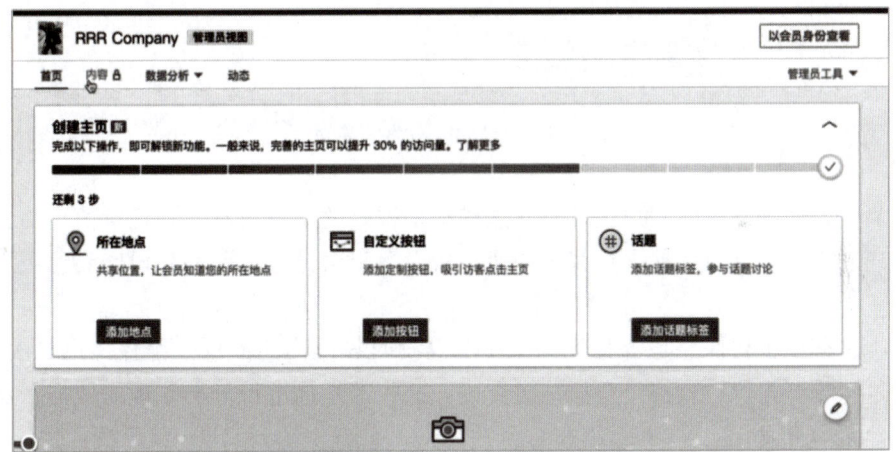

图3-27　Linkedin 创建主页详情页面

图3-28　Linkedin 创建主页操作页面

（三）Linkedin 平台与客户沟通互动方法

利用 Linkedin 平台开发客户并不只是主动或者被动获取好友那么简单，还需要积极地与客户沟通互动，并且更新发布 Post，促进客户了解你和信任你。

1. 将 Linkedin 好友做好分类管理

你添加的好友并不都能成为你的客户，并且有的好友也不值得你花费大力气去进行开发。因此要按照一定的划分方式将好友进行分类管理，从而进行针对性地营销，这样方便以后对潜在客户定期地群发一些产品推广信息、节日问候等。比如元旦就要来了，就可以群发节日祝福信息，注意在发送的消息里设置自动添加客户的姓名。图3-29 所示为 Linkedin 群发消息页面。

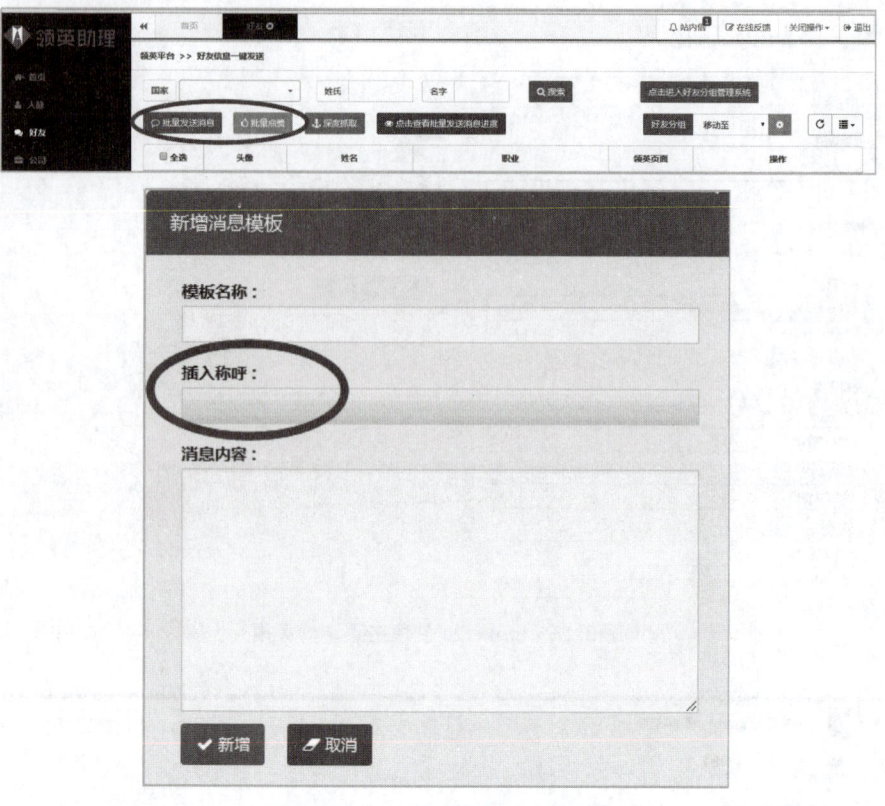

图 3-29　Linkedin 群发消息页面

或者当平台通知你某个客户生日时，这些都是很好的话题线索，并且价值更高，你可以趁机给客户发消息，针对性地去跟客户沟通，从而逐步引导客户了解公司产品，吸引客户的兴趣。

在分类过程中也要注意是否有些客户一次也没回复过你的消息，哪些客户二次回复过，哪些询盘过，哪些报价过，甚至是哪些成交过，这些都是你进行分类管理的依据，从而能够进行有序地跟进开发。

2. 注意更新发布 Post 的内容及形式

无论发布什么文章内容，都要保证在美观的前提下，多方面、多维度地介绍公司产品的价值，这里可以发布公司产品应用的案例、公司办公环境、工厂制作流程、产品效果图等，这些都要全面地进行展示，而不是仅仅介绍产品信息及发布产品图片。也可以发布你认为客户比较关心的内容，或者以开放互动的形式来吸引好友留言评论，互动的好友越多，对你开发新的客户越有帮助。

还要注意更新发布 Post 的形式，其实除了 Write an article 和 Images 以外，在 Linkedin 平台也可以发布视频，并且发布一份制作精美的视频效果会更好。

如果你想要在 Linkedin 平台上发布视频，首先需要将自己的 Linkedin 平台页面语言设置为英文。出现 Video 之后就可以尝试制作和发布视频了，这能让好友对你发布的动态更感兴趣。图 3-30 所示为 Linkedin 平台 Video 发布页面。

图 3-30　Linkedin 平台 Video 发布页面

3. 合理利用领英助理

（1）登录进入领英助理操作后台，单击左侧功能菜单导航栏内的"绑定领英"，进入功能操作页面，绑定自己的领英账号，绑定成功后就能同步领英进行各项操作。图 3-31 所示为领英助理登录页面。

图 3-31　领英助理登录页面

（2）单击左侧功能菜单导航栏内的"人脉"，进入功能操作页面，根据自己的需求，输入关键词、职位头衔，选择国家、人脉级别，进行目标客户搜索。图 3-32 所示为领英助理人脉搜索页面。

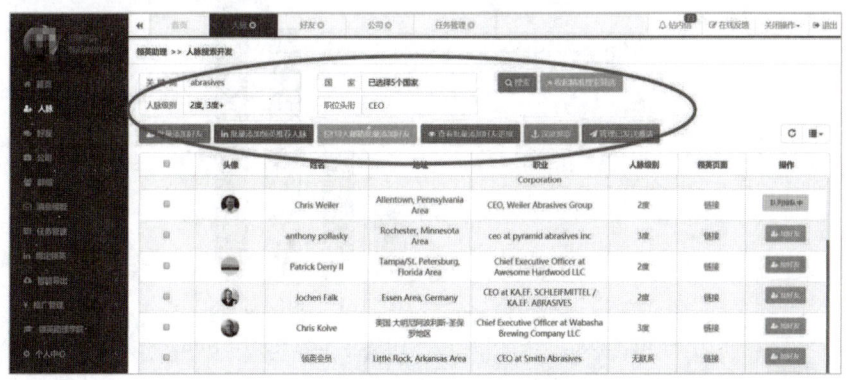

图 3-32　领英助理人脉搜索页面

（3）搜索条件自定义设置，不限制搜索关键词，不限制搜索次数，无限搜索开发客户。Linkedin 是一个非常优质的拓展市场、开发客户的平台。利用 Linkedin 进行客户开发时，要牢固树立创新意识，紧跟时代发展步伐，把培养创新意识与实际工作有机结合起来，提高工作自觉性和工作责任感，积极创新。利用 Linkedin 塑造专业的个人形象，坚持优质的内容创作，持续主动地积累客户，进行适当有序的营销开发。

3.2.3　TikTok 营销推广

TikTok 是全球范围内最热门的短视频分享平台之一，用户可以在 TikTok 上发布 15～60 秒不等的短视频，同时也可以通过点赞、评论、转发等方式与其他用户互动。除了基本的视频发布和互动功能外，TikTok 还提供了众多的特效和滤镜，可以制作更加有趣、独特的视频内容。而对于企业来说，TikTok 也可以成为一个非常好的客户开发平台。通过 TikTok，企业可以吸引潜在客户，并提高品牌知名度，从而实现更多的销售和收益。TikTok 不仅可以给企业亚马逊、速卖通、独立站等网店带来忠实的粉丝客户，也可以让更多潜在企业客户了解企业和品牌并建立联系，带来无限商业机遇。

（一）选择 TikTok 的原因

对于跨境贸易企业而言，选择 TikTok 的原因可以归结为以下 4 点。

1. 一个新的获客渠道

TikTok 几乎覆盖除了中国以外的全世界所有地区，在美国、加拿大、英国、澳大利亚、俄罗斯等国家更是成为最受欢迎的应用之一。据外媒报道，五年内 TikTok 用户数量增长了 1 800%，到 2022 年底，TikTok 上的活跃用户超过了 15 亿。在美国，TikTok 用户平均每天在视频共享平台上花费 95 分钟，远超其他社交平台。掌握流量密码就是掌握了财富密码，作为一个坐拥流量红利和高粘性的用户群体的新兴平台，TikTok 无疑是跨境卖家获取新流量的绝佳渠道。截至 2023 年 3 月，TikTok 在美国的月活跃用户达到 1.5 亿。据应用分析机构 Data.ai 公布的最新报告，TikTok 今年的交易额为 38 亿美元，同比增长 15%。图 3-33 所示为 TikTok 全球消费者年度支出。

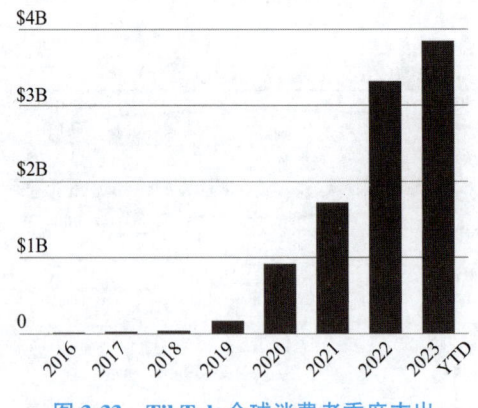

图 3-33　TikTok 全球消费者季度支出

2. 更低的流量成本

如今，跨境赛道竞争日趋激烈，付费流量成本也水涨船高。比其他平台动辄几百上千美元的投入，在 TikTok 上若能产出一条优质的短视频，极有可能在短时间内撬动百万、千万流量，对于卖家来说是一种更具性价比的选择。

3. 精准的算法推送

背靠字节跳动的 TikTok，在智能匹配方面具有强大的优势。依靠其智能算法，能够依据用户操作行为、喜好，精准地将内容和商品推送给目标用户，为之"种草"。这具有较高的转化率，大幅提升了营销效果。

4. 电商闭环逐渐完善

从 2021 年 4 月份开始，TikTok Shop 小店和 TikTok Shopping 购物车功能陆续在英国、东南亚、美国等国家上线，如今已覆盖 7 个站点。随着 TikTok 电商生态建设的不断完善，海外用户也可以在视频"种草"后，直接在 App 内完成购买，从而降低了因购买操作而造成的用户流失。

（二）TikTok 客户开发流程

步骤一：创建账号。

要在 TikTok 上进行运营，要先创建一个属于自己的账号。在创建账号时，选择创建企业账号，根据平台提示提供一些基本信息，例如用户名、密码、电子邮件地址、手机号码等信息，如图 3-34 所示。

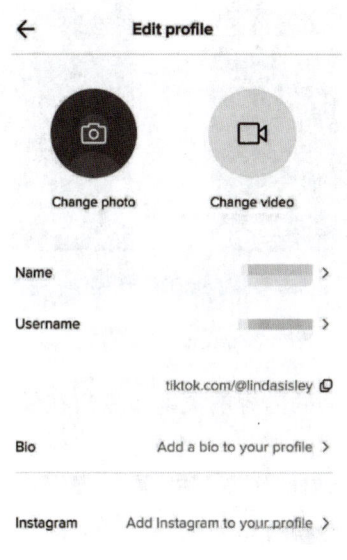

图 3-34　在 TikTok 上创建账号

步骤二：完善账号资料。

为了方便采购商或客户快速了解，并联系到卖家，避免潜在有意向的客户流失，企业需要将自己销售的品类、联系方式、网站地址等信息填写完整。

步骤三：制定运营策略。

跨境贸易企业需要明确目标客户群体是 C 端个人客户还是 B 端企业客户，并根据不同目标受众制定有针对性的运营策略。这份策略应该包括目标受众、内容类型、发布频率等。例如，做跨境零售的企业，如果目标受众是年轻的个人客户，那么可以制作一些时尚、潮流、有趣的视频内容，以吸引客户的眼球。

在制定运营策略时，还需要考虑企业自身的品牌形象和定位。要确保内容与品牌形象和定位相符，以达到更好的宣传效果。

步骤四：创作内容。

创作内容是 TikTok 运营的核心。在创作内容时，需要确保它们能够吸引你的目标受众，并符合 TikTok 的特点。除了创作原创内容外，还可以转发其他用户的内容，这可以帮助你扩大你的受众群体。

在创作内容时，可以利用 TikTok 提供的特效、滤镜等功能来增加视频的趣味性和独特性。同时，还可以通过一些热门话题或挑战来吸引更多的用户关注和参与。图 3-35 所示为 TikTok 工厂产品制作视频。

图 3-35　TikTok 工厂产品制作视频

步骤五：发布内容。

发布内容是让你的受众看到你的内容的关键步骤。在发布内容时，你需要确保它们能够在 TikTok 上得到更多的曝光。使用一些 TikTok 的工具来提高你的内容的曝光率，例如标签、挑战等。图 3-36 所示为 TikTok 热门标签及关键词。

在发布内容时，还需要注意发布时间的选择。要根据目标受众的地理位置、时间习惯等因素来选择最佳的发布时间，以达到最佳的曝光效果。

步骤六：与受众互动。

与受众互动可以帮助你建立一个更加紧密的关系。在与受众互动时，需要回复他们的评论、私信等，并与他们互动。这可以帮助你更好地了解受众，并提高他们对你的信任度。

在互动过程中，还可以利用一些互动形式来增强用户参与度。例如，可以发起一些有趣的问答、投票、抽奖等活动，以吸引更多的用户参与和互动。图 3-37 所示为 TikTok 视频评论区互动内容。

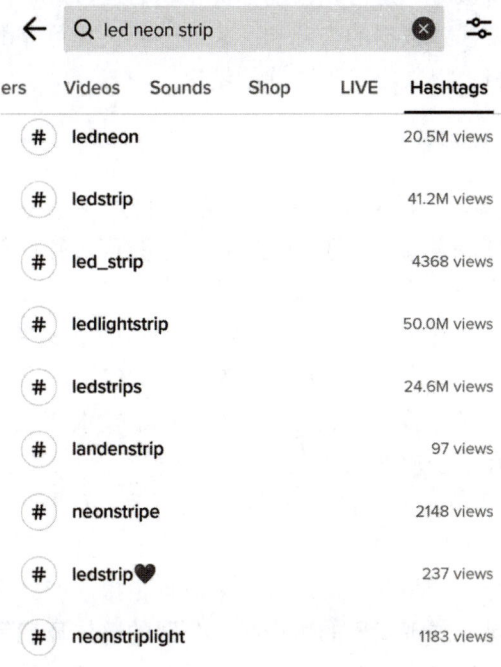

图 3-36　TikTok 热门标签及关键词

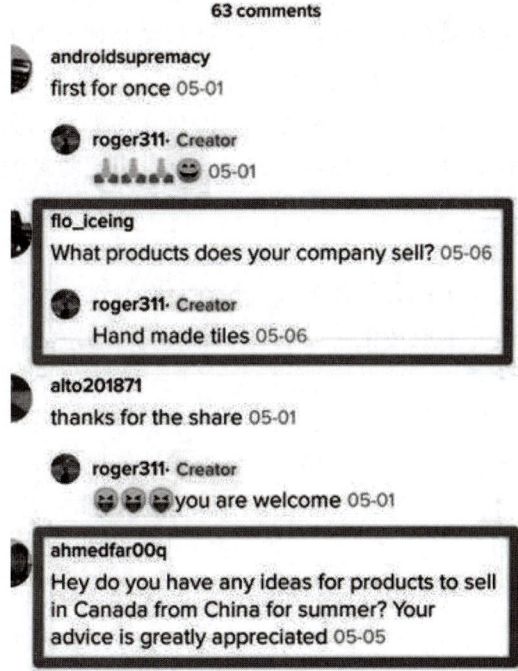

图 3-37　TikTok 视频评论区互动内容

步骤七：分析数据。

分析数据可以帮助你更好地了解 TikTok 运营效果。在分析数据时，需要关注一些关键指标，例如观看次数、互动次数等。这可以帮助你优化你的运营策略，提高 TikTok 运营效果。

在分析数据时，还需要注意数据的来源和准确性。要选择可靠的数据来源，并采用专业的分析工具来进行数据分析，以得出更加准确的结论。

（三）TikTok 客户开发技巧

利用 TikTok 开发个人客户，需要在关键词、视频内容、标签这三方面进行优化。

在 TikTok 上，关键词非常重要，要想在 TikTok 上获得更多的流量和关注，必须选择相关的关键词。这些关键词应该与你的产品或服务相关，并且应该尽可能多地使用在相应的短视频中。视频内容的质量也非常重要。要想获得更多的关注，必须提供高质量的视频内容，这包括故事情节、音乐、画面和声音等方面。在制作视频时，尽可能使用一些创意元素，以便吸引更多观众的注意。同时标签的优化也需要引起关注。标签应该与你的视频内容相关，并且应该尽可能多地使用在某些短视频中。

利用 TikTok 开发企业客户，最重要的还是展现专业度，而非流量，避免为了引流而去做一些娱乐性过强的推广，这容易引起客户对卖家专业度的质疑。在产品展示视频方面，可以围绕着产品外观、产品功能、产品变体等多方面来进行拍摄。产品视频最重要的就是展示产品优势，以促发更多的询盘。展现工厂的生产线、公司的整体环境等也尤为重要，一方面更加真实，另一方面也能展现出卖家的实力，从而获得客户信任。品牌故事是品牌塑造、丰富品牌内涵的关键，通过对创业者故事、企业活动、员工故事等多方面的叙述，来侧面展示产品优势、卖家的专业度，以提升客户的信任度和好感度。在与客户的互动中，需体现出答疑解惑的专业性，客户可能会提出各种各样的问题，这些都是他们所关心的，而回答问题的专业性会更容易吸引目标客户的注意，从而促使他们更加深入地与卖家进行沟通。将客户的反馈做成视频，也是卖家一个相当不错的视频方向。B2B 交易涉及的金额数量庞大，决策不免会更加慎重，所以采购商往往会寻求过往客户的真实评价来辅助决策。

（四）TikTok 获客策略

TikTok 短视频平台作为一个庞大的新渠道流量池，在全球市场上具有巨大的潜力，可以帮助跨境电商实现精准获客并形成转化。以下是 TikTok 平台引流的六大策略。

1. 内容真实，有真情实感

TikTok 用户倾向于视频内容的真实性，而不是口水话堆砌的营销话术，在制作 TikTok 视频时，需要从内容本身出发，体现真情实感，这样视频才能脱颖而出。TikTok 本来就是依托短视频起家的社交网络平台，所发布视频要在 60 秒内做到吸睛，且处处体现真情实感。

2. 结合当前热门话题及趋势

与依靠用户搜索标签和关键词进行内容推荐的机制不同，TikTok 会根据系统算法自动为用户推荐视频，其中的逻辑是"用户群像分析"。类似行为应以类似的方式处理，用相似行为轨迹的用户会被 TikTok 算法归为一类，进而推荐，而话题在很大程度上代表着用户与用户之间兴趣爱好上的最大相似之处。

3. 参与直播，开直播带货

TikTok 平台注重直播版块，支持并鼓励创作者。创作者在开播时，平台会向粉丝推送直播通知，用户在浏览推荐版块的内容时，也能观看到系统推荐的直播频道。相比于国内"全民直播"的盛况，TikTok 直播人数较少，对于企业而言，是极好的带货良机。

4. 增加曝光度

在拥有企业号之后，需要针对目标用户、结合目标用户所在地区的偏好制作品牌视频，让自己的视频更接地气，以便于和用户进一步互动。这里推荐使用超级首位广告和信息流广告增加视频曝光度。

5. 使用 TikTok 广告工具

TikTok 提供了一系列的广告工具和功能，如品牌合作、投放广告、促销活动等。企业可以根据自己的预算和需求选择适合的广告工具来推广产品和服务。

6. 与 KOL 合作

与受欢迎的 KOL（key opinion leaders）合作，他们在 TikTok 上拥有大量的粉丝和影响力，可以将品牌推广给更广泛的受众。选择与目标受众和产品相关的 KOL 合作，可以增加品牌曝光度和可信度。

总的来说，TikTok 是一个具有巨大潜力的外贸营销平台，可以帮助企业树立品牌形象，吸引海外客户，并与具有影响力的人合作。通过遵循最佳实践和发挥其功能，企业可以成功地在 TikTok 上吸引海外客户，并扩大其在海外市场的份额。

任务三　搜索引擎客户开发

对外贸人来说，利用搜索引擎客户开发是一个非常好的途径，只是由于搜索引擎搜索出来的内容会比较杂乱，如果不掌握其中的一些技巧，就如同大海捞针一样浪费许多时间。那么，如何正确利用搜索引擎精准地开发目标客户呢？

 任务描述

这段时间王雪通过社交网络获取了不少对公司感兴趣的客户，但她发现仅仅通过社交网络获取客户资源太过于单一，客户数量也是有限的。因此她把目光放在了搜索引擎平台上。通过搜索引擎可以获取全球客户的邮箱信息，是在全球范围内海量的推广，那么如何利用搜索引擎平台获得客户更多的询盘？各个国家流行的搜索引擎是什么？请你通过学习帮助王雪利用搜索引擎平台进行客户开发。

 任务实施

步骤1：确定产品关键词。

在利用搜索引擎进行客户开发时，要注意搜索引擎本质上是以关键词方案去找到目标客户，关键词是源头，重要性不言而喻。那如何确定正确有效的关键词呢？王雪通过查询资料，整理出了确定产品关键词的方法，填入表3-9。

表3-9　确定产品关键词的方法

类型	方法	提炼关键词
有合作的目标客户	分析5~10个老客户	
没有合作的老客户	利用海关数据	
定位更多蓝海客户	供应链分析	
……		

步骤2：输入关键词进行搜索。

确定好关键词以后，王雪接下来要利用搜索引擎进行搜索。她选择了比较热门的搜索引擎——谷歌，首先打开"引擎找客户"功能，直接输入关键词，单击"搜索"，就能按国家、地区批量锁定全球精准客户。为了找到更多潜在商机，还可以使用多个关键词进行组合搜索，整理相关内容填入表3-10。

表3-10　关键词组合

组合方式	样例	搜索到的公司或客户
产品名称+公司后缀	中国企业习惯用Co.，Ltd；美国企业习惯用Inc或LLC	
产品名称+邮箱后缀	南非：@webmail.co.za；@vodamail.co.za	
产品名称+importers		
……		

步骤 3：深入分析客户信息。

王雪在进行搜索以后，需要进一步的调查分析，筛选出和自己公司通信设备行业最匹配的客户，并通过邮件、电话等方式直接触达。整理相关内容后填入表 3-11。

表 3-11 客户分析

客户信息	是否与公司行业相匹配	开发方式
经营手机等通信设备	否	
经营扫地机器人等电器	是	
……		

 学习评价

组织学生进行分享展示，从任务执行质量、效率、态度三个维度开展学生自评与教师点评，如表 3-12 所示。有条件的，可以邀请企业专家参与评价。

表 3-12 搜索引擎客户开发学习评价表

	评价维度	评价内容		分值	学生自评	教师评价	企业点评
		目标观测点					
任务三 搜索引擎客户开发	任务执行质量	熟悉国外不同地区的主流搜索引擎		10			
		掌握利用关键词搜索客户信息的方法		10			
		掌握深入分析客户信息的方法		10			
		能够通过搜索引擎寻找潜在客户公司信息		20			
		能够通过搜索引擎寻找客户职位、电话、邮箱并建立联系		20			
	任务执行效率	能够快速完成关键词提炼及客户信息搜索		10			
	任务执行态度	具有创新精神及发散思维，能够从多角度出发解决问题		20			
总评		目标达成总体情况		100			

 知识储备

通过搜索引擎，你可以寻找与通信设备行业相关的合作伙伴和重要参与者，了解他们的业务需求和产品需求，探索合作机会。并且在搜索引擎上进行关键词搜索，可以接触到对通信设备行业感兴趣的潜在客户，并引导他们访问公司的网站和产品。搜索引擎是一个帮助用户搜索他们所需内容的计算机程序。搜索引擎把计算机中存储的信息与用户的信息需求相匹配，并把匹配的结果展示出来。你可以通过各大搜索引擎来获得客户信息，从而建立联系。

3.3.1 认识国外主流搜索引擎

1. 谷歌（Google）搜索引擎

Google 搜索引擎是目前全球搜索引擎的巨头，据 Statcounter GlobalStats 数据显示，2022 年谷歌全球市场占有率达 92.42%，用户覆盖了 200 多个国家和地区，支持全球多种语言，是目前最有影响力的搜索引擎。谷歌搜索引擎具有多种强大的搜索功能和特点，包括搜索结果、自动完成、搜索建议、图片搜索、视频搜索、新闻搜索、地图搜索、翻译功能以及 Google Lens 等。这些功能可以帮助用户更快地找到他们所需要的信息。图 3-38 所示为 Google 首页。

图 3-38　Google 首页

2. 必应（Bing）搜索引擎

Bing 搜索引擎也是目前世界上主流的搜索引擎之一，它是由微软公司开发的，提供了全球范围内的搜索服务，包括网页、图片、视频、新闻、地图等多种类型的搜索。

必应是一款功能强大、搜索结果准确、速度快、范围广、用户体验好、隐私保护好的搜索引擎。它的优势使得用户可以更加方便地获取所需的信息，成为许多人的首选搜索引擎。特别是在北美那边，深受用户的喜爱，目前在国内也占有一定的份额，做北美外贸业务，一定要使用必应搜索引擎进行客户开发。图 3-39 所示为 Bing 搜索页面。

图 3-39　Bing 搜索页面

3. 雅虎（Yahoo）搜索引擎

Yahoo 搜索引擎业务遍布非常广，是很有历史的一个全球搜索引擎。中国雅虎首页是 Yahoo 在中国的主要门户网站，提供各种资讯、时事、体育、财经等内容。该网站具有强大的搜索引擎功能，支持对新闻、音频、视频等多种资源格式的检索。此外，网站还设有电子邮件服务、网络社交平台、金融理财、各类在线游戏等功能，为用户提供全方位的互联网服务。与其他门户网站相比，中国雅虎首页呈现出的信息更加深入，整体布局更加简洁，更加便于用户使用。图 3-40 所示为 Yahoo 搜索页面。

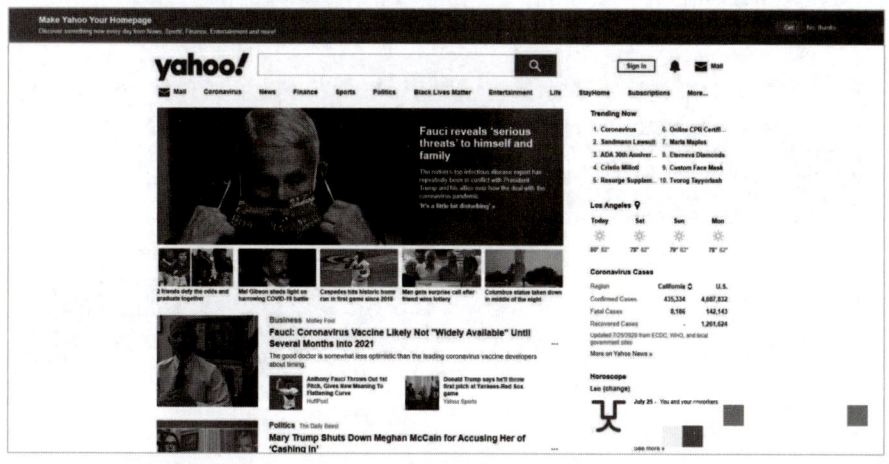

图 3-40　Yahoo 搜索页面

4. Yandex 搜索引擎

Yandex 搜索引擎在欧洲非常流行，是目前欧洲流行前三的搜索引擎，各种功能非常齐全，如果你的客户是东欧或者是俄罗斯地区的，一定要使用 Yandex 搜索引擎。由于俄罗斯语言语法非常复杂，当地人更习惯使用本土的 Yandex 进行搜索。

Yandex 的优势在于其强大的语义搜索能力、地理位置优势、准确的排名算法以及个性化推荐功能，使其成为俄罗斯和其他俄语国家用户的首选搜索引擎。图 3-41 所示为 Yandex 搜索页面。

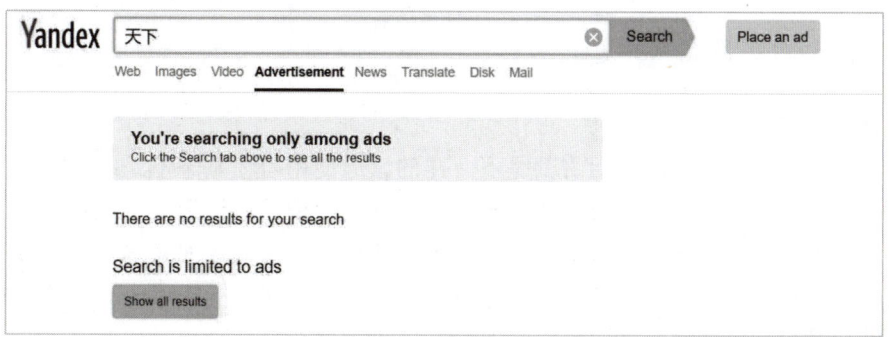

图 3-41　Yandex 搜索页面

5. Naver 搜索引擎

作为世界第五大搜索引擎网站，Naver 已将商业版块拓展至金融、电商、动漫、云端、内容等方方面面，覆盖韩国、日本及东南亚等地。

Naver 在韩国搜索引擎市场占据了绝对的主导地位。它不仅拥有最大的搜索引擎市场份额，还提供了各种实用的功能，例如知识问答、在线翻译、语音搜索等。此外，Naver 还开发了一系列娱乐、商务、金融等服务，成为韩国人民日常生活中必不可少的一部分。图 3-42 所示为 Naver 搜索页面。

图 3-42　Naver 搜索页面

这些都是流量非常高、搜索功能比较强的网站。但每个搜索引擎依据地区不一样，搜索结果也会有一些区别。除了上述的主流搜索引擎外，还有一些开发本地市场的搜索引擎，比如这些网站链接，奥地利 Lycos：www.lycos.com；德国 Fireball：www.fireball.de；荷兰 Search：www.search.com；马来西亚 sajasearch：www.sajasearch.com 等都能让你更快速地搜索到想要的信息。

视野拓展：世界各国本地搜索引擎

3.3.2　利用关键词搜索客户

1. 产品名称+公司后缀

由于每个国家的公司名称的后缀都是不一样的，但使用习惯基本上是统一的。如中国企业习惯用 Co.，Ltd，美国企业习惯用 Inc 或 LLC，意大利企业习惯用 S.R.L；西班牙企业习惯用 S.P.A。利用这些规律，可以通过"产品+公司后缀"的方式搜索客户，能找到该国家很多相关的潜在客户。通过对这些潜在客户进行深入分析，就能从中筛选出目标客户。

2. 产品名称+邮箱后缀

通过产品名称与邮箱后缀组合进行检索有机会找到一些大的批发商。这就需要掌握各个国家的邮箱后缀，下面分享一些主要国家的公用邮箱后缀。

南非：@webmail.co.za；@vodamail.co.za

新西兰：@xtra.co.nz

阿联酋：@emirates.net.ae

俄罗斯：@yandex.ru；@mail.ru

3. 产品名称+importers/importer

在谷歌或者雅虎搜索键框中输入产品名称+importer，就会出来很多有关于产品的买家信息。例如 pen+importer（笔采购商），会出现进口相应产品的国外公司，需要仔细甄别与筛选。另外也可以多更换下"产品英文名"，一个产品有多个英文表达方式，每一个搜索出来的结果都是不一样的。同样，搜索时也可以尝试用 importer 代替 importers 进行搜索。

实操视频：谷歌搜索引擎开发客户的流程

4. 产品名称+association/yellow pages/exhibition

利用这种组合，一般可以找到和产品相关的行业协会网站、黄页、展会网站等信息。几乎每个国家都会有一个这样的相关网站来展示该国家相关产品的企业列表，可以从中找到相关的潜在客户。有的协会网站还会公开会员的公司信息及联系方式，对开发客户来说是非常便利的。也有一些展会网站会公开一些参展公司的信息，能够从中找到一些潜在客户。

5. 谷歌地图+产品名称

进入地图后，先输入国家或者目标区域，来选定搜索客户的地域范围。选定区域之后，再在搜索框内输入产品的关键词，例如 wedding dress。从地图上显示的搜索结果中能看到这个产品在选中区域的行业分布，并进一步分析产品在当地的重点市场。如图 3-43 所示，在地图上显示出来的红点就是与 wedding dress 相关的商铺以及供应商，这些其实就是潜在客户。如果选中其中一家店铺，那么在左边栏就会显示该店铺的信息，包括地址、网站、电话甚至是邮箱等信息。

图 3-43　谷歌地图相关店铺及实景页面

如果想要看到更为直观的场景，可以通过"街景"这个功能，在店铺附近逛一逛，看看周边的商业环境，分析其客户群体，以便于更有针对性地去开发客户。

3.3.3 分析客户信息

（一）深入分析客户信息的重要性

深入分析客户信息的重要性如下。

（1）理解客户需求：通过深入分析客户信息，可以更好地了解客户的需求、喜好和偏好。这使企业能够针对客户的需求进行产品定制和服务提供，从而增加客户满意度和忠诚度。

（2）建立有效的客户关系：客户信息分析可以帮助企业了解客户的沟通偏好和行为规律，从而构建更强大的客户关系。企业可以通过向客户提供个性化的沟通和服务，有效地与客户进行互动和协作，进而建立长期稳定的客户关系。

（3）提高营销效果：深入分析客户信息可以帮助企业更精准地进行市场细分和定位。企业可以根据客户的特征和需求，制定有针对性的营销策略，提供更具吸引力和有价值的产品和服务，从而提高市场竞争力和营销效果。

（4）客户增值和交叉销售：通过客户信息分析，企业可以发现客户的潜在需求和机会。企业可以通过精准的交叉销售和增值服务，提供更多的产品和解决方案，从而增加客户价值和业务收益。

（5）提升客户满意度：通过深入分析客户信息，企业可以更好地了解客户的痛点和挑战，及时响应客户需求，提供优质的售前和售后支持，提升客户满意度和口碑。

（二）深入分析客户信息的类型

深入分析客户信息涵盖了多个方面的类型。

（1）基本信息：包括客户的姓名、性别、年龄、联系方式等基本身份信息。这些信息可以帮助企业建立客户档案和联系渠道。

（2）购买历史：客户的购买历史记录了他们过去的交易信息，包括购买的产品、购买时间、购买金额等。这些数据可以帮助企业了解客户的偏好和购买习惯。

（3）行为数据：行为数据指客户在与企业互动过程中的行为表现，如网站浏览记录、点击链接、购物车放弃率等。通过分析这些数据，企业可以了解客户的兴趣和行为模式。这些数据可以帮助企业了解目标客户的特征和市场趋势。

（4）偏好信息：偏好信息包括客户的喜好、兴趣爱好、品位等。企业可以通过调查问卷、社交网络互动等方式获取这些信息，从而更好地个性化定制产品和服务。

（5）满意度调查：满意度调查旨在了解客户对企业产品和服务的满意度。通过客户反馈和评价，企业可以了解客户对企业的看法并获得改进的机会。

（6）社交网络数据：社交网络数据涵盖了客户在社交网络平台上的活动和互动，如发帖、评论、点赞等。这些数据可以提供关于客户兴趣、意见和态度的洞察。

（7）地理位置数据：地理位置数据指客户所在地的地理信息，如城市、区域、国家等。

这些数据可以帮助企业进行地理市场细分和定位。

(三) 深挖客户信息的渠道

通过关键词搜索批量找到潜在客户后,还要深挖客户的信息,以找到更精准的目标客户。

首先,可以进入搜索到的潜在客户的网站,详细了解公司的性质、发展历史、主营产品、所处行业等基本信息,初步判断该客户的对口程度。图 3-44 所示为客户网址页面。

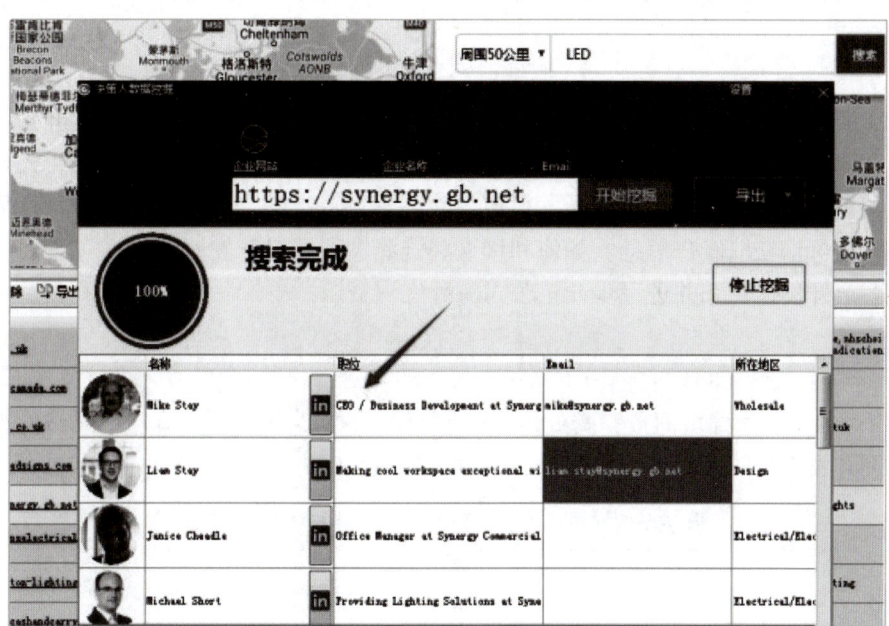

图 3-44　客户网址页面

还可以通过海关数据查看客户以往详细的采购情况,比如采购频次、采购数量、供应商等。确定是自己的目标客户后,可以利用现有的方式联系客户,也可以再利用决策人挖掘,Linkedin 等工具重点找客户决策人,比如老板、CEO、采购商等,对客户进行重点跟进。

虽然搜索引擎功能已经非常强大了,但是如果在开发客户时再结合 Linkedin、TikTok、展会、黄页等多个渠道,效果会更好。

任务四　其他途径寻找客户

当展会等线下推广方式很难正常开展的同时，平台的竞争和获客成本正在不断提高，再加上各种规则层出不穷，企业想要由此获取订单越来越难。因此线上主动开发的重要性更加凸显，并逐渐成为外贸人开拓国外业务的主战场。除了之前提到的 B2B 平台、SNS 平台、搜索引擎等线上客户开发方式以外，还有哪些途径可以进行客户开发呢？

 任务描述

近期，浙江超卓有限公司召开了一次关于客户开发的会议，王雪作为线上客户开发的主要负责人，对于最近一段时间内线上客户开发的成果、遇到的问题等作了汇报，公司经过讨论决定让王雪尝试进一步拓宽线上开发渠道。除了 B2B 平台、社交网络以及搜索引擎之外，还有哪些渠道可以获取客户信息？如何利用这些资源进行客户开发？请你通过学习帮助王雪掌握新的客户开发途径，并进一步开拓公司海外客户资源。

 任务实施

步骤1：通过驻外经济商务参赞处这个国家资源进行客户开发。结合该网站的特点整理通过此官网开发客户的方式填入表3-13，并尝试寻找客户。

表 3-13　利用驻外经济商务参赞处开发客户的方式

途径	方式	具体内容
驻外经济商务参赞处	公众留言	
	……	
……		

步骤2：整理查询到的客户信息，继续筛选与公司经营类目相符合的客户进行进一步的跟进从而达成交易，请将开发的客户信息整理填入表3-14。

表 3-14　客户信息整理

客户姓名	基础信息	相关行业	是否与公司相匹配
Wagner	德国人……	手机	是
……	……		

步骤3：通过搜集不同国家/地区的通信行业相关黄页或者专业名录，整理相关途径填入表3-15。

表 3-15　搜集黄页途径

途径	搜集方式	黄页网站链接
黄页	展会	www.europages.com
	……	
	网站搜集	
……		

步骤4：瞄准某个地区，通过具体的黄页，进行客户开发，按开发步骤将搜索的相关信息整理填入表3-16。

表3-16 利用黄页开发客户的步骤

步骤	具体内容示例	符合要求的信息
把黄页网站输入到浏览器内打开	欧洲地区：www.thomasnet.com 英国地区：www.yell.com ……	
在黄页搜索功能栏输入产品关键词进行搜索	耳机……	
选择企业类别如批发商、经销商等客户群体	××通信设备有限公司	
整理客户留在黄页的信息，进行沟通或者进入客户网站	电话：××× 客户网站：×××	

学习评价

组织学生进行分享展示，从任务执行质量、效率、态度三个维度开展学生自评与教师点评，如表3-17所示。有条件的，可以邀请企业专家参与评价。

表3-17 其他途径寻找客户学习评价表

评价维度	评价内容		分值	学生自评	教师评价	企业点评
	目标观测点					
任务四 其他途径寻找客户	任务执行质量	了解各个地区的黄页及专业名录	10			
		了解有影响力的专业信息服务机构及其开发客户的途径	10			
		掌握利用黄页开发客户的方法	10			
		掌握利用驻外经济商务参赞处开发客户的方法	20			
		能够通过驻外经济商务参赞处等不同途径开发新客户	20			
	任务执行效率	能够选择适合的途径进行客户开发，进而提高客户开发效率	10			
	任务执行态度	小组成员乐于与团队合作，对工作保持热情和积极的态度，能够直面困难和挑战	20			
总评	目标达成总体情况		100			

知识储备

通过黄页和专业名录进行客户开发是一种传统但仍然有效的方法。这些名录通常涵盖各个行业的企业信息，可以帮助你找到潜在的客户和合作伙伴。黄页、专业名录等其他途径有如下优点。帮助获取更多潜在客户信息：黄页和专业名录通常会收录数量庞大的企业和组织信息，并提供详细的联系方式，这让你不需要花费太多时间和精力去寻找潜在客户，快速获取相关信息。精准筛选目标客户：这些名录一般会按照行业、区域、规模等条件分类，你可以根据自己的定位，选择符合自己目标客户特征的名录，并进行精准筛选，节约时间和精力。增加信任度：如果你能够被正式的黄页或专业名录所列出，就会给客户一种正规、认真的印象,从而增加客户对你和你的品牌的信任度。提升品牌曝光度:入驻黄页、专业名录等其他途径,可以让更多的人知道你的品牌和服务,提升你的品牌曝光度,进而增加获得客户的机会。

3.4.1 驻外商务机构客户开发

(一)驻外经济商务参赞处简介

打开商务部的网址 http://www.mofcom.gov.cn/,可以看到一共有 226 个驻外经商机构,其中亚洲地区 44 个,西亚、非洲地区 69 个,美洲、大洋洲地区 49 个,欧洲地区 42 个,欧亚地区 16 个,中国港澳地区 2 个,国际组织 4 个。其实经济商务参赞处并不神秘,他们的一项重要职能就是服务国内企业在当地开展经济贸易活动。图 3-45 所示为中国驻土耳其大使馆经济商务参赞处。

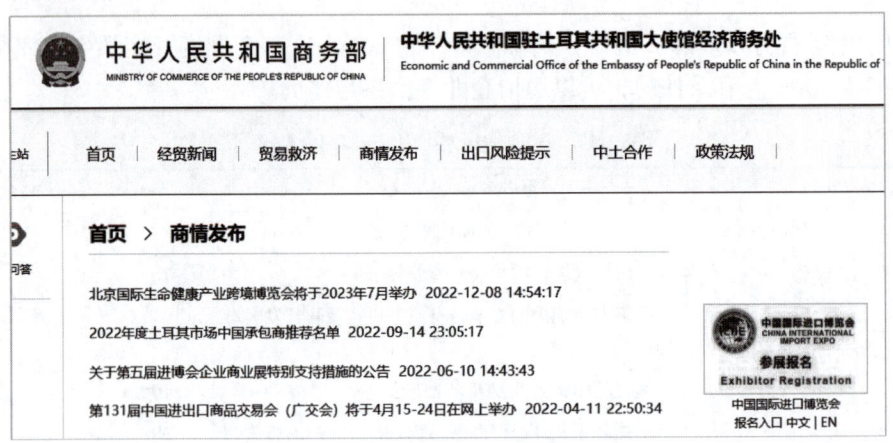

图 3-45 中国驻土耳其大使馆经济商务参赞处

(二)利用参赞处平台开发客户的方式

在利用参赞处平台开发海外客户时,可以通过以下方式来使用这一政府资源。

1. 公众留言

在商务部的网站上,找到各驻外经济商务参赞处的子站,在上面发布的一些咨询和产品介绍等留言,可能会得到经参处的直接答复,有时候甚至能直接得到想要的客户名单。

2. 查看商情发布

在许多驻外经济商务参赞处的网站上,有商情发布的栏目内链接的主要是一些当地外商对一些商品的需求信息。这些信息的更新相对较慢,但经常去看看,可能就会得到详尽并有价值的信息。

例如,驻巴基斯坦经济商务参赞处网站上的商情发布里有这么一条:巴基斯坦铁路公司拟于近期采购转向架制动货车,有关国际招标详情请至巴基斯坦铁路公司网站和巴基斯坦公共采购管理署网站查询。

3. 入中国商品库

商务部网站上链接有中国商品网，可以在上面登记产品和公司。由于驻外经济商务参赞处也属于商务部领导，当国外公司到大使馆咨询时，经济商务参赞处一般情况下会推荐国外买家上中国商品网查询。如果在上面登记的话，被推荐的可能性就会大大增加。

4. 将产品目录寄到经参处

驻外经济参赞处经常会碰到上门咨询的国外商人，但对这些商人，经济商务参赞处的同志往往由于手中缺乏资料而难以满足其要求。因此，如果你之前正好给经济商务参赞处寄过产品样本，通过经济商务参赞处的同志将样品送到正好需要这类产品的外商手中，那么你就可以轻松地获得一份订单。

3.4.2 黄页客户开发

（一）黄页简介

黄页是根据企业和产品行业的分类编制的电话号码簿。几乎每个国家都有这样的黄页，用来登记各个行业的企业信息，因国际惯例用黄色纸张印制，故称黄页。随着互联网的快速发展，纸质黄页已经不是企业的唯一选择，越来越多的企业青睐无时间空间约束的网络黄页。

使用黄页来寻找和开发客户还是具有不少优势的：在表现方式上，企业可以有独立的logo，还有企业邮箱、产品动态、数据库空间信息、买卖信息、公司介绍、即时留言以及与企业互动的功能，这些功能可以让客户更好地了解企业；电话、短信、电子邮件等多种方式可供选择，方便客户与企业沟通，还具有在线查找功能，也可细分到行业领域查找。企业可随时在网上更新信息，使客户更容易了解企业的动态信息。图3-46所示为黄页信息。

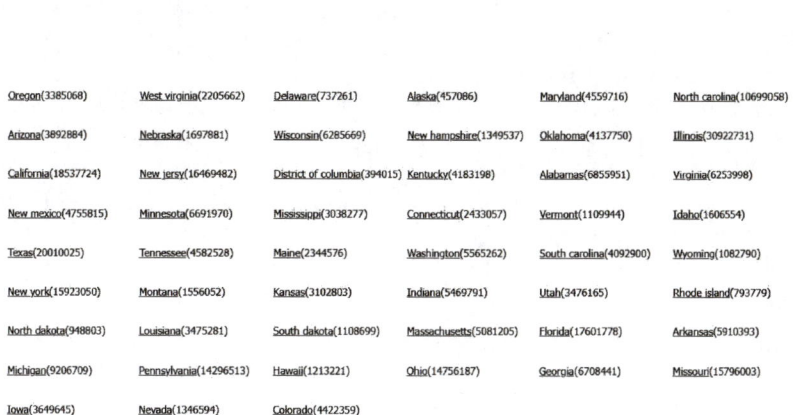

图3-46 黄页信息

(二) 收集黄页的途径

(1) 展会收集：可以多参加展会，展会上通常有黄页或参展商名录收集。

(2) 大使馆收集：如果离大使馆很近，可以去其他国家的大使馆询问一下。一般来说，他们也有相关的黄页。

(3) 酒店收集：许多涉外酒店都会提供黄页和其他书籍和杂志。

(4) 各种行业协会和商会收集：协会和商会一般为当地企业提供服务。这些机构会有一些黄页，一些协会也会自己发布黄页。你可以到当地的行业协会拜访，说明你的目的是寻找合作伙伴，了解一些当地信息。在大多数情况下，你可以得到免费的黄页。

(5) 书店采购：有专门经营各国名录和黄页的书店。

(6) 使用网站分类查找信息：有专门的信息网站，可以找到黄页、目录、买家信息等。比如国内的福步外贸网等平台都有信息导航。图 3-47 所示为福步外贸网站首页，图 3-48 所示为龙之向导网站首页。

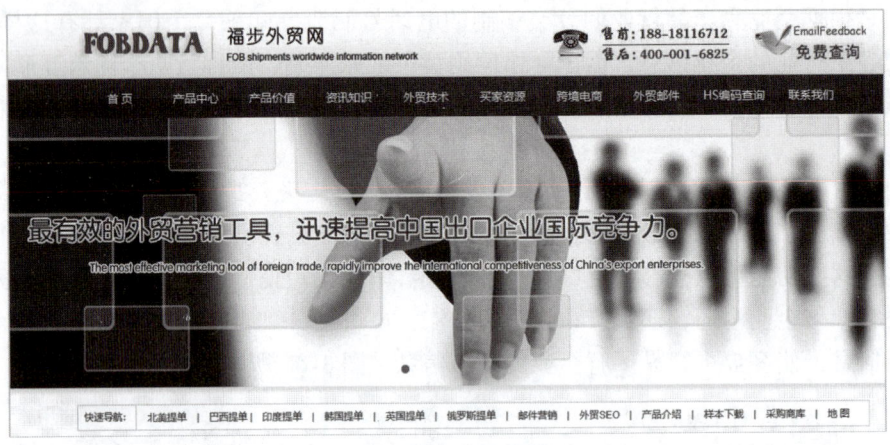

图 3-47　福步外贸网站首页

图 3-48　龙之向导网站首页

每个黄页都有自己的行业分类。在搜索之前，应该先研究产品的目标客户群，这样才能更准确地找到客户。目标客户群主要包括产品的分销商和产品的终端用户。例如，如果你是做汽车零部件的，那么要找的黄页可以分为两类：一类是与汽车零部件相关的行业黄页，另一类是汽车制造商的黄页。

视野拓展：不同国家的黄页及专业名录

（三）利用黄页开发客户的方式

（1）打开浏览器，把黄页网站输入到浏览器内打开。以欧洲黄页 europages 为例，输入 www.europages.cn，如图 3-49 所示。

图 3-49　europages 黄页首页

（2）在黄页搜索功能栏输入你做的产品关键词进行搜索，以耳机产品为例进行搜索。搜索到信息之后可选择客户类别如批发商、经销商等客户群体。图 3-50 所示为客户搜选页面。

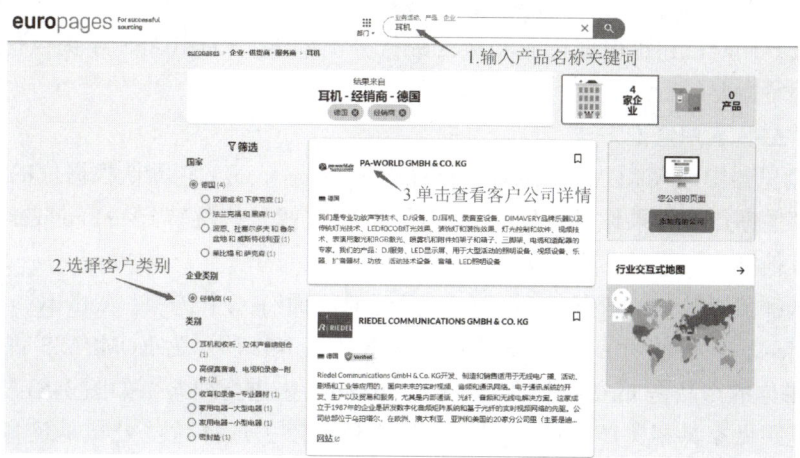

图 3-50　客户搜选页面

（3）通过客户留在黄页的信息联系客户进行沟通或者进入客户网站进一步了解详细信息。图 3-51 所示为客户信息展示。

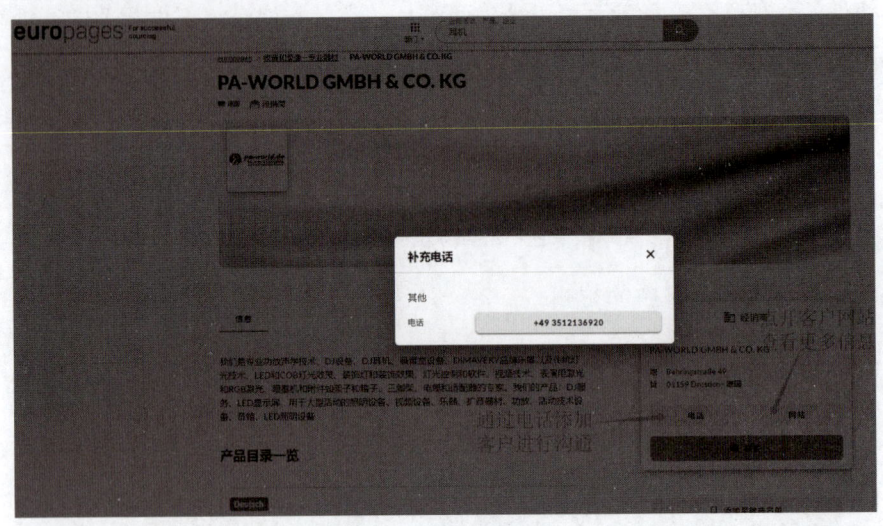

图 3-51　客户信息展示

电话沟通是最传统、最直接，也是最有效的方式。除此之外，客服人员还可以通过电子邮件联系客户，添加客户社交平台账号好友进行沟通，或者当你要去参展时邀请客户参观展会进行面对面交流。

3.4.3　专业信息机构客户开发

（一）康帕斯

1. 康帕斯简介

康帕斯（KOMPASS）是世界著名国际工商信息提供者，为工商业提供商业到商业的信息。它收集了 60 多个国家的企业信息，因此也成了外贸人常常使用的搜索客户的工具之一。KOMPASS 网页上提供了"产品和服务名称""公司名称""商标名称""负责人姓名"四种搜索方式，同时，还可根据行业和地区进行分类检索。KOMPASS 还提供信息更丰富的高级检索，但是需要收费。

2. KOMPASS 客户查询方法

（1）在浏览器中输入 KOMPASS 网站的网址 kompass.com。它默认根据你的 IP 属地来跳转到不同国家的站点，如果你是用国内 IP 打开的，它就默认跳转到 cn.kompass.com。如果你想切换到其他国家，可以在这个页面切换。

比如说选择美国站点，打开以后，在搜索框的前面有三个选项：Activity、Companies 和 Products/Services，一般使用 Activity 的选项来搜索。图 3-52 所示为 KOMPASS 首页。

（2）如果你的产品是 furniture，那就输入 furniture 来进行搜索，如图 3-53 所示。搜索出来的结果都是跟做家具相关产品的公司，并且你还可以去选择这些公司是进口商还是出口商、是分销商还是生产者等。

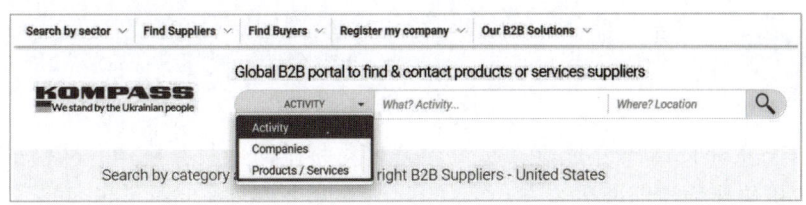

图 3-52　KOMPASS 首页

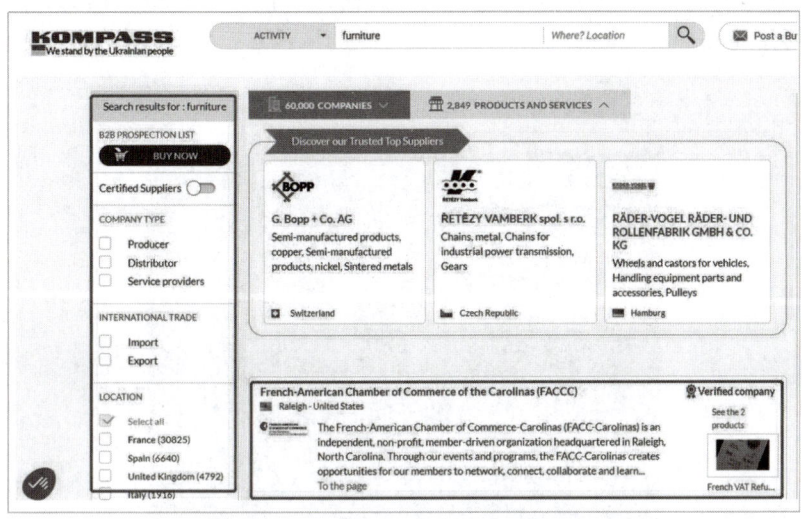

图 3-53　KOMPASS 搜索页面

（3）如果你对某一家公司比较感兴趣，那么点开它，可以看到公司的名称、地址、电话、网站等重要信息，并且这些信息都是不会隐藏的。除这些重要信息以外，还显示了这家公司的详细介绍、部分产品信息，以及他们公司的一些 PDF 的目录册。对你来说比较有用的是显示的这家公司所有高管的名字。图 3-54 所示为 KOMPASS 公司相关信息。

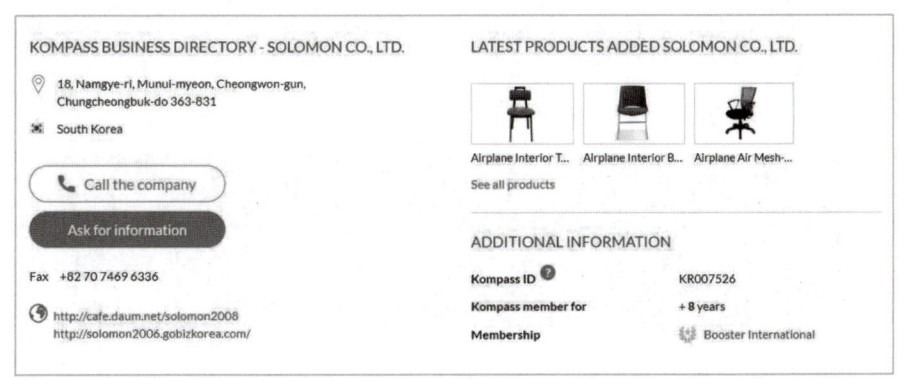

图 3-54　KOMPASS 公司相关信息

（4）查到这家公司的信息之后，你就可以通过社交网络等方式再去搜索他们的联系方式，或者是他们公司这些高管的联系方式。一般说来，在他们公司的网站里面会有公司的联系信息，以及他们公司社交网络的账号。

(二) 邓白氏

1. 邓白氏简介

美国邓白氏公司于1841年成立,是世界著名的商业信息服务机构。邓白氏电子商务方案能协助用户更快捷地识别潜在客户。邓白氏为全球数据库中的企业都分配了一个邓白氏编码。邓白氏独有的邓氏编码由9位数字组成,被广泛应用于识别、组织和整合企业信息。全球企业利用邓氏编码,链接供应商、客户和商业伙伴的信息,纵览商业关系中的风险和机遇。图3-55所示为邓白氏编码。

图3-55 邓白氏编码

2. 邓白氏客户开发

邓白氏公司市场开拓部分的信息查询服务是外贸企业寻找客户最为直接有效的途径之一。邓白氏可以根据企业要求定制一套客户信息查询方案,为企业提供要查询企业的类型等关键词信息,在双方协商确认了一系列具有可操作性的关键词后,邓白氏就会负责代企业查询信息的工作了。根据各个企业的要求不同,关键词的内容会有一定的调整。一般邓白氏信息查询时间需要2~3个工作日,如果要求进一步数据处理,时间要3~7个工作日。如果数据过于复杂,时间会相应延长。图3-56所示为邓白氏关键词搜索页面。

图3-56 邓白氏关键词搜索页面

课外阅读

从 Costco 买手开发的成功案例看与新客户建立联系的技巧

如何和一个一度人脉的陌生人打交道？第一封邮件非常重要。

首先，在找到一个潜在的目标客户的时候，你的第一步动作是做一个详细的背景调查，查看他的动态，找到一个切入点。在对客户有了一个基本的了解之后，再进行互动交流。

第一封邮件，找到互动的机会。

社交网络的距离会比邮件要近，所以一开始要有一点边界感，不要直接推销产品，一开始要的是一个互动的可能性。社交网络开发的本质就是要找到和客户互动的机会，和邮件开发其实是一样的，只是展示的形式和内容有所差异，后面的跟进也是要用邮件和内容跟进结合才会有效果。图 3-57 所示为与客户互动的邮件。

> Hello Allie,
>
> Thanks for getting in touch with me. As a potential Costco vendor, I am now doing projects for Mr. Jackson, the company's buyer.
>
> Could you please let me know if there is something I can do for the Kirkland team?
>
> May I send you some more information for further discussion, if possible?
>
> Thanks,
>
> Yibing

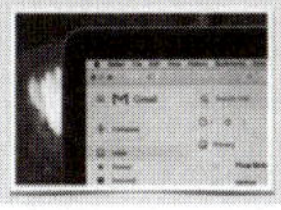

图 3-57　与客户互动的邮件

第二封邮件，Mail Group 跟进，表现出你的价值。

通过用大品牌作参照物的方式来显现自己的实力，例如"我们给星巴克做产品开发和设计，我们很专业，是你们的潜在供应商"。同时，运用经典的邮件四段式写法非常简洁明了。图 3-58 所示为有参照物的邮件。

> Hi Allie,
>
> With our own brand and product development and design capabilities, we are a pretty professional Chinese company.
>
> A simple quotation attached has been prepared for you based on the selection of products suitable for the US market. Some of them we developed for Starbucks are quite diverse.
>
> In terms of Kirkland's needs, we are fully confident that our products can fulfill them.
>
> Kind regards,
>
> Yibing

图 3-58　有参照物的邮件

第三步，后续对客户进行跟进。

在和客户取得进一步的沟通之后，后面邮件跟进也是非常必要的。例如，详细分析你们公司的产品品质管理，向客户提供产品测试报告，甚至可以提供样品做敲门砖推动项目的进展，再以图文或视频形式让客户看看你们的生产车间、专业化团队，相信再难搞的客户都会动心。

买手选择供应商的标准除了价格，还会考虑很多其他的因素，比如客服人员的专业性、差异化服务等，用资料证据从不同的切入点去给客户传递你的价值，进而弱化价格对订单成交的影响，去给自己赢取更多的机会。

第四步，结合 C 端方式，适当地晒好评。图 3-59 所示为适合 C 端的邮件。

```
Hi Allie,
Me, again.
Some more information for your reference.No good vendor would be complete without some social proof.Please check the most recent review I received from my new customers.
Could you please give me the chance to provide quotes, to do sampling, or to do anything else?
Meanwhile, I apologize for my numerous emailing.
Best,
Yibing
```

图 3-59　适合 C 端的邮件

融合了 C 端晒好评的手法，让客户对自己和自己的产品有更好的印象。

每次和客户沟通的核心点是传递价值，不要胡乱跟进。谨记当下联系的目的不是为了马上成交，而是为了留下一条线，为和客户下次沟通做铺垫。

（资料来源：https://zhuanlan.zhihu.com/p/549386237）

 项目小结

跨境企业想要在国际市场上获得成功，需要不断地寻找和开发新的客户资源。随着信息技术的迅猛发展，越来越多的企业已经意识到通过线下方式获取客户的发展模式已有很大的局限性。电商平台、社交网络、搜索引擎等线上方式已逐步成为新兴的获客渠道，企业如想得到进一步的发展提升，必须时刻了解当前电商网络的动态，掌握线上开发客户的新模式。

本项目介绍了线上开发客户的四种方式，包括 B2B 平台客户开发、SNS 客户开发、搜索引擎客户开发以及通过政府资源、黄页及专业信息服务机构来开发客户。其中，B2B 平台已成为跨境企业获取客户的重要途径，依托阿里巴巴国际站、易单网等线上第三方平台公司可以更容易地开发海外客户。除 B2B 平台以外，通过 SNS 平台的 TikTok、Linkedin 来开发潜在客户，更容易建立和加强与客户之间的联系。此外，使用搜索引擎、利用政府平台以及专业信息服务机构等方式，也可以进一步深入了解行业与客户，通过各类信息资源拓展客户渠道。

同步测试

一、单项选择题

1. 以下各项中不属于 SNS 平台的是（　　）。
   A. TikTok　　　　B. Linkedin　　　　C. Ins　　　　D. 阿里巴巴国际站

2. 以下关于社交网络的描述中，不正确的是（　　）。
   A. YouTube 是视频分享平台，企业可以做企业或产品细节展示，但每次展示都消耗成本
   B. Linkedin 是职场社交平台，企业可以直接与买家建立链接
   C. Facebook 具有较大的流量优势，适合企业品牌定位测试或销售引流
   D. Twitter 可以对标国内的微博，比较适合快速炒作话题的社交网络平台

3. 刚涉足海外社交网络营销的跨境电商 B2C 企业，一般可以从（　　）这样用户量比较大的稳健平台入手，以单一平台为阵地试水营销。
   A. Twitter　　　　B. TikTok　　　　C. Snapchat　　　　D. Facebook

4. 阿里巴巴国际网站的三个主要工具是（　　）。
   A. Gold Supplier，Trade Alert，My Alibaba
   B. Trade Leads，Trade Alert，My Alibaba
   C. Trade Maganer，Trade Alert，My Alibaba
   D. Trade Maganer，Trust Pass，My Seller

5. 以下各项中哪种渠道不是企业名录的有效来源？（　　）
   A. 人口普查数据。
   B. 电话黄页。
   C. 行业协会。
   D. 调研和调查相关行业信息的专业公司

二、多项选择题

1. 在 TikTok 上开发客户时，以下各项中可以帮助企业提高品牌知名度的技巧有（　　）。
   A. 使用标签挑战来增加曝光率
   B. 通过直播销售来展示产品特点和优势
   C. 与其他 TikTok 用户合作推广来扩大受众群体
   D. 使用 TikTok 广告来增加品牌曝光和转化率

2. 以下各项中属于阿里巴巴国际站获客渠道的是（　　）。
   A. 阿里询盘　　　　B. RFQ 报价　　　　C. 粉丝通　　　　D. 访客营销

3. 企业可以通过（　　）渠道来获取 RFQ 信息。
   A. 系统推荐　　　　B. 自主定制/订阅　　　　C. 社交网络平台　　　　D. 采购直达平台

三、判断题

1. 在 TikTok 上成功开发客户只需要发布有趣的内容即可。（　　）
2. Linkedin 是一个很适合 C 端外贸企业零成本快速获客的平台。（　　）

3. Linkedin 平台人二度人脉是指企业的好友，能直接和对方进行沟通的，并且也能得到对方的联系方式。（ ）

4. 阿里巴巴国际站的搜索排名是实时更新的。（ ）

四、简答题

1. 如何利用 TikTok 短视频吸引客户？请简要说明方法。
2. 简要说明建立 Linkedin 公司主页的步骤。
3. 如何利用搜索引擎进行客户信息查找？请简要说明具体步骤。
4. 请简要说明搜集黄页的方法，以及如何使用黄页搜集客户信息。
5. 阿里巴巴国际站开发客户的具体途径有哪些？请举例说明。

综合实训

假设你是一家咖啡生产企业的客服人员，在 Linkedin 平台上开设了一个面向咖啡采购商的企业主页。

任务目标：通过 Linkedin 企业主页吸引更多的潜在客户并促进订单成交。

任务步骤：

（1）明确受众人群，设计一个品牌形象；

（2）确定当前存在的问题，例如监控评论和消息时的困难、如何吸引更多的赞与转发；

（3）为你的品牌创建一些内容系列，包括生产车间展示、烘焙过程、特殊咖啡豆介绍、咖啡店内部场景等，确保留下标签和语言互动来增加用户参与；

（4）开始测试和格式化帖文类型：使用图像或视频内容可以增加粉丝页面的可见性和吸引力，而闲聊性帖子（例如"今天的午餐点心是什么？"）可以用来增强与关注者的互动；

（5）评估推广效果：在实施以上提到的策略之后，请注意对一段时间内营销推广的反馈进行跟踪。收集数据，包括帖子的喜欢、转发和评论数量，收到的询盘数量，以及网站或应用程序的流量等。

提示：利用 Linkedin 开发企业客户时，需要展现专业度，而非侧重趣味性以吸引流量。同时，跨境客服专员需要积极回复和处理客户询盘及反馈，建立一个良好的品牌形象和口碑。

最终目标：根据实训所得，增加 Linkedin 企业主页的流量并吸引更多潜在客户询盘，促进咖啡销售量增长。

项目四

售前客户服务与沟通

项目介绍

跨境客户服务作为跨境贸易不可或缺的重要环节,不仅可以满足客户的购物需求,而且可以满足客户的心理和精神需求。售前客服人员需要做到与客户进行有效沟通,而非搪塞客户,以自身专业性赢得客户信任,促进销售,有效地防止和减少售后服务。在平常工作接待中,如何才能做到有效沟通呢?本项目重点介绍售前客户服务与沟通,包括跨境客户服务的售前准备工作、跨境客户服务的售前常见问题处理及售前客户服务与沟通工作模板三个方面。

 学习目标

知识目标：
1. 了解跨境客服岗位核心能力要求及售前客服的工作内容；
2. 理解售前客户服务的重要性并掌握售前客户服务的沟通技巧；
3. 掌握售前客户服务推销话术及常见问题的处理方法。

技能目标：
1. 能够挖掘客户需求进行精准推荐及关联营销；
2. 能够分析客户心理，熟练运用沟通技巧促成交易；
3. 能够通过沟通模板及时回复客户消息，妥善处理售前客户问题。

素质目标：
1. 具备在沟通中提取关键信息的能力及应变能力；
2. 具有较高的自主学习能力，能够不断地更新知识；
3. 尊重不同国家的民俗文化，能够热情礼貌地与世界各国客户进行沟通交流。

 知识导图

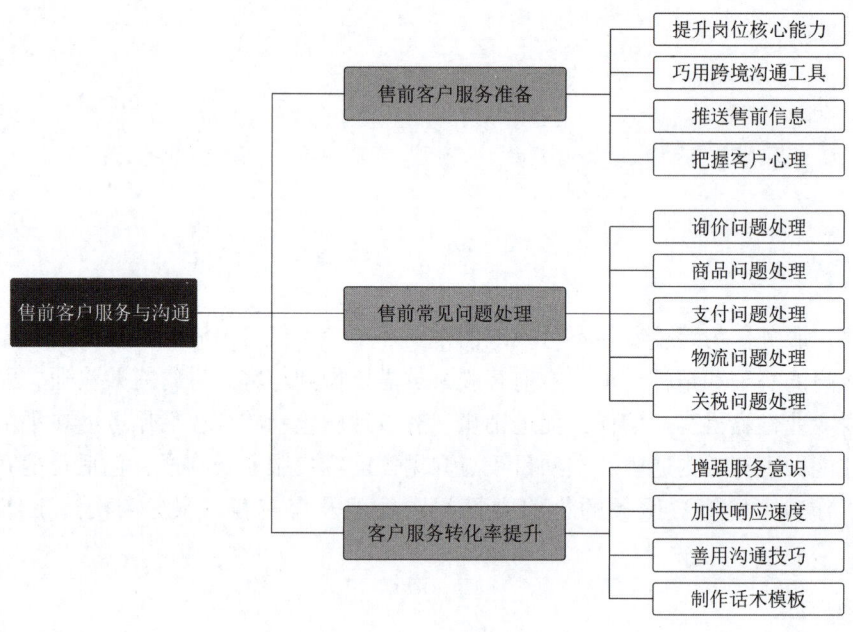

任务一　售前客户服务准备

跨境电商售前客服是店铺接触客户的窗口，售前客户服务是否专业将影响店铺的形象。一个好的售前客服人员，能让店铺锦上添花，可以提升店铺转化率，并且能提高客户满意度及复购率，降低退款率，从而提升店铺利润。

 任务描述

浙江超卓有限公司主营通信设备，在阿里巴巴国际站、速卖通、亚马逊开设了新店铺，为了更好地服务客户，公司拟组建专门的客户服务团队进行平台业务咨询回复。王雪将进行业务转岗，担任售前客服，但由于对跨境电商客户工作了解不深而犯了难。请你通过学习，帮助王雪了解售前客服的工作内容、公司产品及活动的介绍方法、掌握客户心理，以期更好地胜任该岗位的工作。

 任务实施

步骤1：首先要将跨境客服的相关内容进行准备学习，针对本公司的发展历史、品牌来源、通信设备产品及相关知识进行搜集整理，然后将具体内容填入表4-1。

表4-1　售前客服的准备工作

类别	重点	相关内容
公司	发展历程	
	品牌历史	
	公司业务	
	……	
产品	生产过程	
	工艺材料	
	尺码性能	
	型号芯片	
	……	
支付	支付方式	
物流	物流时效	
	物流方式	
	运费关税	
	……	
……		

步骤2：接下来要进行客户分析。先从各个方面提前了解客户下单的心理活动，以免在以后工作中让客户产生不满情绪，然后整理好填入表4-2。

表 4-2 客户分析表

客户行为	客户心理	客服人员如何应对
直接下单		
询问未下单		
下单未付款		
……		

步骤 3：根据店铺活动策划方案，准备好活动信息推送模板，并合理利用站内信、邮件等沟通工具向客户做推荐。

 学习评价

组织学生进行分享展示，从任务执行质量、效率、态度三个维度开展学生自评与教师点评，如表 4-3 所示。有条件的，可以邀请企业专家参与评价。

表 4-3 售前客户服务准备学习评价表

评价维度	评价内容		分值	学生自评	教师评价	企业点评
	目标观测点					
任务一 售前客户服务准备	任务执行质量	了解售前客服的工作内容	10			
		具备跨境客服岗位核心能力	10			
		介绍公司及产品时语言通俗易懂，能够突出差异与特色	10			
		能够分析客户心理并选择适合的推销话术	20			
		能够主动服务客户，正确利用沟通工具推送活动信息	20			
	任务执行效率	具备在沟通中提取关键信息的能力，快速掌握客户心理并完成信息推送	10			
	任务执行态度	具有较高的自主学习能力；尊重不同国家的民俗文化，能够热情礼貌地与世界各国客户进行沟通交流	20			
总评	目标达成总体情况		100			

 知识储备

售前客服主要的工作内容是介绍公司及产品、解答客户疑问、提供个性化建议、促进成交。例如，任务中的王雪作为售前客服人员要全面了解产品，根据公司通信设备的产品，掌握常见的通信设备类型，如手机、计算机、路由器、调制解调器、无线基站等，以及它们的功能和特点；熟悉常用的通信技术，如 4G、5G、Wi-Fi、蓝牙、NFC 等，并能解释它们之间的区别和应用场景；及时了解通信设备领域的最新发展和趋势，以便为客户提供更新的知识和建议。产品了解得越全面，才能在客户咨询回复中表现得越专业，越能够打动客户。一个优质的售前客服人员会用心、细心地去了解客户的需求，带给客户热情周到以及人性化的购物体验。

4.1.1 提升岗位核心能力

跨境电商客服人员需要具备以下几种必不可少的技能与素质，以便为客户提供更加专业、周到的服务。

（1）良好的语言表达能力：跨境电商客服人员需要具备良好的语言表达能力，能够用准确、流利的语言描述商品特点、价格、售后服务等信息，并与跨境客户进行有效的沟通。

（2）国际贸易知识：跨境电商客服人员需要具备一定的国际贸易知识，了解国际贸易的相关规则、具体操作、交易流程、国际快递流程等，从而能够及时、准确地回答客户的问题。

（3）跨境电商平台操作技能：跨境电商客服人员需要熟练掌握各大跨境电商平台的操作技能，能够熟练使用 Photoshop 等软件对商品图片进行编辑和处理，熟悉产品发布，信息查询和订单处理等业务。

（4）售后服务能力：跨境电商客服人员需要具备强大的售后服务能力，能够在客户投诉或出现问题时迅速响应，解决问题并给予客户满意的答复。

（5）较高的心理素质：跨境电商客服人员需要具备较高的心理素质，能够在高强度、高压力的工作环境下保持良好的心态，面对各种客户投诉和疑虑时不惊慌失措。

（6）多语言能力：跨境电商客服人员除了熟练掌握英语之外，还需要了解其他地区的主要语言，如俄语、法语、德语等，以便更加适应多元化市场的需求。

（7）团队合作能力：跨境电商客服人员通常是在一个团队中工作的，他们需要与同事密切合作，保障整个团队的工作顺利完成。

跨境客服岗位的核心能力要求包括沟通技巧、解决问题的能力、处理投诉和复杂情况的能力等。具备跨境客服岗位的核心能力，客服人员能够更好地服务客户，更好地了解客户要求和定位客户需求，为客户提供个性化和专业优质的服务，从而提高客户满意度。掌握跨境客服岗位的核心能力，可以帮助客服人员更好地了解和把握工作重点，尽快有效地解决客户的问题，提高工作效率。

4.1.2 巧用跨境沟通工具

（一）电子邮件

电子邮件是跨境电商客服人员与海外客户沟通的主要方式之一。可以通过电子邮箱在任何地方、任何时间收发信件，突破了时空的限制，提高了工作效率。目前，邮件服务商主要分为两类：一类针对企业提供付费企业电子邮箱服务，另一类针对个人用户提供个人免费电子邮箱服务。

企业邮箱是以企业自己的域名为后缀的信箱，如 name@ 企业域名。跨境客服人员要学会善用企业邮箱，尤其是在辨别客户询盘时，企业邮箱可以作为有效询盘的重要信息。在中国使用人数较多的个人电子邮箱有 163 邮箱、新浪邮箱、搜狐邮箱、QQ 邮箱和 TOM 邮箱等。此外，Gmail 邮箱、微软 Outlook 邮箱等国外邮箱在中国也被广泛使用。

跨境电商客服人员应熟知各个邮箱的特点，并根据邮件的特点交替使用企业邮箱、国内个人邮箱和国外个人邮箱。

(二) 在线即时聊天软件

1. IM

IM 是速卖通在线聊天工具，即 Instant Messaging，直接在"卖家后台—消息中心—买家会话"中即可操作，不用下载，非常方便。在 App 端使用 IM 即时聊天工具时，卖家需要先下载速卖通 App，然后即可看到 IM 聊天。不过 App 端的功能相对 PC 端的要少，如历史站内信只能在 PC 端查看。IM 聊天工具 PC 端有快捷短语、自动回复、消息筛选、多个发起会话入口及实时翻译这五大功能。

快捷短语：可以在"消息中心—买家消息—回复设置"中设置，之后需要由人工单击发送。

自动回复：在回复设置中的"自动设置"中操作。在近 24 小时内，若买家第一次给卖家发送消息，其将收到你在此处设置的自动回复。

消息筛选：单击全部消息后可以按"未回复会话""根据星标颜色筛选""按订单状态筛选"。

多个发起会话入口：企业端发送的会话，允许选择源语言和翻译的目标语言。

实时翻译：对发送的消息，系统会自动翻译成相应的语言，但并不是所有的语言都支持翻译，如无法翻译，则默认翻译为英文。

图 4-1 所示为速卖通买家会话页面。

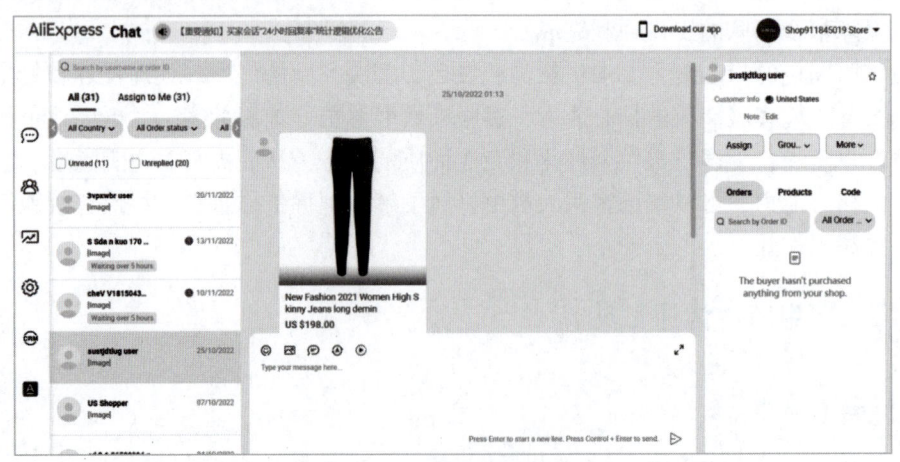

图 4-1　速卖通买家会话页面

2. Shopee Chat

Shopee Chat 是 Shopee 官方为买卖双方之间提供的沟通工具，帮助企业更快速、有效地为客户提供良好的服务，为店铺带来更多的正面评价。Shopee Chat 的自动翻译、数据分析等功能，可以帮助企业更好地运营 Shopee，提高店铺的订单。通过 Shopee Chat 工具，不仅能提升商品转化率，建立客户忠诚度，还能减少退货/退款订单，此外，如果 Shopee Chat 回复率表现良好，也会成为 Shopee 优选卖家的门槛之一。图 4-2 所示为 Shopee Chat 页面。

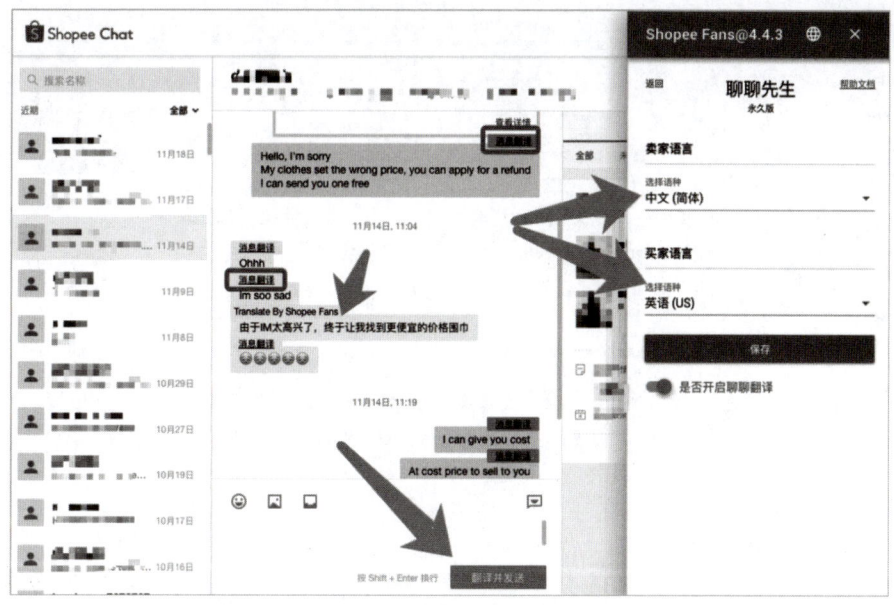

图 4-2 Shopee Chat 页面

Shopee Chat 为双方提供了很好的沟通渠道，但是 Shopee Chat 的使用也要规范。不能通过 Shopee Chat 让客户取消订单，除非商品缺货或者商品损坏等合理的状况，否则会被计分；也不能使用 Shopee Chat 辱骂客户，否则也会被计分，如果是优选企业，还会被除名。

3. Trade Manager

Trade Manager（TM）又称国际版阿里旺旺，该软件是阿里巴巴国际站的在线即时通信工具，拥有在线沟通、联系人管理、消息管理、登录查询等基本功能。用户可通过 Trade Manager 主动和同行业的卖家进行交流联系，还可以直接登录 My Alibaba 操作系统。对于卖家来说，该软件不仅拥有在线沟通功能，还支持店铺、网店快捷入口、定位沟通对象及文件图片互通等强大功能，可方便买卖双方更轻松地沟通。

4. Skype

Skype 是一个时尚方便的聊天工具。除了网上聊天，还可以使用语音和视频。它最大的功能就是可以绑定你的手机，可以方便你和朋友之间的联系。如果您想给外国的客人和朋友打电话，请尝试使用 Skype，但是你需要先去 Skype 官网购买预付卡。

（三）站内信

站内信是电商平台自带的站内沟通工具，它是为方便商务信件往来而设的服务功能，类似于邮箱，是企业与客户沟通的重要渠道。客服人员经常会在站内信中收到来自客户对于商品价钱、产品参数、订单服务的咨询问题；客服人员也可以通过站内信引导客户支付和邀请留评等。图 4-3 所示为速卖通站内信页面。

在与客户交流时，客服人员应该主动、热情、耐心、周到，为客户提供最优质的服务解决方案，把客户的潜在需求变为现实需求，达到商品销售的目的。融洽而自然的售中客户服务还可以有效地消除卖家与客户之间的隔阂，在客户与卖家之间形成相互信任的气氛。

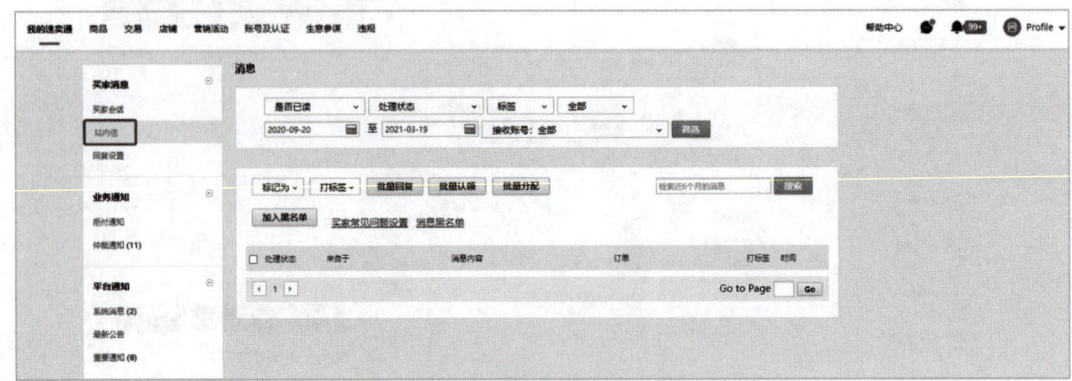

图 4-3　速卖通站内信页面

4.1.3　推送售前信息

为了提高客户的黏性，售前客户服务人员除了熟悉产品、物流、支付等环节以外，主动推送公司、产品及活动的信息也十分重要。一个好的公司介绍不仅可以体现公司的实力，也可以让客户愿意选择公司开始业务往来。

视野拓展：售前信息推送英文示例

（一）　如何介绍公司

公司介绍是一个公司的门面担当，一个好的公司介绍可以吸引客户进入公司店铺进一步了解、咨询公司的产品和服务。经常看到这样的公司介绍：比如公司年销售额全行业第一、研发人员占比为 30%、每年研发的投入是销售收入的 20%、公司有很多的行业证书等。此类公司介绍显得千篇一律。针对不同的跨境电商平台业务，其实可以有不同的设计。例如，阿里巴巴国际站平台用户都是 B 端客户，他们所关心的点和 C 端客户是不一样的，那么公司在设计自己的介绍文案的时候可以更多地突显公司的硬实力，如公司规模、生产能力、研发能力、售后能力、行业的影响力、曾取得的行业证书等，同时也可以拍摄公司或工厂的全景视频来展现公司的实力。但如果面对的是 C 端客户，那么公司的介绍可以考虑更多地体现软文化，如可以用一个故事去打动消费者，让消费者感动，能深刻感受到公司产品及服务的差异与特色。

（二）　如何介绍产品

产品介绍要重点突出产品的参数、规格、功能、特点、特色、用户体验等。由于客服人员在阅读产品说明书或进行产品培训时专业技术术语不断灌进大脑，容易潜意识地将这些专业技术术语误当成普通常识，从而在与客户介绍产品的功能和特点时，经常会不自觉地将专业技术术语脱口而出。但是很多时候，客户并不知道你在说什么，因为他们不了解你的专业术语。

因此，售前客服人员在针对不同的客户进行介绍产品时，要有不同的侧重点，要用客户听得懂的语言去交流。如果和一个公司的计算机工程师交流，就需要用技术术语去交流。但是，如果和非专业人员交流，就需要告诉客户 40 G 硬盘是什么意思，它能带给客户什么价值。

售前客服人员在产品介绍时可以做两件事。首先，将产品的技术功能和特征翻译成通俗的解释，也就变成外行和没有技术背景的人能听得懂的语言；其次，再将这些功能和特征翻译成客户利益。比如，"使用了我们的解决方案可以提高工作效率，使客户平均的等待时间从 30 分钟减少到 10 分钟"；"每天接待的用户从 100 人增加到 300 人，最终公司的效益可以提高 30%"等。这些才是客户所关心的利益所在。

[想一想]

作为售前客服人员，需要了解公司产品并回答客户的问题，同时也需要在日常工作中积累相关经验和知识。假设你是某跨境电商公司的亚马逊店铺售前客服人员，有一位客户问到某款电视机的具体尺寸，但你手头没有相关资料。你应该如何回答客户并解决问题？

（三）如何介绍活动

店铺活动信息介绍是为了给潜在客户提供关于店铺促销活动、特价商品或其他优惠信息的有效资讯，从而吸引客户的兴趣和注意力，增加他们的购买意愿和购买动机。这样可以帮助店铺提高销售量，增加客户忠诚度，并建立良好的客户关系。

在介绍店铺活动信息时，售前客服人员可以通过以下方式进行。

（1）强调活动的独特性和优势：客服人员可以突出活动的特色和独特之处，例如独家折扣、限时优惠或赠品等，让客户感受到参与活动的价值和优势。

（2）提供详细的活动信息：确保向客户提供完整的活动细节，包括活动时间、地点、参与条件和相关限制，例如是否需要使用折扣码或满足一定的购买金额等。

（3）使用吸引人的语言和表达方式：使用积极、生动的语言，突出活动的吸引力和利益，例如使用词汇如"独家优惠""限量特价""最佳折扣"等，以引起客户的兴趣。

（4）个性化推荐和定制化建议：通过分析客户的购买历史和偏好，客服人员可以根据客户的特定需求和兴趣，向他们个性化推荐适合的活动，提高客户参与和购买的可能性。

（5）能够解答客户的疑问和提供支持：客服人员需要了解活动的细节并能够回答客户可能的问题，例如关于优惠条件、退换货政策或活动期间的售后支持等方面，确保提供满意的服务。

通过以上方式，售前客服人员可以有效介绍店铺活动信息，吸引客户的关注，并提高店铺的销售业绩。

思政园地：以品牌自信促品牌出海

4.1.4 把握客户心理

客服人员只有学会换位思考，能够站在客户角度设身处地地思考问题，替客户着想，才能以同理心赢得客户的信任，从而提升服务质量及客户满意度。

1. 把握客户静默式下单的心理

静默式下单是指跨境零售的客户在下单购买之前基本不会与卖家进行联系。对此，客服人员在进行公司、店铺或产品介绍时，要尽可能地详细，突出自身产品与服务的特色，可以完全吸引静默下单的客户完成转化。当然，如果客户在售前联系客户服务人员，往往是带着问题来的。在跨境买卖中，买卖双方面临着语言、文化和产品生产技术标准等多方面的差异。这些差异使得有些客户有时难以理解卖家所提供的产品说明。因此，售前客户服务人员需要考虑国外客户的心理需求，以明确而简洁的方式介绍产品，提供专业化的咨询服务，以有效地引导客户购买产品并提高咨询转化率。只有通过全面理解并满足客户需求，并以易于理解的方式传达产品信息，才能达成成功的跨境销售。

2. 保持积极主动沟通的心理

从商务礼仪的角度讲，售前客户服务人员要确保在谈判开始时就做谈判的主导，学会引导客户的情绪，为后面的双向沟通与问题解决打好基础。

当出现问题时，客户普遍会产生畏难心理，并容易出现焦躁的心态，这是非常正常的。针对售前客户服务工作中可能出现的各类问题，卖家首先需要做的就是在第一时间为客户答疑解惑，帮助客户顺利地购买心仪的商品。例如，当客户提出"Do you have this item in blue?"时，客服人员不能简单地回复"Thank you for your interest in our products"，或者简单地回复"Yes"或"No"；客服人员需要肯定地告知"Yes, we have it in blue"或"Sorry, this blue item is our best seller; it is now out of stock"。

3. 满足客户需要及时回复的心理

如果售前客户服务人员在回复消息的过程中让客户等待时间过久的话，各种主客观的因素叠加在一起很容易引起客户的不满，也会直接导致在实际操作中，许多客户缺乏与卖家沟通的耐心，不愿相信卖家的说明和解释。因此，无论面对的是B端还是C端的客户都要尽早回复。作为客服人员，下班前最好再次确认是否有客户咨询，否则容易流失客户。

跨境电商平台在后台系统会考核卖家所有站内信或订单留言的平均回复时间。卖家平均回复的时间越短，时效越高，越能侧面体现出卖家的服务水平。

在实际操作中，卖家往往还会遇到这种情况：经过沟通后，卖家顺利帮助客户解决了问题，而客户往往回复一封简单的邮件，如"Thanks"或"OK"。许多卖家在查看邮件时并不仔细，这种邮件可能就会被忽略或者不做任何回复。由于各个跨境电商平台的后台系统无法真正识别客户发出的信息内容是否需要回复，这些简短的客户信息如果没有得到及时回复，仍可能影响系统对卖家回复信息时效的判断。长期来讲，对卖家是没有好处的。

因此，售前客户服务人员要做到无论在何种情况下，在与客户进行互动时，要对客户所有的消息或者邮件及时回复。

视野拓展：客服必须懂的七大心理学效应

任务二　售前常见问题处理

由于跨境电商的虚拟性特点，客户只能通过网页上的图片、视频或评价来了解商品的特点与性能，对客户来说，会存在一定的信息缺失。因此，客服人员在回答客户的提问时，要利用与客户接触的机会，把商品的优势展示给客户，推荐店铺里的商品。售前服务过程中要求客服人员对店铺内的产品信息和平台的优惠活动内容了如指掌，以确保给客户提供准确、最新的信息。

 任务描述

浙江超卓有限公司在跨境平台注册的企业店铺已经正式运营。近几天王雪收到了客户的各种问题消息，她一一打开这些消息进行查看，但是还不知道怎么回复这些消息，正在发愁，请你通过学习帮助王雪针对客户消息进行回复。

 任务实施

步骤1：在售前阶段，客服人员会遇到各种各样的问题，通过上网搜索更多的售前类客户咨询案例，整理并归类填入表4-4。

表4-4　售前常见问题

问题类型	客户问题
商品细节问题	
价格相关问题	
支付方式问题	
物流相关问题	
关税相关问题	

步骤2：提前准备好应对的话术使自己能够在与客户沟通时更加从容地应对，请提前整理好通信设备相关的应对话术，填入表4-5。

表4-5　沟通话术

客户问题	沟通话术
询问是否有保修服务	
担心物流时效问题	
担心电池寿命短	
想要折扣	
希望下单前能寄样	
……	

步骤3：接下来，解决以下关于店铺产品的售前问题，可以借助相关回复模板进行回复，如表4-6所示。

表 4-6　客户回复模板

客户咨询	回复内容
I'm using an iPhone14, is this smart watch compatible with my phone?	
This headset looks good, but it is a little more expensive than others.	
I want a smart watch with a budget under $100.	
I like the headset, but I have some doubts about the delivery time. I hope to receive it soon.	
Are there any import taxes or customs charges that I need to be aware of if I purchase this and have it shipped here to Los Angeles in the United States?	
The smart watch GT5 is out of stock, will you still restock it?	

 学习评价

组织学生进行分享展示，从任务执行质量、效率、态度三个维度开展学生自评与教师点评，如表4-7所示。有条件的，可以邀请企业专家参与评价。

表 4-7　售前常见问题处理学习评价表

	评价内容		分值	学生自评	教师评价	企业点评
	评价维度	目标观测点				
任务二　售前常见问题处理	任务执行质量	了解售前客户常见问题	10			
		掌握售前客户服务常见问题处理方法	10			
		能够快速回复客户关于商品细节及价格的咨询	10			
		能够根据客户实际情况解答支付方式、物流、关税问题	20			
		能够进行关联产品推荐，提高转化率及客单价	20			
	任务执行效率	合理分配时间，能够依照工作计划及时回复客户，在截止日期前提交工作成果	10			
	任务执行态度	小组成员能迅速识别并分析问题，提出切实可行的解决方案，并能够灵活地应对变化和挑战	20			
	总评	目标达成总体情况	100			

 知识储备

跨境售前客服的常见问题处理主要是因为跨境电商市场本身就比国内市场更加复杂，需要解决的问题也更多，从海关的监管规定，到物流运输的问题，再到客户的文化、语言和支付方式等方面，都面临着更多的挑战。因此，跨境售前客服人员在处理常见问题时需要具备足够专业知识，掌握相关的商品知识、行业标准以及相关法律法规等，以便能够更好地解答客户提出的问题。

比如当客户询问如何选择适合自己的手机/计算机/路由器等通信设备，售前客服人员首先要明确客户的需求和预算。解释不同品牌和型号之间的区别和功能。再根据客户的使用场景和偏好，推荐适合的设备。指导客户查看产品评价和评论，了解其他用户的体验和反馈，提供关于售后服务和保修政策的详细信息。当客户遇到通信设备的设置或配置问题，售前客服人员可以提供详细的步骤来指导客户完成设备的设置和配置。如果可能，应提供远程支持或远程控制客户设备以协助解决问题。鼓励客户参考设备的用户手册或官方文档来寻找解决方案。售前客服人员要具备良好的沟通技巧，能够清晰准确地表达自己的意见，并且可以通过邮件或即时通信等多种方式与客户进行互动和交流。

4.2.1 询价问题处理

询盘（inquiry）亦称询价，指客户和卖家联系，询问出口产品的交易条件。一般而言，客户询价的内容包括价格、规格、数量、支付条件、包装、运输等内容，同时客户还可能会索取价目表、产品目录、样品等材料。

收到客户有关价格的咨询，对于卖家来说是一件高兴的事情。这意味着客户对店铺的商品感兴趣，同时他们想以一个实惠的价格购买商品。因此，客服人员在回复此类咨询时，要以公司商品定价方案为前提，有针对性地逐一回复。图4-4所示为询盘消息页面。

图4-4　询盘消息页面

1. 针对大额订单的询价回复

这种情况更多地应用于跨境 B2B 平台的交易。跨境电商客服人员应根据客户提出的术语和付款方式填写报价单，如果客户没有说明，就根据产品出口惯例填写。需要注意的是，报价有效期必须填写，但时间不要过长，一方面，在行业价格或者汇率波动较大时，报价有效期时间越长，风险越大；另一方面，可以暗示客户早日下单，避免价格上涨。此外，合理地根据采购量设置阶梯式价格，既能给客户一个讨价还价的标准，也能激励客户追加采购量从而获得优惠。

1) 针对大额订单、一般询盘的回复

示例：

We have these items in stock now. As you know, our products are superior in quality and reasonable in price. As we are in the promotion sales, we offer a 3% discount for bulk purchase. If you would like to have more information, please do not hesitate to contact us. Looking forward to your early reply.

（参考译文：我们现在有这些商品的存货。如您所知，我们的产品质量优异，价格合理。

由于我们正在促销，批量购买可享受 3% 的折扣。如果您想了解更多的信息，请不要犹豫，随时与我们联系。我们期待着您的早日答复。）

2）针对大额订单、具体询盘回复

示例 1：

Thank you for your inquiry of June 16, 2023. We are pleased to make the following quotation for the goods as required.

Commodity：Men's T-shirt

Item No.：ZFE-1

Qty.：3 000 pcs

Size：S, M, L and XL

Color：dark, grey, light blue and white

Price：USD 4.2/pc CIF NEW YORK

Shipment：July 1, 2022

Payment：Irrevocable L/C at sight

This offer is valid for 6 days. As we have been receiving a rush of orders now, we would advise that if you are interested in it, please let us have your reply as soon as possible.

（参考译文：感谢您 2023 年 6 月 16 日的询价。我们很高兴按要求对该商品报价如下。

商品：男士 T 恤

项目编号：ZFE-1

数量：3 000 件

尺码：小号、中号、大号和加大号

颜色：深色、灰色、浅蓝色和白色

价格：4.2 美元/件，CIF NEW YORK

装运日期：2022 年 7 月 1 日

付款方式：不可撤销的即期信用证

此报价 6 天内有效。由于我们现在已经收到大量的订单，我们建议如果您对此感兴趣，请尽快回复。）

示例 2：

This is to confirm your fax of July 13, 2023, asking us to make you a firm offer for green bean and soybean CFR Singapore.

We faxed you this morning about offering you 400 metric tons of green bean at \$ 2,000 per metric ton CFR Singapore, for shipment in October 2023, subject to your reply before September 20, 2023. Please note that we have quoted our most favorable price and are unable to entertain any counter offer. As to soybeans, we would like to advise you that the few lots we have at present are under offer elsewhere. If, however, you were to make us a suitable offer, there is a possibility of our supplying them.

（参考译文：兹确认你方 2023 年 7 月 13 日的传真，要求我方向你方报绿豆和大豆新加坡成本加运费实盘。

今天早上我方发传真给你方，向你方报 400 TNE 绿豆每 TNE 成本加运费新加坡价格为 2 000 美元，2023 年 10 月装运，以你方 2023 年 9 月 20 日前回复为准。请注意，我方已经报出了最优惠的价格，不能接受任何还盘。至于大豆，我方想告知你方，我们目前仅有的几批货已在别处接受了报价。然而，如果你方能给我方一个合适的报价，我方才有可能供应。）

视野拓展：应对不同国家客户询盘的技巧

2. 针对无优惠商品的询价回复

当客户咨询的商品没有价格优惠时，客服人员应用柔和的语气，礼貌地婉拒客户提出的降价要求，并给出合理的理由。一般来说，拒绝降价的理由有以下几种。

公司成本高，原材料和人力成本都在上涨，此价格已经是最低价了。

利润空间低。由于行业竞争激烈，此价格水平几乎没有利润可赚了。

公司目前暂时没有优惠活动，此系列商品的价格已经是最低的了。

商品质量好，高价格意味着高质量。

在解释完不能降价的理由后，客服人员除了强调公司商品的质量以外，可以顺带给客户推荐其他价格稍低的同类商品。若公司价格政策允许，客服人员可以采取不同的策略来给予客户优惠。

（1）以退为进。客服人员首先告诉客户商品的价格已经很优惠了，接着提出给予优惠的条件，如"买3件总价减10%""买满1 000件送空气加湿器1台"等，尽量提高客户的客单价。

（2）开门见山。客服人员直接答应客户降价的要求，告知客户公司具体优惠细节，最后提出希望客户能在电商平台或社交平台分享商品的好评。

视野拓展：引导客户下单的方法

4.2.2 商品问题处理

近年来，中国的跨境电商行业发展迅速，商品种类越来越繁多，跨境客户轻"店铺"重"产品"促使跨境电商的店铺同时兼营的商品经常涉及多个行业、种类，这就使得客服人员的工作变得更加复杂，需要掌握扎实的专业知识以应对复杂的客户问题。

同时，在商品规格方面，国内外存在巨大的差异，如服装尺码标准、电器设备的标准问题等都给卖家带来了很大的困扰。例如，欧洲尺码标准、美国尺码标准与国内商品存在差异，卖家需要了解不同的尺码标准才能给客户提供专业的建议；又如欧洲、日本、美国电器商品的电压都与国内标准不同，即使是诸如电源插头这样一个小商品，各国也都有巨大的差异，需要卖家做好更细致的规格比对工作，以确保产品的售出和使用。这些问题也会增加客服人员在解答客户商品咨询时的难度。

售前客户服务人员必须掌握足够的商品信息及相关知识，这涵盖商品专业知识、商品周边知识、同类商品信息和商品促销方案等。其中商品专业知识包括产品质量、产品性能、产品寿命、产品安全性、产品尺寸规格、产品使用注意事项等内容。

(一) 寄样问题处理

在询价过程中，有些客户会提出寄样的需求。在国际贸易中，样品在订单能否完成以及买方是否认可你公司的产品方面起着决定性的作用。

面对新客户索取样品，应视不同情况不同对待。

1. 当新客户向你索取样品时，先判断该客户是否为有效客户

如果你收到一封邮件，仅说对你公司的产品很感兴趣，且订量很大，要求寄样，而不具体指某个产品。这类的客户基本上为无效客户，可以不寄样。

客户发来一封邮件，能准确说出你公司产品的型号，显示出对这个产品有一定的了解，并能用一定的行业术语表达，向你索取样品。这样的客户可以初步判定为有效客户。但仍需对这个客户进行一番调查，如果客户留有网站及联系方式，你可以登录一下客户的网站，看一下这个客户的实力，还需核对网站上的联系方式与邮件中的联系方式是否真实。

2. 寄样前需做的工作

先用邮件与客户确认样品，就型号、尺寸、颜色等规格与客户进行确认，最好附有图片。这样做是为了避免寄错样品，造成麻烦和损失。

寄样前最好与客户就某些细节进行确定，比如最小订购量、付款条件及交易方式等。这样客户可能会更加珍惜这个样品，也引导客户样品一通过就要订货的思路。同时这样做的另一目的是让那些只索样品不订货的客户望而却步。

3. 寄样的费用谁来付

如果样品价值不高，寄往的地方是中国港澳台或其他外贸公司，样品费和快件费两者加起来的费用并不太高，公司完全可以免费寄样。但由于体积偏大或质量较重而使运费较高，可以要求客户仅支付运费获取免费样品。

如果样品价值较高，但运费不高的，可以只收样品费。若运费较高的话，两者都可以收取。如果需要打样或开模，那就需另加打样费或开模费。

从公司的角度考虑，首先要明确样品及运费成本。要让客户知道，即使样品免费，无论其货值如何，都是公司的运营成本。样品价值高、运费也贵，无论新老客户，请客户谅解，本着共同发展的原则，希望对方分担运费。

[想一想]

假设你是一名售前客服人员，一个潜在客户通过邮件询问您的产品，并表达了对产品的兴趣，希望你能提供一些样品以便与其他供应商产品进行比较。你该如何回复邮件？在回复邮件之前，你需要先考虑以下几个问题。

(1) 公司是否提供免费样品？

(2) 如果公司能够提供样品，是否需要客户付运费，如何处理退货？

(3) 思考提供样品的风险和益处，需要制定哪些措施来控制产品被竞争对手复制或泄露风险？

> 提示：作为售前客服人员，在回复客户的询问邮件之前，需要综合考虑公司政策、客户需求、产品展示等因素，以及提供样品可能带来的风险和益处，并选取最适合的方案进行回复。

4. 寄样后，客户不予回复

1）分析原因

通常而言，样品破损、漏寄等情况客户会直接联系公司补发，而当样品寄出后客户没有回复，客服人员首先应该做的就是分析客户不回复的原因，无外乎以下几种情况。

（1）客户暂未收到样品；
（2）客户对样品质量不满意或在设计上无法满足客户要求；
（3）客户并没有真心购买的意愿，要求寄样只是做市场分析之用；
（4）客户暂时对产品没有需求，但不排除未来有需求的可能。

面对这种情况，客服人员不妨主动发邮件联系客户询问原因。

Dear Mr. McEwan,

Our company sent you a box of monitor samples a month ago. Are you satisfied with them? We can design the appearance and default performance of the display according to the customer's needs. If you have any comments or suggestions, you can feel free to contact us.

Hope to cooperate with you. We look forward to your reply.

×××（公司名称）

如果客户有意在未来购买你的产品，那么必然会继续与你保持联系。假如收到邮件后客户依然没有消息，那么很可能的原因是上述情况（3）。

2）做好预防

除了问题出现后的及时应对，客服人员在开发客户的过程中也应该注意尽量避免客户不回复的情况发生。

寄样后，客服人员应及时通知客户，这一点也是非常重要的，用邮件或快递底单第一时间通知客户你的发样信息，包括快递公司的样品跟踪号码、何时发送、大约何时到达等信息，一般邮件可这样发："The sample you want has been sent out this morning and will arrive in about a week. Please check and accept it carefully."，让寄样的每一步都"有据可循"。

同时，也应做好样品管理，比如质量检测、分类储存等，并及时做好市场调研，划定潜在客户范围，减少无效联系。在寄送样品时，可以同时向客户寄去说明书和报价单，如果客户满意可以直接下单，这就节省了随后可能的报价、"砍价"的时间。

3）做好跟踪

在样品寄出后，应及时准备好产品的质检报告、评估报告等，当客户有需要时可以随时调出来以供查看。与客户的沟通在任何环节都必不可少，寄样后也一样，随时做好样品跟踪和后续客户满意度的调查，这将会使客户感到你的专业和负责。

客户明确收到样品后，可询问他们对样品的评估情况，无论满意或不满意都想办法让客户给出具体的说明。

如果客户明确表示对产品很满意但迟迟未下单，客服人员可以适当地询问一下。比如：

"We know that you are very satisfied with the product, so we would like to know when you might place the order. So that we can be ready." 或 "We would like to know the exact time of order so that we can start arranging for your production。" 等。

如果客户已经说明下单的具体日期，那么应表示感谢和期待，保持联系即可。

4）建立稳定联系

不管短期内有无订单，尽量与拿样客户建立起一种稳定的联系，不间断地通知公司的产品线的新情况。

尽量让客户有少不了你的感觉。因为电子商务的存在使得客户始终面临无数诱惑，所以沟通的频率很重要。

（二）商品其他相关问题处理

一般来说，国外客户在下单前对商品的信息咨询主要集中在颜色、尺码、材质、运费、库存、价格等方面，客服人员要熟悉客户对商品进行咨询的常见问题，并能够解答相关问题，提高客户的满意度。

1. 关于商品库存问题

1）相关商品有库存

跨境客服人员经常会遇到有关商品库存的问题，如"Hi, I want the light blue color. Do you have it in stock？"除了回复客户有库存以外，还可以给客户介绍该颜色很受欢迎，且库存不多，给客户营造一种焦虑和有风险的气氛，让客户觉得商品很快就会卖完，引导客户尽快下单。

示例：

Thank you for your inquiry. Yes, we have light blue color in stock. How many would you like? The color is very popular and there are not much left. If you like it, please place an order as soon as possible.

（参考译文：感谢您的询问。是的，我们有浅蓝色的商品存货。您想要多少？这种颜色很受欢迎，剩下的不多了。如果您喜欢，请尽快下单。）

2）相关商品缺货

对于没有存货的商品，客服人员除了应告知客户实际情况外，还应尽可能地进行关联产品的推荐，以提高店铺总体销量。关联产品推介能够有效利用来之不易的流量，提高转化率，降低推广成本。客服人员在进行关联产品推介时既可以推荐同类替代产品，也可以推荐包含该产品的优惠组合套装、相关搭配产品及易损配件。

示例：

Hi, there! Sorry we don't have that color in stock now. Do you mind if I recommend to you some other similar dresses which are also very popular? I bet it must look great on you!

（参考译文：嗨，您好！很抱歉，我们现在没有那种颜色的存货。您介意我给您推荐一些同样受欢迎的类似的服装吗？我觉得您穿起来一定很棒！）

客户完成下单后，客服人员要抓住机会，继续进行与其所购产品相关联产品的推荐，尤其是自有品牌的优秀产品，展示品牌发展和品牌影响力，刺激客户继续下单。

示例：

Thank you for ordering our dress. The packet has been shipped today and you will get it in about 15 days.

We are selling a popular and nice belt which coordinates your dress. For the specific information you can click ×××.

If you have any question about the item, please feel free to contact us.

（参考译文：感谢您订购我们的裙子。包裹今天已经寄出，大约15天后您就会收到。

我们正在销售一款流行且漂亮的腰带，非常搭您的裙子。具体信息，您可以打开链接×××查看。

如果您对该产品有任何疑问，请随时与我们联系。）

案例分析：抓住客户需求，恰当进行推荐

在进行关联产品推荐时，客服人员要自始至终设身处地为客户着想，理解客户的想法，知道客户最需要的是什么，从而为客户提供优质的服务，与客户持续地合作下去。强化"客户为根、服务为本"的服务理念，并将其有效融入工作之中，坚守初心，进一步提高客户的满意度。

[职业技能证书考点]

根据1+X网店运营推广（初级）职业技能要求，在网店客户服务项目中交易促成的任务下，要求学生能够根据与客户的交谈情况，适时进行商品推荐，引导客户进行购买。

例题：【单选题】在进行关联销售时，产品组合选择遵循的原则不包括（　　）。
A. 产品选择基于用户的需求之上
B. 尽力选择高定价策略的产品
C. 关联营销的效果和店铺产品结构密切相关
D. 尽力挑选促销产品进行组合

2. 关于商品尺码/规格问题

一般来说，客户咨询商品尺码主要分为了解库存情况、改变尺码或规格，或给出建议尺寸等几种情形。客服人员回复时，除要掌握好对商品的专业度外，同时还应给出中肯的意见，按实际情况告知客户商品的尺码或规格信息。客服人员一定要耐心回复，避免因规格、尺码的选择问题引发纠纷。特别是服装和鞋类产品的尺码，国内的尺码标准和国外不一样，经常会引发混淆。客服人员应熟悉产品的不同国家标准，并准确给予客户建议。图4-5所示为商品详细尺码。

示例：

So pleased to hear from you. According to what you have described, we recommend that your size is M. Looking forward to your further contact. Thank you.

（参考译文：很高兴收到您的来信。根据您的描述，我们推荐您的尺码是M。期待您的进一步联系。谢谢。）

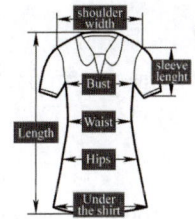

Size	Bust		Waist		Hips		Sleeve		Length		Pants		Weight/kg
Unit	cm	in[①]	cm	in	cm	in	cm	in	cm	in	cm	in	
S	96	37.8	102	40.16	120	47.24	58	22.83	98	38.58	/	/	
M	100	39.37	106	41.73	124	48.82	59	23.23	99	38.98	/	/	
L	104	40.94	110	43.31	128	50.39	60	23.62	100	39.37	/	/	0.27
XL	108	42.52	114	44.88	132	51.97	61	24.02	101	39.76	/	/	
2XL	112	44.09	118	46.46	136	53.54	62	24.41	102	40.16	/	/	
3XL	116	45.67	122	48.03	140	55.12	63	24.8	103	40.55	/	/	

★ Tile volume (manual measurement, error between 1-3 is normal)

图 4-5　商品详细尺码

3. 关于商品颜色问题

如有客户担心有色差问题进行咨询，客服人员应实事求是，和客户说明因为拍摄光线等的问题有可能存在。

示例：

Hi, the pictures are real shoot; considering the different lighting condition, it may have a slight difference of the color.

（参考译文：亲爱的客户，图片都是实物拍摄，不同的灯光条件，有可能存在轻微的色差。）

> [职业技能证书考点]
>
> 根据 1+X 网店运营推广（初级）的职业技能要求，在网店客户服务项目中客户问题处理的任务下，要求学生能按照客户服务原则，恰当处理客户提出的与商品相关的问题。
>
> 例题：【单选题】客户在购买的过程中会提出很多疑问，下列商品问题处理业务中不属于服装类目常见问题的是（　　）。
>
> A. 色差
> B. 功能
> C. 尺码
> D. 材质

客服人员在回复客户的疑问和咨询时，应从专业角度为客户提供关于商品的信息，尽可能解决客户疑问，推荐可以满足客户需求的商品，以促进销售为目标。

4.2.3　支付问题处理

跨境支付及物流问题是跨境电商客服人员经常要与客户沟通的问题。到目前为止已经有非常多的支付公司都宣布开展跨境支付业务，例如国际支付巨头 PayPal、Payoneer、WorldFirst、Pingpong、连连支付等。跨境客服人员面对客户下单未付款、需合并支付订单等问题

---

① 1 in = 0.025 4 m。

要能及时给出解决方案。

1. 针对没有跨境支付账号的客户关于支付方式的咨询

如果有的客户没有跨境支付账号，即无法直接进行国际支付，因此需要了解可用的支付方式，以完成跨境交易。

示例：

According to your description, you don't have a cross-border payment account at present, so you can't make international payment directly. However, in order for you to successfully complete cross-border transactions, we offer the following payment methods for you to choose:

(1) Transfer by bank: You can provide us with your bank account information, and we will provide you with a collection account. You can pay us the money by bank transfer.

(2) Use third-party payment platforms: Some third-party payment platforms, such as PayPal and Alipay, support international transactions. You can register your account on these platforms and complete the transaction with us.

Please note that the specific available payment methods may be restricted by your country and our policy requirements. You can further communicate with our customer service team to determine the available payment methods and operation details.

（参考译文：根据您的描述，您目前没有跨境支付账号，所以无法直接进行国际支付。不过，为了让您能顺利完成跨境交易，我们提供以下支付方式供您选择：

（1）通过银行转账：您可以向我们提供您的银行账户信息，我们会提供给您一个收款账户，您可以通过银行转账的方式将款项支付给我们。

（2）使用第三方支付平台：有些第三方支付平台如 PayPal、支付宝等支持国际交易，您可以在这些平台上注册账号并与我们完成交易。

请注意，具体可用的支付方式可能会受到您所在国家的限制和我们的政策限制，您可以与我们的客服团队进一步沟通，以确定可用的支付方式及操作细节。）

2. 针对使用其他第三方支付方式的客户关于支付方式的咨询

如果客户选择第三方支付方式如 Escrow、VISA、MasterCard、Moneybookers 或 Western Union 等方式，客服人员可以发送邮件提醒客户折扣即将结束，尽快付款，并告知客户还会收到额外赠送的一份礼物，以表示你的谢意，从而拉近你与客户的距离，促进成交。

示例：

Thank you for choosing Moneybookers to complete your order. We here by remind you that the discount you enjoy will end in the near future. In order to make you not miss this offer, we sincerely invite you to complete the payment operation as soon as possible to ensure that you can get your favorite goods at a more favorable price.

In addition to the discount, in order to express our gratitude to you, we have prepared an extra gift, which will be sent with your order. This is our special feedback to you, hoping to narrow the distance between us and promote closer cooperation.

（参考译文：感谢您选择使用 Moneybookers 完成您的订单。我们特此提醒，您所享受的折扣将于近期结束。为了让您不错过这个优惠，我们诚挚地邀请您尽快完成付款操作，确保您能以更优惠的价格获得您心仪的商品。

除了折扣优惠外，为了表达对您的感谢，我们还准备了一份额外的礼物，将随您的订单一同寄出。这是我们对您的特别回馈，希望能够拉近我们之间的距离，促进更紧密的合作关系。）

3. 针对购买多件商品的客户关于支付方式的咨询

当客户购买多件商品时，客户服务人员需要提前在账户启用合并账单这个功能，选择接受合并运费的时间段，并在邮件中告诉客户价格修改以及合并支付的操作。

示例：

In order to ensure the smooth processing of orders and facilitate your consolidated payment, you need to enable the consolidated billing function in advance. Please follow the following steps: ....

Once you have completed the above steps and accepted the consolidated freight calculation within the specified time period, our system will update your order and send you the revised order amount.

In order to facilitate your consolidated payment, please complete the payment according to the instructions in the email with the revised order amount. We support various common payment methods, such as credit card and bank transfer. You can choose the payment method that suits you best to complete the consolidated payment operation.

（参考译文：为了确保订单处理的顺利进行以及方便您进行合并支付，需要您提前启用合并账单功能。请您按照以下步骤进行操作：……。

一旦您完成了上述步骤，并在指定时间段接受合并运费计算，我们的系统将对您的订单进行更新，并发送给您修改后的订单金额。

为了便于您进行合并支付，请您在接收到的订单金额修改的邮件中，按照指示完成支付。我们支持各种常见的支付方式，例如信用卡、银行转账等。您可以选择最适合您的支付方式，以完成合并支付操作。）

4. 针对关于支付安全问题的咨询

客户在购买商品时，最关心的就是支付安全问题。如果存在支付安全问题，客户就会选择放弃购买。售前客服人员可以向客户介绍支付安全方面的措施，让客户感知在本店消费是有安全保障的。

示例：

In order to provide a safer payment environment, we cooperate with reliable third-party payment platforms, such as PayPal, VISA and MasterCard. These platforms have strict payment security standards and fraud detection mechanisms, which can protect your payment security.

Once you have successfully paid, we will ensure that your payment information is only used for order processing, and at the same time protect the security of your customer account. We take measures to ensure that your account information will not be leaked, abused or accessed without authorization.

（参考译文：为了提供更安全的支付环境，我们与可靠的第三方支付平台合作，如PayPal、VISA、MasterCard 等。这些平台具有严格的支付安全标准和欺诈检测机制，能够保护您的支付安全。

一旦您成功支付，我们将确保您的支付信息仅用于订单处理，同时保护您的客户账户安全。我们会采取措施确保您的账户信息不被泄露、滥用或未经授权的访问。）

案例分析：与客户谈付款方式的技巧

4.2.4 物流问题处理

跨境物流具有链条长、复杂性高、风险大等特点，基于此，客户在下单前会对商品物流有较多的疑问。要完成好这项任务，客服人员首先要弄清楚公司商品的物流运输方式、运输时长、运费标准等信息。然后，按照商务英语信函的3C原则（clearness，conciseness，courtesy）回复客户的咨询邮件。

1. 针对运输方式及运费详情的咨询处理

由于跨境物流运输方式多种多样，例如航空运输、大陆桥运输、海洋运输，且各家物流公司提供的服务及收费标准不一样，所以对于客户来说，评估商品的运输费用是一件比较复杂的事情。客服人员应根据物流方式和客户所在国家和地区介绍物流时效，耐心地给客户解释运费标准，计算出准确的物流费用及大概运输时间，并根据客户需求给出合理的运输建议。

示例：

Regarding ePacket's latest quotation, the shipping freight for a parcel less than 2 kg is $8 from China to Australia. It usually takes 13–20 days to reach you. Hope it'll be helpful to you.

（参考译文：关于e邮宝的最新报价，小于2 kg的包裹从中国到澳大利亚的运费是8美元。通常需要13~20天才能到达您的手中。希望这些对您有帮助。）

2. 针对物流时间的咨询处理

客服人员在回答客户有关跨境物流投递时效时，可先查询物流公司提供的参考时效，如遇到一些特殊情况，如节假日、恶劣天气等，要及时提醒客户投递时间会相应地延长。

示例：

We will send them by ePacket with a tracking number. Normally it will take 7–15 business days to arrive in your country. Is that OK for you? Looking forward to hearing from you soon.

（参考译文：我们将通过e邮宝寄送，有跟踪号。通常需要7~15个工作日到达您的国家。您觉得可以吗？期待尽快收到您的回复。）

3. 针对客户要求减免运费的咨询处理

多数跨境物流公司对货物的运费收费标准是以克为单位的，对于一些需要客户承担运费的商品，它的运费就会显得比较高，因此，会有很多客户要求包邮。如果公司政策不允许免邮，客服人员可以按照如下内容回复客户。

示例：

Sorry, free shipping is not available for the order. We can only offer free shipping service on orders over $50. Best Regards.

（参考译文：很抱歉，订单不提供免费送货服务。我们只能为50美元以上的订单提供免费送货服务。最诚挚的问候。）

4.2.5 关税问题处理

当售前客服人员遇到客户关于关税问题的询问时，需要注意以下几点。

（1）认真倾听客户的问题和疑虑。客服人员需要认真听取客户的疑问，并尽量明确客户的具体需求和情况，以便为其提供更具体的解决方案。

（2）了解客户的具体情况。不同的国家和地区对进口商品的税率和征收方式不同，因此需要了解客户的具体情况，包括其所在国家和地区、进口方式、货物品类等，以便为其提供更具体的解决方案。

（3）提供基本的关税知识和建议。售前客服人员可以简单介绍该产品所在国家的关税政策和一些基本的进出口规定，建议客户可以在购买前仔细核对相关规定。

（4）提供相关服务和支持。如果客户需要帮助处理相关文件或支付关税，售前客服人员可以向其介绍相关的服务和支持，例如合法的报关代理服务等。

（5）分享相关案例或经验。售前客服人员可以分享关于类似产品和类似市场的案例或经验，以帮助客户更好地了解相关进口规定和风险。

尽管售前客服无法直接解决关税问题，但是可以在职责范围内，尽可能地提供相应的辅助和支持，以提高客户的满意度和忠诚度。

对于卖家来说，保证货物顺利通关，并安全及时地送达客户手中是首要任务。但由于每个国家和地区都有自己的一套海关法规，有些国家和地区海关在商品清关时，需要根据当地海关政策收取商品关税等费用。客服人员应根据自己所掌握的信息告知客户，若不了解客户当地的具体关税政策，也可以在邮件中建议客户咨询当地海关。

示例：

I understand that you are concerned about any possible extra cost for this item. Based on past experience, import taxes fall into two situations.

First, in most countries, it does not involve any extra expense on the buyer side for similar small or low-cost items.

Second, in some individual cases, buyers might need to pay some import taxes or customs charges even when their purchases is small. As to specific rates, please consult your local customs office.

（参考译文：我知道您担心该产品可能会有额外的费用。根据以往的经验，进口税分为两种情况。首先，在大多数国家，对于类似的小件或低价物品，买方不会有任何额外支出。第二，在某些个别情况下，买家可能需要支付一些进口税或关税，即使他们购买的数量很少。至于具体的税率，请咨询您当地的海关。）

作为与客户直接接触的第一线人员，客服人员的态度时时刻刻体现着公司的价值观和经营理念。只有培养自己的沟通技巧，努力让客户满意，才能为公司带来最大化收益，实现自己的价值。为了更好地沟通，客服人员要多掌握一些话术，才能在不同语境下灵活地应对客户咨询。

任务三　客户服务转化率提升

在这个竞争激烈的市场环境中，售前客服沟通技巧及方法对于客服人员提供更卓越的服务至关重要。通过掌握有效的沟通技巧和方法，客服人员可以更好地与潜在客户建立联系，了解他们的需求和疑虑，并提供有针对性的解决方案。这有助于在潜在客户心中建立信任，增加客户的购买意愿，并最终促进销售，为企业赢得更多的客户和利润。

 任务描述

王雪担任售前客服一段时间后发现，自己的转化率比较低，这让她感到非常沮丧。王雪不明白为什么对产品感兴趣的客户在咨询后却导致客户流失。请你通过学习帮助王雪一起提高客户服务转化率。

 任务实施

步骤1：首先要根据售前客服这一阶段与客户具体的沟通话术，分析一下与客户沟通时存在的问题，并且提出改进建议，将具体内容填入表4-8。

表4-8　沟通话术问题分析

沟通话术	问题分析	改进意见
Customer: Can your product solve my problem quickly? Reply: Absolutely! Our product is the fastest on the market.	Misleading Statements：…	
Customer: I'm concerned about the durability of your product. How long will it last? Reply: Don't worry about that. It's not an issue.	Ignoring Customer Concerns：…	
Customer: What are the specific features of your latest software update? Reply: Umm… I'm not sure. It has some new things, I think.	Lack of Product Knowledge：…	
Customer: Can you explain the pricing structure of your subscription plans? Reply: It's a bit complicated. I can't really explain it right now.	Lack of Clarity：…	
Customer: I am having trouble understanding how to use your product. Reply: It's not that hard to figure out. Just read the instructions properly.	Rude or Dismissive Language：…	
…		

步骤2：为了提高售前服务的效率及准确性，要学会根据售前不同的情境整理话术模板（表4-9）。但由于具体的售前情境会有所不同，要注意根据客户不同的需求进行话术设计。

表4-9　售前沟通话术模板

营销情境	沟通技巧	沟通话术
Customer: Hi, I'm looking for a new laptop. Can you recommend a model that suits my needs?	热心引导，认真倾听	Absolutely! Could you please tell me a bit more about your requirements? Are you looking for a specific brand, preferred screen size, performance needs, or any specific features?

续表

营销情境	沟通技巧	沟通话术
Customer: I'm in the market for a new smartphone. What sets your product apart from the competition?	体现专业，精确推荐	……
…		

步骤3：在与客户沟通的过程中，话术模板可以起到指导和引导的作用，通过售前客户服务实践，深刻体会并总结话术模板的重要作用。

 学习评价

组织学生进行分享展示，从任务执行质量、效率、态度三个维度开展学生自评与教师点评，如表4-10所示。有条件的，可以邀请企业专家参与评价。

表4-10 客户服务转化率提升学习评价表

评价维度	评价内容		分值	学生自评	教师评价	企业点评
	目标观测点					
任务三 客户服务转化率提升	任务执行质量	理解售前客户服务的重要性	10			
		理解不同国家的文化差异，掌握邮件沟通的注意事项	10			
		掌握提升响应速度的方法	10			
		掌握售前客户服务的沟通技巧	20			
		能够灵活运用沟通技巧和模板及时妥善地回复客户信息，促成交易	20			
	任务执行效率	能够较全面分析沟通话术存在的问题并整理话术模板，在规定时间内达成任务	10			
	任务执行态度	具备敬业精神和精益求精的品质，能够通过不断地学习，精进沟通技巧，以此来提升自己	20			
总评	目标达成总体情况		100			

 知识储备

有效的沟通方法和技巧能够建立信任和良好的关系，帮助售前客服人员更好地理解客户需求，并通过针对性的解决方案吸引客户。同时，规范且个性化的沟通模板能够提高效率和一致性，确保每次沟通都能传递出准确的信息和专业形象。比如根据公司的经营类目——手机，售前客服人员可以准备关于如何选择合适的手机这个问题的回复模板：选择合适的手机要考虑多个因素，您可以告诉我您的预算、功能需求和个人偏好，例如喜欢摄影、看剧或游戏，喜欢的操作系统，如 iOS 或 Android，以及对存储容量、屏幕大小、电池续航的要求，我为您推荐更适合您的手机。

4.3.1 增强服务意识

跨境电商客户服务人员大多数通过线上沟通完成本职工作，客户服务人员的工作态度决

定一切，一开始就要摆正服务态度，处理任何事情时要多为客户着想，只有增强这种意识，才能真正地提高服务质量，进而提升客户体验的满意度，推动后续业务的开展。

1. 积极主动地服务客户

在和客户沟通时，客户服务人员需要摆正自己的位置，不是被动地等待咨询的服务者，而是主动的意见贡献者。跨境电商客服人员在接触客户之初，更应积极主动地进行售前客户服务，灵活而有弹性地为客户提供更好的服务，时刻注意体现专业精神，时刻对自己负责、对客户负责。

2. 灵活转变思路，提升售前体验

对于某些复杂的有技术难度的商品，跨境电商客户服务人员在知晓客户对该商品感兴趣后，可以主动提供相关的说明书及演示视频。这样可以直观有效地解决较为复杂的问题，打消客户在购买前对于商品买回去不会用的顾虑，提高客户体验和满意度。并且这种形式的说明书及操作视频具有可重复利用的特点，从长远角度来看，可大幅降低跨境客户服务工作的时间成本。

3. 跨越文化鸿沟，提高邮件质量

跨境电商客服人员面对来自全球 220 多个国家和地区的客户，需要具备跨文化沟通能力，尊重并理解客户的母语和文化背景，提高邮件质量。由于许多客户需要通过在线翻译工具来阅读产品页面和邮件，客服人员需要使用简单、平实的语言，确保信息简单易懂。同时，避免使用成段的大写字母，以免给客户留下不礼貌的印象。邮件结构应清晰，突出重点，并按逻辑进行自然分段，添加空行，以便客户快速浏览和捕捉重点信息。这些细节可以有效地提高沟通效率，增加客户对卖家的信任感，促进交易的顺利完成。

4.3.2 加快响应速度

（一）加快客服人员响应速度的重要性

当客户来咨询时，客服人员需要第一时间快速回复客户，因为客户买东西都会货比三家，可能会同时跟几家店铺联系，这时候谁在第一时间回复，谁就会占领先机。

在网店运营过程中，客户服务响应的时间长短，会直接影响网店的销量。客户服务响应的时间越短，客户的体验越好。数据研究表明，客户服务的首次响应时间在 10 秒以内比较合适，而平均响应时间在 16 秒内为较为理想的状态。

对于跨境电商行业而言，响应速度由于时差和网络延时的影响，一般很难做到即时回复，普遍响应时间从几分钟到几小时，甚至是几十小时不等，企业级卖家的客户服务人员一般也只能保证 24 小时内回复站内信和订单留言。

（二）加快客户服务响应速度的方法

1. 设置平台自动回复

随着各大跨境电商平台的不断完善，平台逐步开发并开放了设置自动回复的功能，这样不仅能提高客户服务效率，也能提高店铺的服务评分。例如，速卖通平台卖家可以对客户进行问候语和常见问题的自动回复。

2. 利用 ERP 系统进行自动回复

一般在 ERP 系统中，自动回复功能是利用常见回复板块进行的快捷回复设置，其功能和设置方式与前面介绍的平台自动回复功能类似。目前几乎所有的跨境电商 ERP 系统都具备此类功能。图 4-6 所示为店小秘 EPR 自动回复。

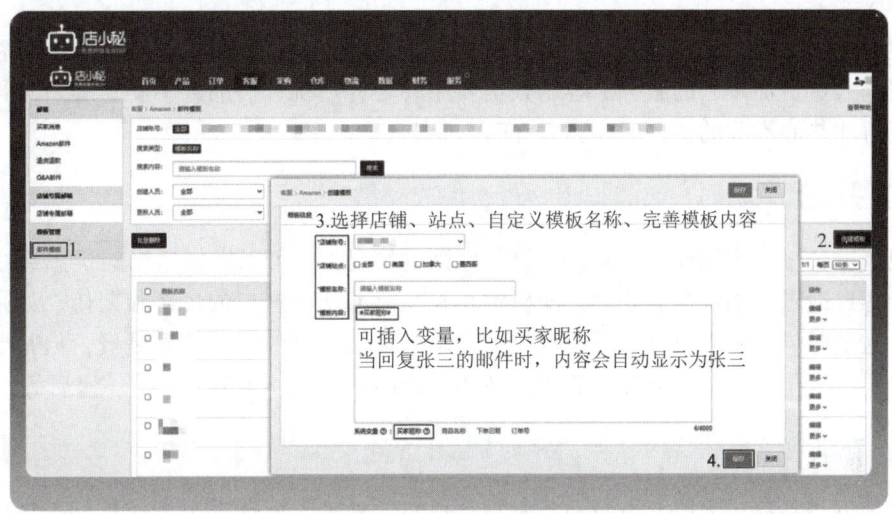

图 4-6　店小秘 EPR 自动回复

3. 熟练运用快捷键

传统的输入方法操作非常浪费时间，使用回复快捷键输入法设置会大幅提升客户服务人员的工作效率，尤其是在咨询量较大时，其效果更为显著。客服人员要熟练掌握快捷键的使用，如复制、粘贴、截图等快捷键，将其灵活运用在跨境客户服务与沟通的工作中，能够节省时间并提高工作效率。

案例分析：打造出色的跨文化服务

4.3.3　善用沟通技巧

（一）在和客户打招呼时，要"及时答复，礼貌热情"

当客户来咨询时，客服人员先来一句"您好，欢迎光临"诚心致意，让客户觉得有一种亲切的感觉。运用幽默的话语，沟通软件的动态表情可以增添不少交谈的气氛，能够让客户感受到客服人员的热情和亲切，增添对店铺的好感。

（二）在客户询问时，要"热心引导，认真倾听"

通过引导的方式，引导客户浏览更多的信息。当客户还没有目标，不知道自己需要买哪款时，要主动挖掘客户需求，要有目的地向客户推荐。如果询问的产品刚好没货，不要简单地回复没有，客服人员可以这样回答："亲爱的客户，很抱歉，您咨询的这款商品已经售罄，我们店铺正好刚到一批新品，不知道您有没有兴趣？"接着就附上新品相应的链接，方便客户阅览。

（三）在向客户推荐时，要"体现专业，精确推荐"

客服人员根据收集的客户信息，可以将最合适的而不是最贵的推荐给客户，让客户感受到客户服务人员更加热心的服务。客服人员要用心为客户挑选产品，不要让客户觉得你是为了获取利益才热心推荐的。

（四）在进行议价时，要"以退为进，促成交易"

在规范、公平、明码标价、坚持不议价原则的情况下，可以提供适当的优惠或小礼品来满足个别客户追求更加优惠的心理，随机的小礼品能够增加客户的惊喜和期待。如果客户说贵的话，这个时候客服人员可以顺着客户的意思，承认自己的产品的确是贵，但是要委婉地告诉客户要全方位比较，一分钱一分货，还要看产品的材质、工艺、包装、售后等。

（五）在进行订单核实时，要"及时核实，客户确认"

客户拍下产品后，客服人员应该及时与客户核实地址、电话等个人信息是否正确，另外要特别关注个性化留言，做好备忘录，有效避免错发、漏发等情况，尽可能控制售后麻烦和纠纷。

（六）在客户结束询问进行道别时，要"热情道谢，欢迎再来"

无论成交与否，客服人员都要表现得大方热情，特别是对于议价没有成交的客户。因为卖家的诚恳热情，客户回头再购买的概率也是比较高的。在成交的情况下，可以这样回答客户："您好，谢谢您选购我们的产品！""记得收藏我们的店铺，方便再次浏览！"

（七）在进行订单跟进时，要"视为成交，及时沟通"

针对拍下来未付款的交易及时跟进，客服人员要在适当时间与客户及时沟通核实，了解未付款的原因，帮助客户及时解决问题，以便促成交易达成。对于未下单客户，客服人员要适当催单，询问未下单原因，为客户解除疑虑，促进成交；对于最终未下单客户，客服人员可以次日再次询单；对于前期咨询过活动的客户，活动开始前先通知客户，可以有效地减少订单流失，也减少客户错过活动后期申请的麻烦。

对于跨境客服人员来说，在与客户沟通时难免会遇到各种各样的问题和困难，但当在工作岗位时，无论多辛苦，都应当把客服本职工作做到位，尽到自己的客服工作职责，爱岗敬业，以客户为重，始终对客户具有耐心，通过耐心细致地沟通，给客户留下一个好印象，从而获得客户信任。对于沟通回复话术必须精雕细琢，精益求精。在与客户交流时要树立精益求精的意识，把品质做好、把服务体验做好。

4.3.4 制作话术模板

当客服人员换位思考，从客户角度出发，如果客服人员回复不及时、工作敷衍、答非所问，可能会打消客户的购买欲望。反之，客服人员工作越细致，态度越好，客户就越容易产生购买的想法。售前客服人员通过话术模板能更好地回答客户问题，提高沟通效率并减少错误。同时，具备专业知识和推销话术的售前客服人员能建立客户对公司的信任和专业形象，提升公司形象。

（一）在客户到访时

当客户静默式浏览商品时，客服人员可以主动与客户打招呼，欢迎客户光临，同时要表现出热情服务的态度。

示例：

Welcome to our store! We're absolutely thrilled to have you here.

As your dedicated customer service assistant, I'm here to provide you with all the assistance you need. Whether you have questions, need recommendations, or simply want a delightful conversation, I'm at your service!

（参考译文：欢迎光临我们的商店！您能来我们非常激动。

作为您的客服助理，我将为您提供所需的一切帮助。无论您有什么问题，需要什么建议，或者只是想要一次愉快的交谈，我都会为您服务！）

（二）在客户询问时

当客户需要的商品缺货时，客服人员可以以热情的态度引导客户选择店铺的同类替代商品。

示例：

In the unfortunate event that the product you inquired about is currently out of stock, please accept my sincere apologies. However, I have some exciting news to share! We've just received a fresh batch of new arrivals that might catch your interest. I'd like to kindly invite you to take a look at our latest collection by following the link provided below：…

（参考译文：不幸的是，您询问的产品目前缺货，请接受我真诚地道歉。然而，我有一些令人兴奋的消息要分享！我们刚收到一批新货，可能会引起您的兴趣。我诚挚地邀请您通过下面提供的链接来看看我们的最新系列：……）

（三）在向客户推荐时

当客户说明了对产品功能、外观等偏好后，客服人员应根据专业知识和经验精准推荐符合客户需求的产品。

示例：

After carefully reviewing your information, we have handpicked a selection of products that we believe will meet your requirements. Each recommendation has been carefully considered with your best interests in mind. Please find attached a list of the recommended products along with detailed information about their features, benefits, and pricing.

（参考译文：在仔细审阅了您的信息后，我们精心挑选了一些我们认为符合您要求的产品。每一款推荐都经过了仔细的考虑，考虑了您的最大利益。请查收附件中推荐产品的清单,以及关于它们的特性、优点和价格的详细信息。)

(四) 在客户议价时

当客户要求折扣的时候,在无法降低价格的情况下,可以向客户说明会赠送随机礼品,并在订单上备注所赠送的礼品。

示例:

We offer a random gift as gestures of appreciation. I will make a note for your order. These offerings aim to add value and enhance the overall customer experience. We take pride in delivering products that meet rigorous standards and provide long-lasting satisfaction to our customers.

(参考译文:我们会提供随机小礼物以示感谢。我将帮您在订单上进行备注。这些产品旨在增加价值并提升整体客户体验。我们以提供符合严格标准的产品为荣,并为我们的客户提供持久的满意度。)

(五) 在订单跟进时

当客户拍下产品但未付款时,客服人员可以主动询问客户具体原因并提供帮助,通过商品即将售罄吸引客户尽快付款,促成交易。

示例:

Hello, I am ××× from the ×× store. I noticed that you have not completed the payment for the order you have placed in our store. This product is very popular and easy out of stock. so I would like to inquire about the payment status. Is there anything I can assist you with? If you have encountered any difficulties during the checkout process or have any concerns or questions regarding your order, please let us know at your earliest convenience. Our dedicated customer service team is here to help and ensure a smooth and satisfactory experience for you.

(参考译文:您好,我是××店的×××,看到您在我们店拍的商品还没有完成付款,这个商品很热销,容易断货,不知道什么原因没有付款,有没有什么需要我帮助的吗?如果您在结账过程中遇到任何困难,或者对订单有任何疑问,您可以告诉我,我将随时准备为您提供帮助,确保您获得顺利和满意的体验。)

(六) 在核实订单时

客服人员要及时进行订单核实,并确保在客户确认后进行下一步的操作。

示例:

We are grateful for choosing our products and placing orders with us. We appreciate your support and are committed to providing you with the best service. We would like to verify some important details related to your order. Could you please confirm the following details:

Delivery Address: ××××××

Contact Person: ×××

Phone Number: ××××

Order Remarks: ×××××

Please let us know if there are any updates that need to be made to your order information.

（参考译文：我们对您选择我们的产品并给我们下订单表示感谢。我们感谢您的支持，并致力于为您提供最好的服务。我们希望核实与您的订单相关的一些重要细节。请您确认以下细节：

  收件地址：×××

  联系人：×××

  电话号码：×××

  订单备注：×××

如果您的订单信息有任何需要变更之处，请告诉我们。）

（七）在客户结束询问时

客服人员在客户结束咨询后应表达感谢，欢迎他们再次光临。同时可以引导客户收藏店铺，拓展商机。

示例：

Sincerely hope that you will pay attention to our store so that you can browse our products again. If you have any questions or further requirements, please feel free to contact us. We are always here to help you. Thank you again for your support. We look forward to serving you in the future!

（参考译文：真诚希望您关注我们的商店，以便再次浏览我们的产品。如果您有任何问题或进一步的要求，请随时与我们联系。我们随时为您提供服务。再次感谢您的支持。我们期待未来还能为您服务！）

如果客服人员能够说服客户订阅店铺，则更有利于产品的推广。但是针对新老客户，推荐技巧略有不同。在向新客户推荐店铺时，主要强调店铺可以向客户推送最新的产品及促销信息。

示例：

Thank you for showing interest in our products. In order to offer a better service and keep you updated with the latest products and promotion, please subscribe to our store. Any problem of subscribing, please refer to http://hh aliexpress.com/alert subscribe.html.

（参考译文：感谢您对我们的产品感兴趣。为了提供更好的服务并让您了解最新的产品和促销活动，请订阅我们店铺。订阅的任何问题，请参考 http://hh aliexpress.com/alert subscribe.html。）

向老客户推荐店铺时，主要强调订阅后可以享受 VIP 服务以及积分折扣。

示例：

Welcome to subscribe to my store. By a few clicks you can enjoy our VIP service such as the latest updates from new arrivals to our best selling products on a weekly basis etc. As you are our old friend, you can enjoy our discount and credits accumulation after you subscribe to our store. Any problem of subscribing, please refer http://elp.aliexpress.com/alert.subscribe.html.

（参考译文：欢迎订阅我的店铺。只需点击几下鼠标，您就可以享受我们的 VIP 服务，如新品的最新动态，以及每周的最佳销售产品等。因为您是我们的老朋友，您订阅我们的商店后，可以享受我们的折扣和积分累积。如有任何订阅问题，请咨询 http://elp.aliexpress.com/alert.subscribe.html。）

📖 **课外阅读**

提供卓越客户服务，全力留住咨询客户

对于店铺来说，获得一个客户比留住一个客户要花费得更多，而留住客户的秘诀就是卓越的客户服务。如今的跨境竞争已不再是简单的"价格竞争"，更多的是"服务竞争"，客户比以往任何时候都更倾向于寻找一种既方便又省事的体验，满足客户才能赢得客户。

面对平台旺季时，不仅有大量的流量和订单，还会有大量的客服工作！售前的客户咨询、售中询问，以及售后的客户服务会密集而至，越是在旺季越是要做好客服工作，给客户留下体贴周到、一切为客户着想的好印象。货品选得对，营销做得好，也需要高质量的客服人员来适配！

1. 对店铺负责

一切客服工作的出发点就是对店铺负责。很多时候，在客户心中，客服就是店铺的形象代言，客服的态度也将直接影响店铺在客户心目中的形象。不管是在售前还是售后，跟客户直接沟通时，客服团队要对店铺负责，竭尽全力满足客户的需求。

2. 尊重！即使是最麻烦的客户也要尊重

不管是员工还是客户，做事情最基本的准则就是尊重。在客服日常工作中，有人打电话或在线咨询，就表明他们遇到了麻烦或问题，他们甚至已经开始了各种抱怨，这时无礼、不尊重只会让事情变得更糟。

Customers that stick 网站研究表示，"不尊重"是最让客户生气的一项。有时候遇到麻烦的客户时，客服团队也容易失控。但客服人员代表着品牌形象、店铺服务，客服人员反馈得好快最容易被广泛传播，所以保持耐心、冷静，始终让客户感受到尊重是非常重要的。

3. 快速响应及人性化设置

毫无疑问，客服人员的响应时间极为重要，当客户有问题的时候他们希望得到快速的答复。好在，实时聊天能帮助我们解决一次处理多个客户的问题，也可以确保客户的问题得到及时解决。同时，我们也可以通过设置多样问题、多样答复来尽可能多地解决客户问题。

一方面要快速响应，另一方面，要注重人性化的设置。一旦获知客户的姓名后，不管是在线聊天还是社交平台回复、邮件发送等，最好使用客户的名字，以拉近距离。

4. 要时刻记着道歉

对于非常生气的客户，单单说"对不起"是无法解决问题的，这还涉及对问题的理解和态度的真诚。客户期待的是一种真诚的、人性化的道歉方式，而不是连基本问题都不理解的方式。这看起来或许令人困惑，既要时刻记着道歉，又不能一上来就道歉，也不能仅仅只是道歉。耐心听取客户的问题，抓住问题的核心点，在给予客户有效答复的前提下，向客户表示真诚的抱歉。

5. 不要匿名

与客户沟通时，最好不要匿名，"我是某某在线客服"——告知客户自己的名字，会让客户有亲切感。Facebook 和 Twitter 等社交网络平台上的交流也是如此，当客服团队在社交平台或论坛上同客户有沟通时，最好加上客服人员的名字。这不仅便于客户做回应记录，也让彼此间的沟通更加人性化。

6. 及时跟进购买，做好客户反馈

客户服务并非被动的，并不是单纯地出现问题、处理问题，尽管投诉处理会占用客服团队大量的时间。如何去减少或避免大量的客服问题？可以从源头开始做订单跟进。

在客户完成购买时，客服团队即可跟客户取得联系，跟进他们的使用体验并询问他们对产品是否有任何问题。这样不仅能够及时与客户保持联系，还会给客户留下良好的印象，甚至会带动客户填写产品评论。

7. 不要忽视任何一个线上回复的机会

客户服务还有一个非常重要的工作部分，就是社交平台用户评论监控。有时候，心有不满的客户会选择 Twitter 或 Facebook 等社交平台来抨击某个品牌，而不是直接联系客服人员。这种时候，如果还是通过购物平台的在线客服系统联系客户，也许会让客户更加恼火。

不妨直接在社交平台上进行回复，并尽量解决客户的问题。如果有必要，不要忽视在任何一个平台做回复的机会，尽最大可能让客户感受到客服人员的重视。

 项目小结

售前客户服务与沟通是在与客户建立销售关系过程中最重要的环节，如何了解客户的真实需求、取得客户的信任显得尤为重要。我们只有通过各类途径分析客户心理，熟练运用沟通技巧，才能更好地促成交易。

本项目介绍了售前客户服务需做好的准备，如把握客户的心理，与客户进行有效的沟通等，并列出了售前常见的问题，给出了处理问题的方式方法。此外，本项目列出了售前向客户服务过程中包括客户到访、询问、议价等常见场景的沟通模板，熟练掌握并合理运用相关沟通技巧，可以加强客户下单意愿。

 同步测试

一、单项选择题

1. 客户发邮件咨询产品的尺码、颜色、优惠、色差等问题，属于（　　）的邮件。
   A. 售前类　　　　B. 售后类　　　　C. 物流类　　　　D. 售中类
2. 以下选项中属于售前客服人员工作内容的是（　　）。
   A. 接待客户　　　B. 处理退换货　　C. 查询物流信息　D. 处理投诉
3. 以下选项情形中，售前客服人员应对不当的是（　　）。
   A. 客户要求网店提供商品包装，客服人员表示需要另外收取费用，并咨询客户是否需要贺卡
   B. 客户表示没有收到商品，客服人员将当前对话转接到相关售后客服人员跟进管理
   C. 客户要求网店在 3 天内必须发出所拍下的定制类商品，客服人员拒绝并关闭订单
   D. 客户要求客服人员将同时拍下付款的淘宝商品，分成两个订单派送，客服人员了解情况后，请客户关闭原订单，重新分开购买
4. 客户首次进店咨询，作为一名售前客服人员最好的回复是（　　）。

A. 您好，欢迎光临本店，"做客户最信赖的智能家居品牌"是我们的服务宗旨！请问有什么可以帮助您的吗？

B. 嗨，欢迎光临本店，赶快买买买……

C. 想买什么，直接告诉我……

D. 感谢您对本店的支持和关注，亲亲收到产品满意的话请给5星好评，好评有返现。亲，要留意哦！

5. 以下选项中不属于售前客服人员工作内容的是（　　）。

A. 售前知识储备　　　　　　　B. 了解客户需求

C. 退换货处理　　　　　　　　D. 议价、催付

二、多项选择题

1. 售前沟通与服务是指客服人员在订单成交前，为客户购物提供相关指导，包括（　　）等内容。

A. 购物流程　　B. 产品介绍　　C. 支付方式　　D. 物流方式

2. 在跨境电商交易中，关于费用的相关问题，会涉及（　　）。

A. 批发购买　　B. 合并邮费　　C. 关税　　　　D. 产品价格

3. 客户下单后不付款的原因有（　　）。

A. 无法及时联系商家对细节进行确认

B. 发现运费过高

C. 对同类商品需要再进行比较

D. 付款过程出现问题

三、判断题

1. 售前客服人员在进行产品推荐时，应该以为店铺获取利润为前提向客户推荐产品。（　　）

2. FAB法则中的"F"主要是从产品的属性、功能等角度来进行卖点挖掘。（　　）

3. 客服人员早上查看订单时，发现有客户凌晨1点拍下了一件商品，早上8点客服人员可以打电话催付。（　　）

4. 为了避免分散客户的注意力，宝贝详情页中，最好不要显示关联销售的产品。（　　）

四、简答题

1. 客户在下单和购买商品时都有什么心理？

2. 客服人员在与客户沟通时，若回复不及时应该如何向客户表示歉意？请举例说明。

3. 如果客户要求在下单前寄样，客服人员应该如何处理？请举例说明。

4. 假设客户对于店内的某款商品非常感兴趣，但是下单后一段时间内并没有付款，这时客服人员应该怎样做？请举例说明。

综合实训

假设你是速卖通店铺 A women fashion store 的售前客服人员，该店铺主要经营女装产品。

来自德国的卖家 Sarah 对店铺中的一件连衣裙（如图 4-7 所示）很感兴趣，并向你咨询了尺码、物流、支付问题。请进行角色模拟，撰写相关英文邮件。

图 4-7　连衣裙

项目五

售中客户服务与沟通

 **项目介绍**

　　售中服务阶段是指从客户下单付款后到客户签收货物这个阶段。这一阶段的客户服务与沟通也是体现卖家服务质量的重要环节。本项目重点介绍售中客户服务与沟通,包括认知售中客户服务和售中订单控制与处理两个环节。

 学习目标

知识目标：
1. 了解售中客服的岗位职责与工作流程；
2. 掌握售中客户服务的沟通技巧；
3. 掌握订单处理及物流信息追踪的方法。

技能目标：
1. 能够熟练运用售中客户服务的沟通技巧提升客户购物体验；
2. 能够及时发现订单物流异常并主动和客户沟通、协调处理；
3. 能够妥善处理特殊订单，解决客户问题。

素质目标：
1. 培养学生责任意识，使学生在核实订单信息、特殊订单备注处理时更加耐心细致；
2. 具备较强的独立思考、理解分析能力，行动力强；
3. 遵守职业道德，严格保护客户个人信息，不泄露特殊订单要求。

 知识导图

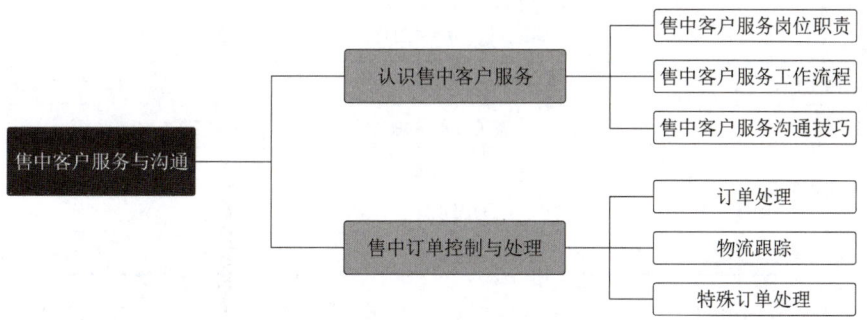

任务一　认知售中客户服务

售中客服人员需要学会解答客户在购物过程中的任何疑问，主要围绕订单后处理、物流情况跟进以及特殊订单处理几个方面的内容。客服人员应提前准备好相关话术并及时给予回应。

 任务描述

李霏被安排担任速卖通店铺售中阶段的客服人员，之前她是负责线下交易的全流程的客服，但现在作为售中阶段客服，很多具体事物并不清楚。售中阶段的具体工作范围是哪些？对于客户提出的问题应该怎样回复比较好，尤其当出现物流问题时，应该怎么办？请你通过学习帮助李霏熟悉售中客户服务的工作内容及服务技巧。

 任务实施

步骤1：为了更好地有针对性地开展工作，首先要理清楚在售中阶段的工作内容，以此作为接下来准备工作的依据。整理结束后填入表5-1。

表5-1　售中工作内容

服务阶段	岗位职责	涉及的具体内容
售中阶段	核实订单信息	
	商品发货	
	物流跟踪	
	……	

步骤2：在上岗前收集一些售中阶段客户询问频次较高的问题，并整理好话术，以便后续工作高效地开展，如表5-2所示。

表5-2　售中客户问题及相应话术

客户咨询内容	客户问题	对应话术	注意事项
取消订单	For some reason, I don't want the goods I just placed. Can I cancel the order?	未发货话术： 已发货话术：	
修改地址	……		
长时间未收到货			
……			

步骤3：由于长途运输，售中阶段客服人员与客户沟通的时间最长，并且需要处理一些客户关心的问题，一旦处理不当可能导致客户拒收等问题。为了更好地服务客户，李霏接下来准备了解售中客服服务技巧。请利用网络，收集售中客服人员技巧的相关内容，将你认为最重要的5个技巧填写在表5-3中，并对其进行详细介绍。

表 5-3　客服人员售中服务技巧

售中服务技巧	适应情况	详细介绍
学会倾听	整个售中阶段	
及时追踪物流状态	客户询问物流情况	
……	……	

 学习评价

组织学生进行分享展示,从任务执行质量、效率、态度三个维度开展学生自评与教师点评,如表 5-4 所示。有条件的,可以邀请企业专家参与评价。

表 5-4　认知售中客户服务学习评价表

	评价内容		分值	学生自评	教师评价	企业点评
	评价维度	目标观测点				
任务一　认知售中客户服务	任务执行质量	了解售中客服的工作流程	10			
		了解售中客服的工作内容	20			
		掌握售中客户服务的沟通技巧	20			
		能够熟练运用售中客户服务的沟通技巧提升客户的购物体验	20			
	任务执行效率	具备较强的独立思考、理解分析能力,能够快速达成任务	10			
	任务执行态度	具有责任意识,在核实订单信息、特殊订单备注处理时耐心、细致	20			
总评		目标达成总体情况	100			

 知识储备

售中客户服务重要性不亚于售前服务,因为它能够深入地了解客户需求,增加客户黏性和忠诚度。因此,李霏作为售中客服人员需协助客户处理订单,包括确认订单细节、检查库存的可用性、安排发货和提供物流追踪信息,确保订单的准确、及时交付,同时解答客户对于订单的相关疑问。同时,售中客服人员需要快速响应客户需求,并根据客户的需求提供专业的服务,确保客户满意,从而加强客户与公司的联系。

5.1.1　售中客户服务岗位职责

跨境客户订单付款后,店铺后台的订单交易状态有待发货、已发货、交易完成、订单关闭四种状态。图 5-1 所示为速卖通订单状态页面。售中客户服务的岗位职责包括订单处理、物流跟踪、特殊订单的处理等。在交易过程中,客服人员的服务质量对客户购物体验和评价有着至关重要的影响。因此,应该规范化售中客户服务,并制定明确的规则和要求,以提高售中客户服务质量。

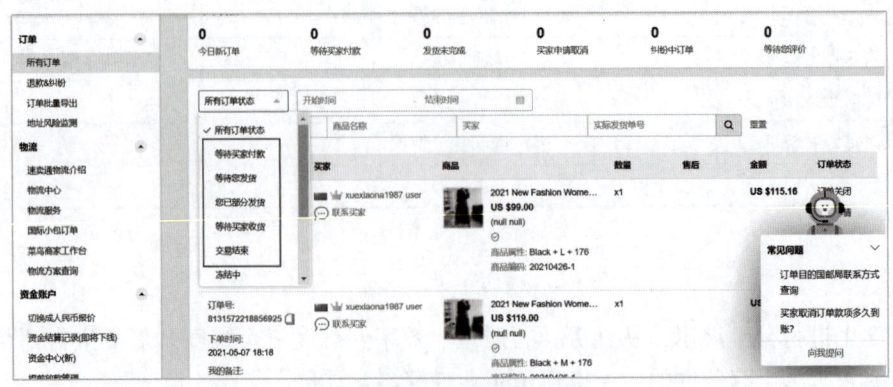

图 5-1 速卖通订单状态页面

5.1.2 售中客户服务工作流程

跨境电商售中沟通与服务主要负责订单的处理，工作流程主要概括为核实订单信息、商品准备与打包、发货邮寄以及物流跟踪四个环节。接下来具体介绍一下售中客服岗位的工作流程。

1. 核实订单信息

当买家下单并付款后，客服人员要及时请买家核对订单，检查收货地址、手机号码、商品品种、商品型号等信息是否正确，确认买家是否有特殊要求需要备注，避免因为买家的疏忽而造成信息错误，以减少不必要的售后问题。

2. 商品准备与打包

信息核对后，客服人员需要根据订单情况准备商品并打包。要做好打包发货的工作，应该兼顾考虑两个方面：一是包装材料的选择：结合商品特点，尽量选择来源广泛、成本低廉，可回收利用无污染的材料，并且要有效保护商品；二是包装增重问题，若是小包寄送，包装后的重量不能超过 2 kg。在商品准备与打包时，客服人员要特别关注个性化留言，例如礼品包装、承诺的赠品、留言卡等，有效避免后续纠纷。

3. 发货邮寄

商品打包完成后，卖家可以根据实际情况选择线上发货或线下发货。如果使用线上发货方式，那么客服人员需要根据商品的类别、规格、重量等信息以及买家的收件地址选择合适的物流方案，创建物流订单、打印发货标签，然后将货物交给物流商，并填写发货通知。

4. 物流跟踪

发货结束并不意味着卖家的工作就完结了。卖家关注物流情况，及时将物流进展告诉客户，能提升客户的购物体验。

在物流跟踪过程中，卖家需要与客户沟通两方面内容：一是货物运输的进展情况；二是运输途中可能遇到的情况。如果货物顺利出运，卖家可以根据物流显示的信息，在货物出运、货物抵达海关、货物到达客户当地邮局、货物妥投等时间节点及时告知客户，让客户在第一时间掌握货物运输情况，这有利于拉近与客户的关系并获得好评。

货物发出后，可能会遇到各种各样的问题，例如物流信息未能及时更新，货物没能按照预期时间到达客户所在地,由于特殊原因造成物流延误等。这些问题均会引起客户的不满,卖家需要及时掌握物流信息,在第一时间告知客户,积极与客户沟通,尽量安抚客户的不满情绪,避免引起客户纠纷。

> [职业技能证书考点]
> 　　根据1+X跨境电商多平台运营职业技能等级要求(初级),在客户服务项目中的订单跟踪与反馈任务下,要求学生能够在订单生成后确认发货,处理取消订单、退款订单等问题。
> 　　例题:【单选题】下列不属于店铺售中客服岗位的工作内容的是(　　)。
> 　　A. 订单确认及核实
> 　　B. 装配商品并打包
> 　　C. 发货并跟踪物流
> 　　D. 推荐商品

5.1.3　售中客户服务沟通技巧

跨境电商除了提供的产品质量要过硬、价格要有竞争力以外,店铺的客户服务更要周到。

1. 表达对客户订单的感谢

客户下单后,客服人员应在第一时间发送感谢信,感谢客户的购买。例如,"Thank you very much for shopping with us."。同时可以告知客户会及时安排发货、更新物流信息。例如,"We will prepare the item and send it to you within 1-3 days by ePacket. We will keep you informed with the latest shipping information."。客服人员提前告知相比客户主动询问会大幅提升客户的体验感,提高满意度。

2. 主动、及时告知节假日等特殊情况

客户下单后都希望尽快收到商品,如果由于某种原因(如法定节假日),不能正常发货,需要直接告诉买家不能发货的原因,争取客户的谅解并提供相关解决方案。

示例:

Please note that there will be shipping delays due to the national holidays and your order might not arrive at the expected time.

(参考译文:请注意,由于国家法定假日,运输可能会延迟,您的订单可能不会在预期时间到达。)

3. 及时向客户反馈订单及物流信息

物流中的一些特定节点,如货物发出之后、货物到达目的国、货物抵达目的国海关货物妥投等,客服人员都应该发送通知贴心地告知客户。同时,通知中告知物流方式、发货时间、物流单号、目前物流的状态以及查询途径,或者在收到客户关于物流的咨询时第一时间回复,客户能够及时了解订单的进展,提高满意度。

4. 妥善处理特殊订单

客户下单后,可能会出现因为发货、物流、海关等原因不能正常出货或退货的情况。如果遇到这些情况，客服人员必须及时与客户沟通，避免引起客户的不满，甚至引起纠纷。

（1）客户下单后对支付、海关收税等情况存疑，客服人员需告知客户相关政策，确保商品顺利清关并送达客户手中。

示例：

For the taxes, you'd better refer to the customs office of your country for the latest policy.

（参考译文：至于关税，您最好咨询您当地的海关了解最新政策。）

（2）由于物流风险，无法向客户所在国家发货。这种情况客服人员要及时告知客户，解释问题原因，争取得到客户的谅解。

示例：

I am sorry to inform you that because of the extreme weather, we are unable to provide shipping service to your country recently.

（参考译文：很抱歉通知您，因为恶劣天气，我们近期无法向您的国家提供运输服务。）

（3）由于订单包裹超重，无法使用指定物流。

示例：

Hello, customer, the goods you ordered are overweight after packing, so I'm afraid you'll have to choose another logistic mode like ePacket.

（参考译文：客户您好，您订的货包装后超重了，所以恐怕您得另选一家物流，比如e邮宝。）

针对卖家错发漏发货物、客户不清关、海关扣关等情况，要及时告知客户，同时提出相关解决方案，比如给予客户一定的折扣弥补客户损失。

售中服务作为跨境电商客户服务中重要的一个环节，它的质量高低会影响店铺的转化率。要想做好售中服务，客户服务人员不仅要了解客户需求信息，进行有效跟踪，并帮助客户解决问题，还要做好每天的工作记录，记录每天的问题及解决方案。在以后的工作中，不断改进自己的工作方式、方法，提高自己的业务能力。

视野拓展：售中客户服务回复模板

任务二　售中订单控制与处理

售中服务的目标是为客户提供性价比最优的解决方案。跨境电商的售中客户服务与售前咨询和售后服务的工作不同，更多的是某一订单的问题，有可能是订单本身的问题，也有可能是平台操作的问题，客服人员需要进行有针对性的回复。

任务描述

李霏作为店铺的售中客服人员，经过前期的一番工作准备之后，就信心满满地投入售中阶段的客户服务工作中了。售中阶段主要是对订单进行处理以及对物流进行实时追踪，让客户及时了解物流动态。那么售中不同状态的订单要如何处理？遇到物流问题时如何解决？怎样沟通处理特殊订单？请你通过学习帮助李霏一起完成售中订单的处理。

任务实施

步骤 1：客户下单后，订单会转到售中客服人员的手中。接下来售中客服人员要同客户进行沟通，最重要的是要与客户确认订单信息。在这个过程中要注意话术的使用，将具体内容填入表 5-5。

表 5-5　处理订单话术表

项目	沟通话术
表达感谢	
核对订单信息	
礼貌告别	
……	

步骤 2：确认订单信息之后，要根据客户的订单顺序依次进行发货处理，要特意关注客户的备注留言，联系快递公司，按要求将客户商品进行发货。将具体发货流程填入表 5-6。

表 5-6　发货流程表

不同阶段	具体内容
询问客户有无指定快递	
选择发货方式	
创建物流订单	
……	
填写发货通知	

步骤 3：在发货以后，商品在运输途中，售中客服人员需要时刻注意物流的状态，以免出现特殊状况而没有及时告知客户。除了可以在跨境平台上查询以外，还可以通过官网以及第三方工具进行查询。表 5-7 所示为跨境平台物流查询表。图 5-2 所示为中国邮政速递首页。图 5-3 所示为 17TRACK 物流查询首页。

表 5-7　跨境平台物流查询表

查询方式	查询步骤	包裹状态
跨境平台		
快递官网		
第三方工具		

图 5-2　中国邮政速递首页

图 5-3　17TRACK 物流查询首页

步骤 4：在售中阶段，最需要注意的是产生的一些特殊订单。特殊订单一旦处理不好，可能会使客户不满意，导致订单被拒收。接下来需要整理分析公司提供的特殊订单客户服务案例，并思考总结特殊订单客户服务的方法及技巧，将其填入表 5-8。

表 5-8　特殊订单客户服务案例分析

案例	分析结果	对应解决办法
更改物流方式		
海关扣关		
存在物流风险		
遇到节假日等因素导致时效延长		
……		

 学习评价

组织学生进行分享展示，从任务执行质量、效率、态度三个维度开展学生自评与教师点评，如表 5-9 所示。有条件的，可以邀请企业专家参与评价。

表 5-9　售中订单控制与处理学习评价

评价维度	评价内容		分值	学生自评	教师评价	企业点评
	目标观测点					
任务二 售中订单控制与处理	任务执行质量	了解跨境物流的潜在风险	10			
		掌握订单处理及物流信息追踪的方法	20			
		能够及时发现订单物流异常并主动和客户沟通、协调处理	20			
		能够妥善处理特殊订单，解决客户问题	20			
	任务执行效率	能够根据订单编号快速查找订单；能够熟练地查询物流信息	10			
	任务执行态度	课堂活动参与度高，能够保持积极的态度寻找解决问题的方法，遇到挫折不会轻易放弃；工作耐心、细致	20			
总评		目标达成总体情况	100			

 知识储备

售中订单处理直接关系到客户的满意度，如果处理不当会给客户带来不良的购买体验和印象，从而影响客户的忠诚度和口碑。因此，对售中订单的处理要严格把控，确保客户能够及时、准确地收到所需的产品和服务。

比如当售中客服人员收到客户提交的订单时，首先要仔细核对订单细节，包括产品型号、规格、数量、价格等，确保订单信息准确，并与客户核实任何不清楚或有疑问的部分。其次需要确认所需产品是否有足够的库存。对于一些热门产品或限量产品，库存可能会有限。如果产品缺货或库存不足，售中客服人员应及时与客户沟通，提供替代产品或协商新的交货时间。一旦订单细节确认无误并且库存可用，售中客服人员会安排产品的发货，这时需要与仓库或物流部门进行协调，确保订单在规定的时间内发出。最后及时向客户提供物流追踪信息，包括快递公司、追踪号码和预计到达时间，帮助客户跟踪订单的运输过程，及时了解订单的进展。

5.2.1 订单处理

订单处理是跨境电商的核心业务流程。优化订单处理过程，缩短订单处理周期，提高订单满意率可以进一步提高客户服务人员的服务水准，并提升客户满意度。良好的订单处理能力在店铺运营中可以节省大量的人力、物力、时间和金钱。

从客户进店拍下产品开始，会出现很多个订单节点，也就是订单状态。订单状态分为等待客户付款、客户已付款、卖家发货、交易成功等几个环节，每一环节都需要客户服务人员去做相应的工作。

（一）状态一：客户已付款

客户付款并通过跨境电商平台风控管理部门的资金审核后，客服人员可以通知客户已收到货款，并承诺尽快发货。为了提高卖家的购物体验，速卖通卖家一般发货期限设定在2~3天，除个别品类外，最长期限为7个工作日；如遇特殊情况不能在7个工作日内交货，卖方可以与买方协商，买方在后台操作协助延长交货期。如果卖家逾期未发货而导致"成交不卖"，会影响卖家等级。

卖家还可以在订单页面通过单击客户姓名下方的"Contact"按钮，告知客户已看到了付款，并承诺尽快发货。

示例：

Your payment has been confirmed. We will ship your order within 7 business days as promised. After that, we will send you an e-mail notifying you of the tracking number.

（参考译文：您的付款已确认。我们将在7个工作日内发货。之后，我们将以电子邮件的形式向您发送物流单号。）

如果在客户付款后客户服务人员突然发现库存无货，此时应立即向客户说明，并向客户推荐类似的产品，同时将取消购买流程告诉客户，供客户选择。这种专业的操作方式往往可以赢得客户的谅解。

示例：

Thanks for your order. However, the product you selected has been out of stock. Would you consider the following similar ones：

http：//www.aliexpress.com /store /product/××××××1.html；

http：//www.aliexpress.com /store /product/××××××2.html.

If you don't need any other items, please apply for "cancel the order". And please choose the reason of "Buyer Order Wrong Product". In such a case, your payment will be returned in 5-7 business days.

（参考译文：感谢您的订单。但是，您选择的产品已售罄。您是否愿意购买下面相似的商品？

http：//www.aliexpress.com /store /product/××××××1.html；

http：//www.aliexpress.com /store /product/××××××2.html.

如果您不需要其他商品，请申请"取消订单"。请选择"买方订购错误产品"的原因。

在这种情况下，您的付款将在5~7个工作日内退还。）

如果客户下订单之后因为某些原因想要修改订单，如购买数量更改、尺寸尺码变更、运输方式改变等问题，客服人员应及时提供解决方案。

1. 回复商品信息修改

客户在下单付款后，需调整订单货物颜色、尺寸及数量。卖家若未发货，客服人员可以通过客户取消订单的申请后，让客户重新下单；若已发货，可根据实际情况，进一步与客户协商订单修改事宜。例如，"Sure, we will change the color from black to yellow accordingly for you. Best regards！"。

2. 回复地址信息修改

对于客户下单后提出订单地址修改的要求，客服人员应注意分清客户的真正意图。如果买家要求更改收货地址到异国，产生银行拒付的风险极高，不但可能会给卖家造成财务上的风险，而且会对卖家在速卖通平台上的信用记录造成极其不良的影响，平台会考虑对拒付率高的卖家限制部分服务。因此，客服人员需警惕客户将收货地址更改为异国的行为。

示例：

As to the rules of AliExpress, we can't change your address to ×××. We recommend you cancel your original order and fill in the correct address. Then you can submit your order with correct address again. Thanks.

（参考译文：根据速卖通的规定，我们不能将您的地址更改为×××。我们建议您取消原来的订单并填写正确的地址。然后您可以再次提交地址正确的订单。谢谢。）

3. 回复取消订单

在交易过程中，客户突然申请取消订单，客服人员需及时与客户沟通取消订单的原因，注意避免出现成交不卖的情况，根据具体情况选择同意取消订单或拒绝取消订单。

示例：

We receive an order cancellation request from you. We accept the cancellation, and please choose "I don't want the products".

（参考译文：我们收到您的订单取消申请。我们同意取消订单，取消原因请选择"我不想要这些产品"。）

然而，并不是所有提出取消订单的要求都可以同意的。例如，卖家已经发货，在这种情况下，客服人员需要向客户解释不能取消订单的原因，并提出解决方案，希望能取得客户的谅解。

示例：

We received your order change request but we are sorry to inform you that it is too late to change, because we have already arranged the shipment for you.

Please kindly check whether you can use the item at your end. If really not, please submit "Return & Refund" request so that we can return the money back to you provided the goods are intact.

（参考译文：我们收到了您的订单更改申请，但很抱歉通知您，由于我们已经为您发货，所以无法进行更改。

请您检查是否可以继续使用该商品。如果不行，请您提交"退货和退款"申请，我们会在货物完好无损的情况下将钱退还给您。）

速卖通平台为强调良好的营商环境和客户购物体验，会对进驻平台的各个卖家进行评价打分。因此，客服人员应尽量引导客户在选择取消订单原因的时候选择"不想购买"，这样不会对店铺造成不良影响，也不会影响店铺总体的评分以及商品排名。

> [职业技能证书考点]
>
> 根据1+X网店运营推广（初级）职业技能要求，在网店客户服务项目中交易促成的任务下，要求学生能够根据实际情况，对未支付订单进行恰当的催付，提高订单的付款率。
>
> 例题：【单选题】不属于客服人员正确的催付技巧的是（　　）。
> A. 从到货时间上暗示客户尽快付款
> B. 从促销活动的时效性角度提醒客户付款
> C. 从贬低竞争者商品上忠告客户
> D. 从解决客户付款疑惑的角度上进行提醒

（二）状态二：卖家发货

进入速卖通发货页面后，有两种发货方式供卖家选择，一种是线下发货，另一种是线上发货。如果卖家选择线下发货，在面对客户提起的物流纠纷时，有扣除卖家店铺服务分的风险；如果卖家选择线上发货，客户提起物流纠纷将不会扣除卖家店铺服务分。

1. 线下发货

卖家可以选择货运代理公司发货，然后在发货页面单击"填写发货通知"按钮。并且在"填写发货通知"页面中的"货运跟踪号"文本框中填写快递单号，如图5-4所示。

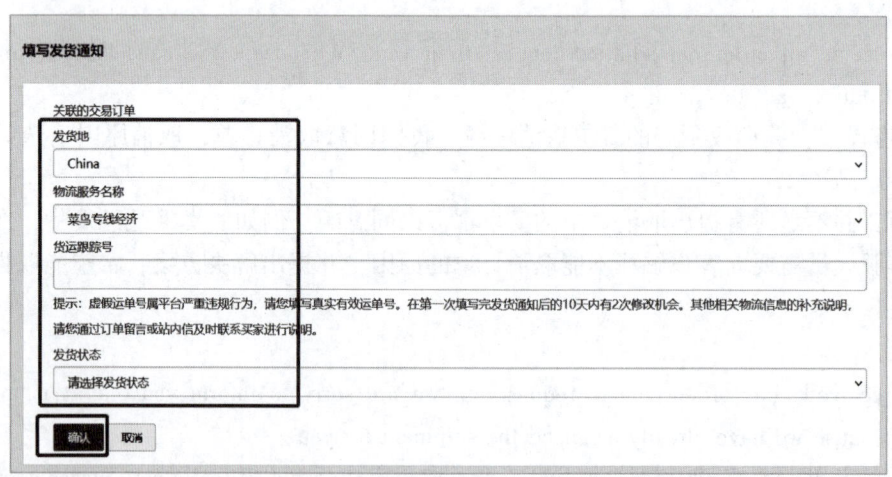

图5-4　速卖通线下发货页面

2. 线上发货

以速卖通为例，线上发货操作流程，包括六个主要步骤。

1）待发货订单选择线上发货

在速卖通卖家端主菜单中单击"交易"菜单，然后在交易页面左侧"管理订单"栏中单击"所有订单"的超链接。打开"我的订单"页面，在"等待您操作的订单"选项区域中单击"等待您发货"选项筛选等待发货的订单，单击订单最右侧"操作"栏中的"发货"按钮，然后选择"线上发货"，如图 5-5 所示。

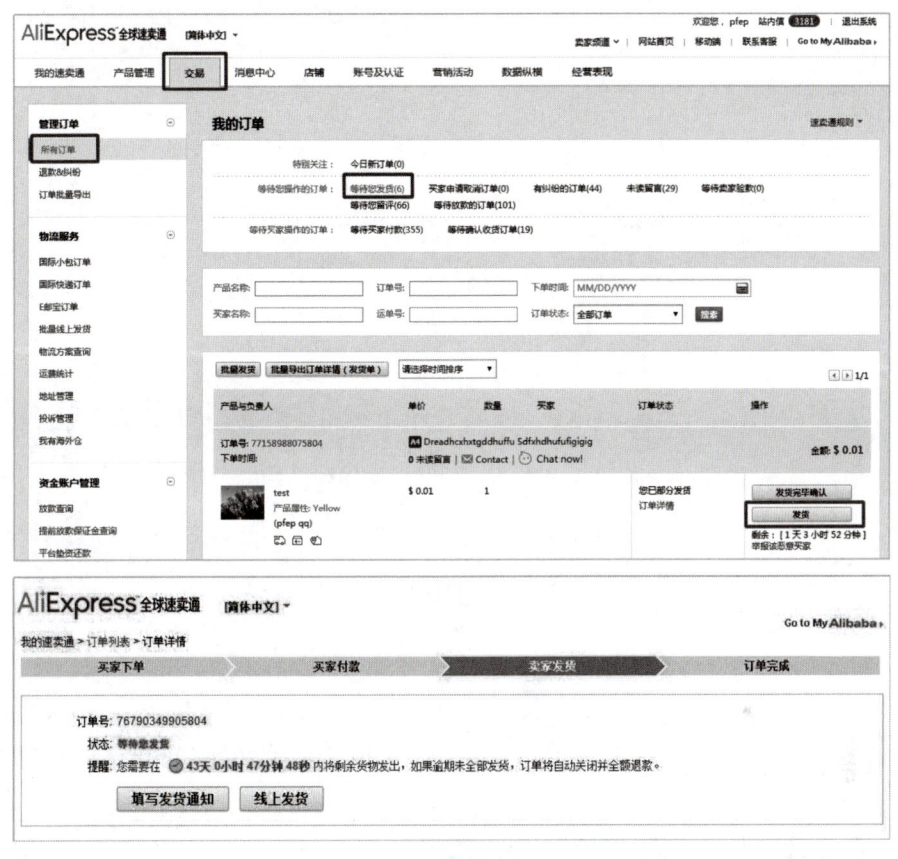

图 5-5　速卖通线上发货页面

2）选择物流方案

选择"线上发货"方式之后，系统根据订单信息列出可供选择的线上发货物流方案及预估运费，卖家根据实际情况和需要，在"服务名称"列表中选择合适的物流方案如"AliExpress 无忧物流-标准"，如图 5-6 所示。

3）创建物流订单

选择物流方案之后，出现"创建物流订单"页面，如图 5-7 所示。如果订单符合揽收规则，可以单击选中"申请上门揽收"复选框。如果订单不符合揽收规则，卖家需要选择"国内快递"，自行发货到国内物流商集货仓库并填写"国内物流单号"。卖家在发货前最好单击"查看寄送货物限制"，确认货物符合规定。

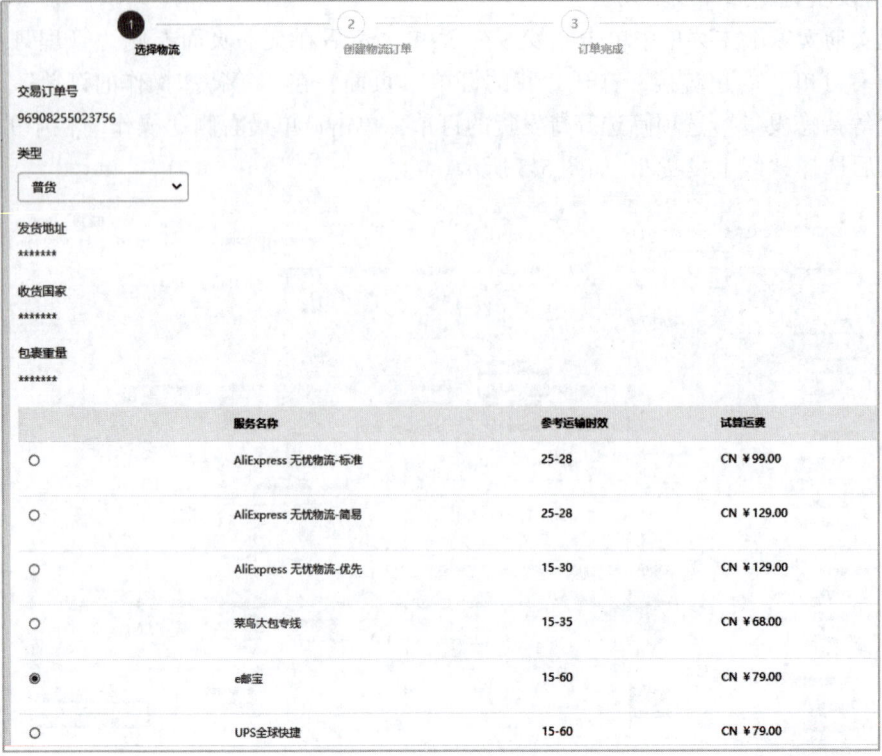

图 5-6 物流方案选择页面

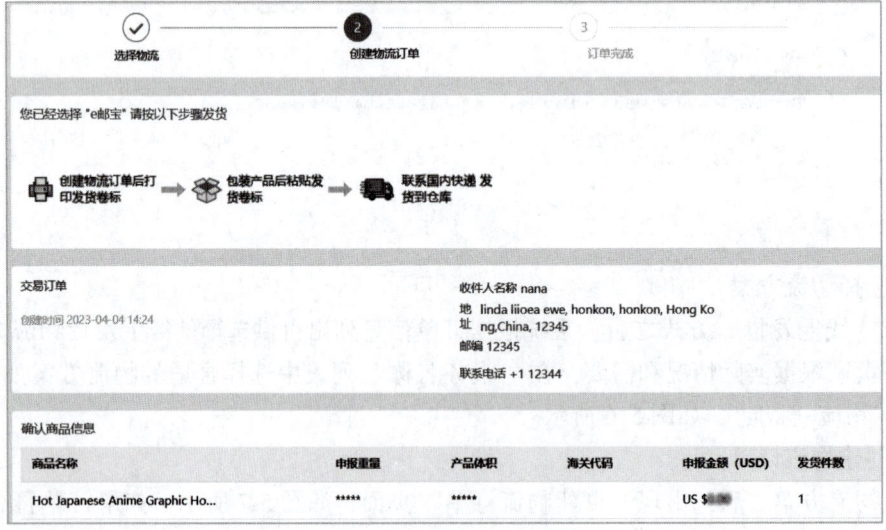

图 5-7 创建物流订单页面

图 5-7 创建物流订单（续）

4）货物打包/需打印发货标签

物流订单创建成功之后，卖家将货物打包，然后打印发货标签，可批量打印。打印完成后将发货标签贴在货物包裹外包装上，再将包裹交给物流商。图 5-8 所示为货物打包。

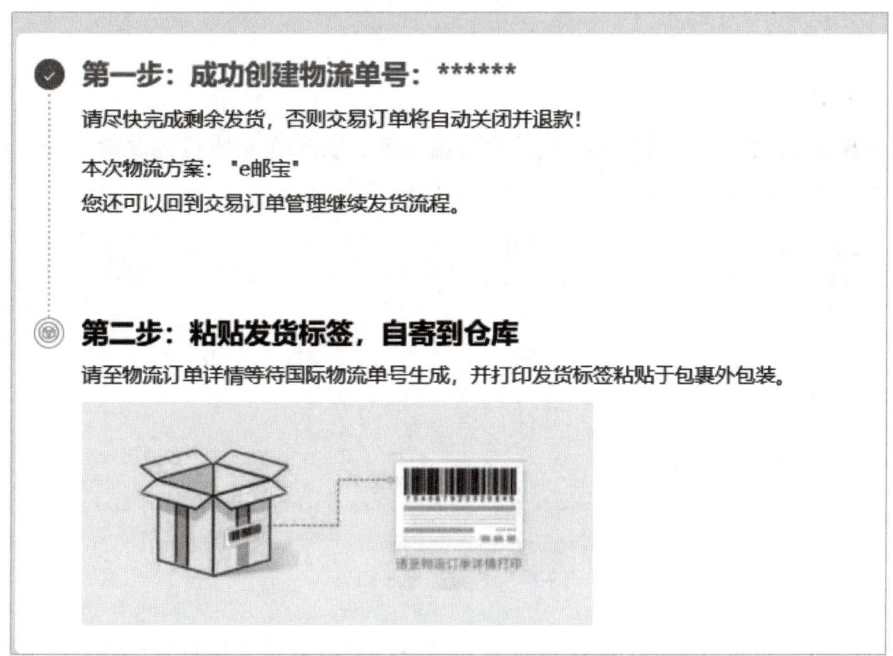

图 5-8 货物打包

客服人员掌握打包技巧能够有效减少售后纠纷，以通信产品为例，发货时要注意以下问题：确保使用适当的包装材料，如泡沫塑料、气泡膜或防震材料，以减少运输过程中的冲击和震动；产品应该被紧密包裹，并确保没有松动或移动的空间；在包装上的标记和标签上清楚地注明电子产品的内容和特性，例如产品型号、脆弱性和搬运注意事项；对于电子产品中的屏幕和其他脆弱部件，需要采取额外的保护措施，可以使用保护膜或屏幕保护器来保护屏幕，同时，在包装中添加额外的缓冲材料来保护脆弱部件。

5）交货给物流商，可上门揽收

符合物流商揽收规则的包裹，物流商会上门揽收。不符合物流商揽收规则的包裹需要卖家自行发货到指定仓库。具体揽收规则可在速卖通网站的物流版块中查看。图 5-9 所示为物流信息页面。

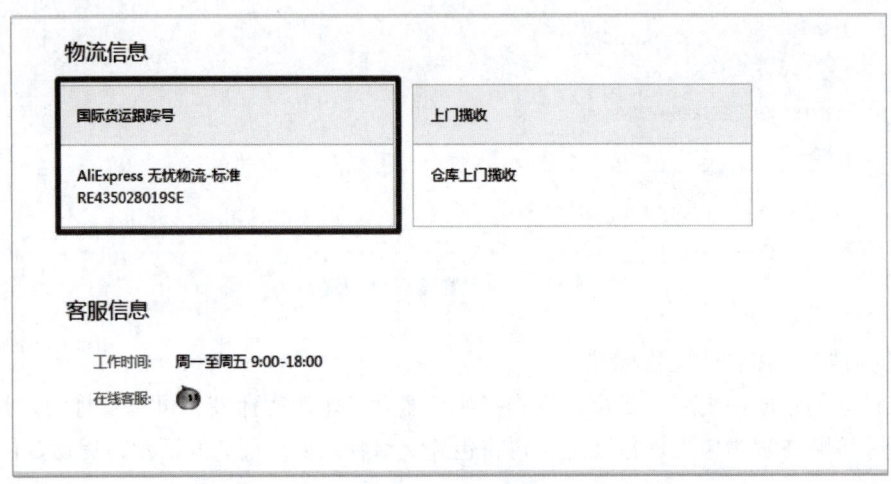

图 5-9　物流信息页面

6）填写发货通知

物流订单创建成功后，系统会生成运单号给卖家，卖家在完成打包发货、交付物流商之后，即可填写发货通知。图 5-10 所示为填写发货通知页面。

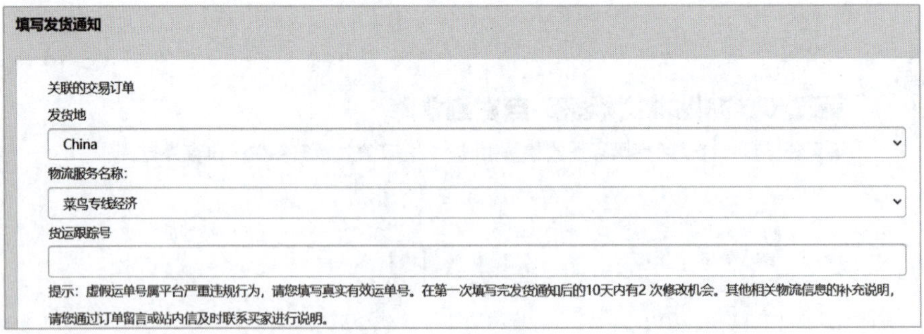

图 5-10　填写发货通知页面

卖家在发货之后应及时填写物流单号，并尽快将物流单号等信息告诉客户，让客户心中有数，增加客户对卖家的信任度。如果卖家选择的是线上发货，填写发货通知所需信息并提交，系统会自动生成发货通知并发送给客户。

如果卖家已发货，则可以在订单页面通过单击客户姓名下方的"Contact"按钮向客户发送发货通知。

示例：

The item ××× you ordered has already been shipped out and the tracking number is ×××. You can track the order in 2 days on the website ×××. You will get it soon. Thanks for your support！

（参考译文：您订购的商品×××已经发货，物流单号为×××。您可以在2天内在×××网站上跟踪订单。您很快就会收到它。感谢您的支持！）

客服人员在订单处理时要注意订单的处理顺序，秉承先收到先处理的原则，且优先处理承诺交货日期最早的订单，灵活处理交易中出现的各种问题，及时告知客户货物状态。订单处理的效率关系到客户的购买体验，所以客服人员必须及时处理各种订单。在服务中多一份细心、耐心，便可大大减少退换货等售后问题。

5.2.2 物流跟踪

跨境国际物流交货期长，时效不稳定，货物运输过程中甚至还常常会出现意想不到的状况，例如极端天气，货物被海关扣押，节假日配送延误等。物流快慢不仅影响买家的购物体验，还直接关系到跨境电商卖家的店铺评分。作为跨境电商客户服务人员，必须时刻关注物流动态，跟踪物流信息，及时将物流进展告诉客户。如果发现物流异常或产品需要清关，客服人员应主动和客户沟通、协调处理，减少纠纷的发生。

物流信息对于跨境电商是非常重要的。那么客服人员如何快速且正确地追踪物流信息和发货状态等信息呢？

1. 使用快递官网及货代查询

DHL/UPS/Fedex/EMS这些国际快递的物流信息可以直接在其官网进行查询。下面以DHL为例来看一下如何进行DHL国际快递单号查询。

利用官网方式：邮寄DHL国际快递，不管是在货代邮寄还是在官方邮寄或者其他第三方邮寄的，均可以在DHL国际快递官网查询。在DHL国际快递官网进行查询时，能够获得最新、最准确的包裹运输状态。目前，DHL快递中国的网站有了明显的进步，能更好地寻找查件入口。

利用货代方式：在货代邮寄DHL国际快递的好处显而易见，它能够以较低折扣使用DHL快递的运输服务，节省大量邮寄费用。如果在货代处使用DHL快递，那么可以在货代处进行查询。目前，有实力的货代都会搭建官网、配置物流管理系统，可以进行单号查询。

官网查询流程：进入DHL国际快递官网—选择地区，地区为China—单击主栏目"查件"—输入快递单号—获得包裹信息。如果客服人员直接进入的是DHL国际快递中国网站，那么可以直接看到网站主栏目中有"查件"选项，单击"查件"就可以获取快件信息了。图5-11所示为官网查询页面。

货代查询流程：由于货代并无统一的服务标准，因此货代的查询流程可能不尽相同，以某物流为例。进入某物流官网—主图下方会有明显的"包裹查询"栏目—单击"包裹查询"—输入最多10个运单单号—可以获得包裹运输动态。

但是在利用官网查询订单号时会有一个明显的缺点就是订单量太大的时候，查询效率就很低，这样会延长回复客户的时间，可能会引起客户的不满。

图 5-11　官网查询页面

2. 使用跨境电商平台查询

客服人员可以直接在平台上跟踪查询。以速卖通为例,客服人员可以在速卖通卖家端主菜单中的"交易"下拉菜单中单击"所有订单"子菜单,查看订单信息,如图 5-12 所示。

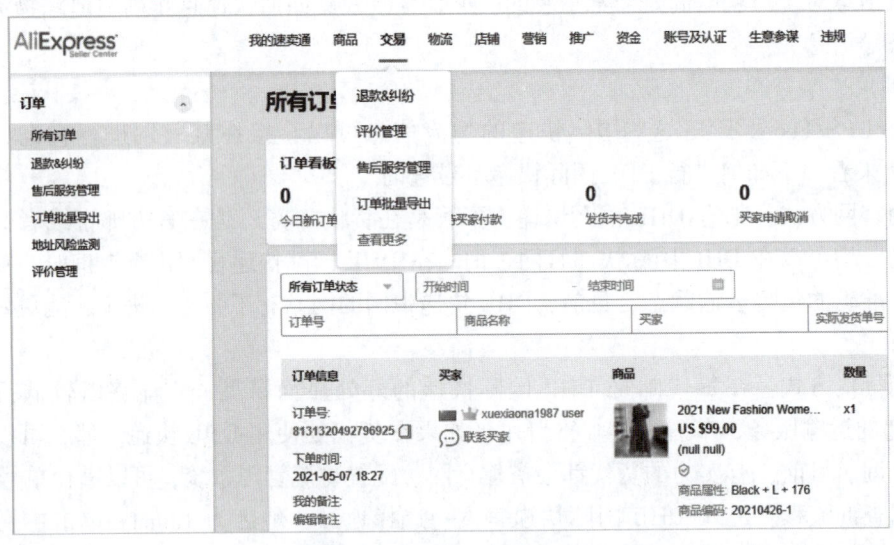

图 5-12　购买平台查询页面

打开相关订单后,在"订单状态"栏中单击"物流详情"按钮,可以查看实时物流情况。可以通过单击客户姓名下方的"联系买家"按钮通知客户,如图 5-13 所示。

在物流详情页面,客服人员还可以看到"包裹信息"栏显示"卖家声明发货""离开发件地""到达目的地""妥投签收"四个步骤,同时列出了"发件地"和"目的地",还显示已经完成的步骤以及完成时间。

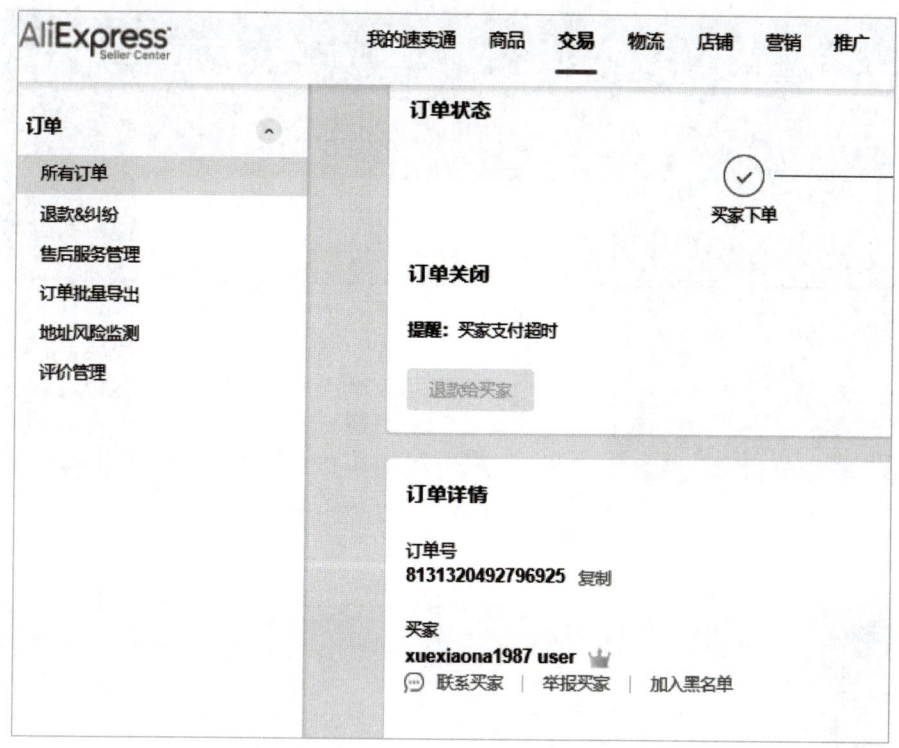

图 5-13　物流详情页面

3. 使用第三方物流网站查询

17TRACK 作为一个全球性的物流查询平台，它的主要功能是为客户提供便捷高效地追踪包裹状态及物流信息服务。通过 17TRACK，客服人员无须再单独访问每个国家运输商的官方网站来逐个查单。

17TRACK 的主要用户来自各种类型的购物平台，比如 eBay、阿里巴巴、全球速卖通、PayPal、亚马逊、敦煌网等，可以跟踪查询到航空小包或者国际快递的包裹。

此外还有很多知名的跨境物流服务商，如荷兰邮政、比利时邮政、法国邮政等，以及中国的优质跨境物流商，如燕文、飞特、顺丰国际等。

到目前为止，17TRACK 已经添加并支持超过 500 家物流商的上万种单号规则，将从运输商官网获取的查询信息进行数据判断、解析和结构化处理后，以最简单和直观的方式进行呈现，供用户使用。

那怎么才能正确地在 17TRACK 这个物流信息平台上获取信息呢？如何使用 17TRACK 进行物流信息实时跟踪？

1）添加物流商

进入内容管理后台，单击"设置"—"运费"—"添加物流公司"。在"选择物流平台"栏勾选"17TRACK"，然后单击"选择物流公司"栏的"运营商"按钮，如图 5-14 所示。

17TRACK 已覆盖了世界上大部分物流公司，用户可根据自己实际需求选择物流公司，单击"保存"按钮即可添加成功，此处以"China Post"为例，如图 5-15 所示。

图 5-14 选择运营商页面

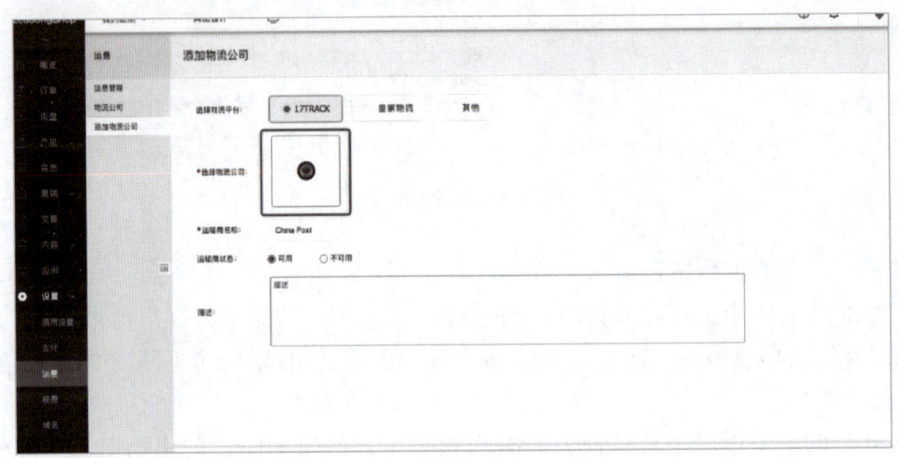

图 5-15 选择物流公司页面

2）卖家使用该平台进行订单发货

进入订单管理页面，在"订单"—"订单管理"中单击订单的"订单详情"按钮，查看该订单详细信息，如图 5-16 所示。

单击"去发货"按钮，在弹窗中选择需要发货的物流公司，并填上物流单号，单击"确定"按钮即可，如图 5-17 所示。

在后台完成发货步骤后，买家就能在他们的个人中心"Order List"页面上单击"View Detail"查看订单详情，如图 5-18 所示。

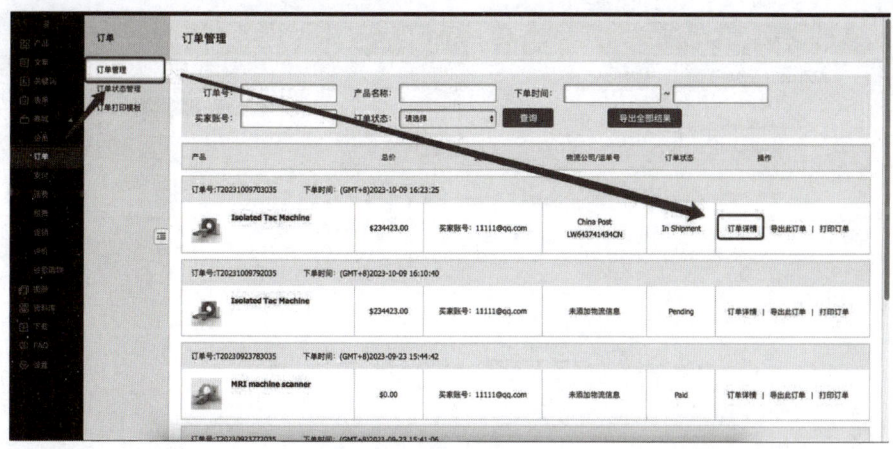

图 5-16　订单管理页面

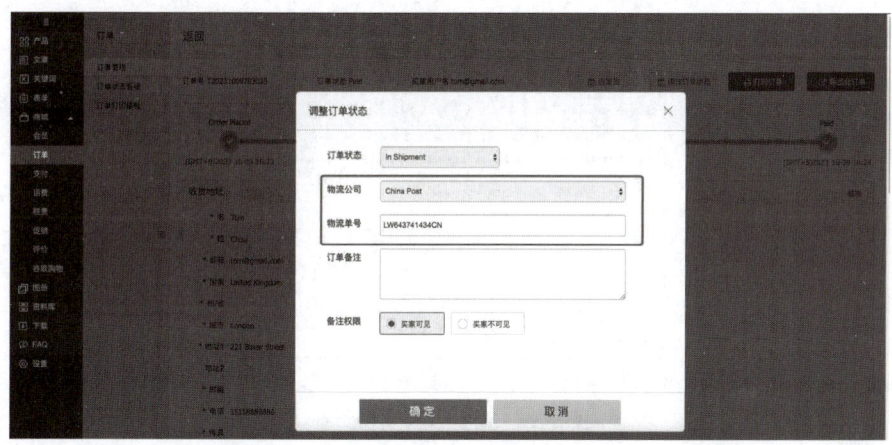

图 5-17　调整订单状态

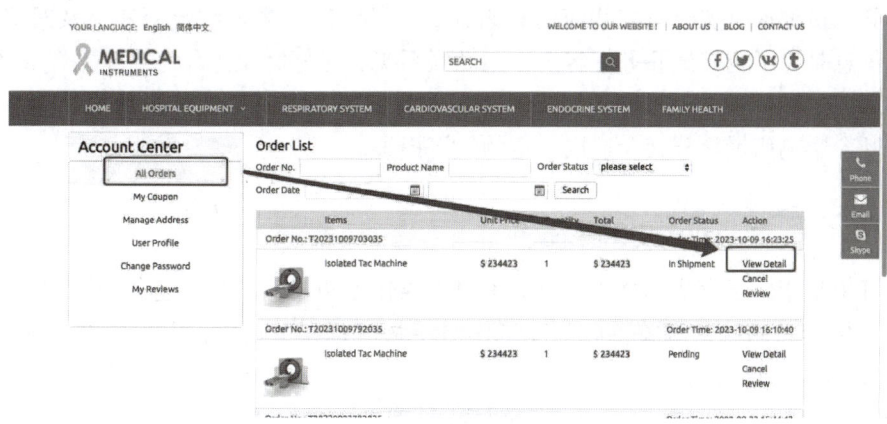

图 5-18　查看订单详情页面

在"订单详情"页面，单击"Shipment Number"后的物流单号，即可在弹窗中实时查看物流信息，如图 5-19 所示。

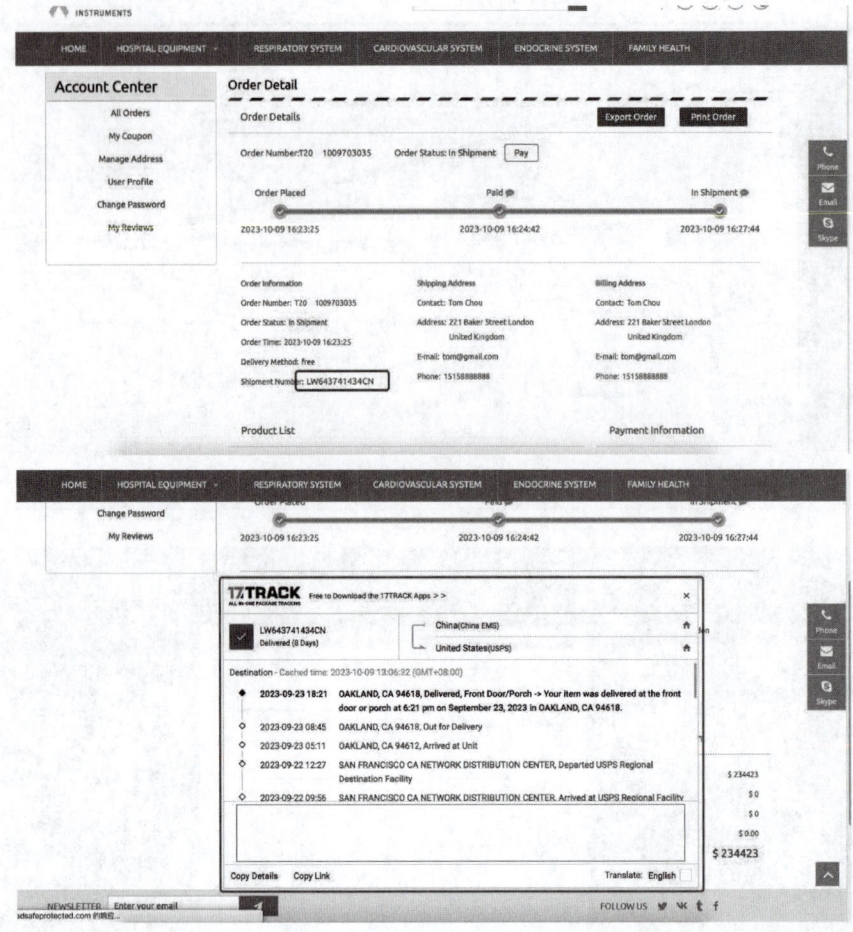

图 5-19　查看订单详情页面

国际包裹跟踪记录不一定始终准确。在某些情况下，包裹可能会延迟到达或者无法按时签收。客服人员要通过实时监控物流信息来筛查，及时发现异常物流问题，及时进行处理。追踪物流信息是为了更好地服务好客户，主动联系买家做好客服工作，将获取的最新物流信息告知买家。这样可以避免因异常物流处理不及时、买家不满意而产生纠纷、退款或差评，因为这样既会影响店铺评分又会造成一定的经济损失。

5.2.3　特殊订单处理

特殊订单是指由于发货、物流、海关等原因导致无法正常出货或退货的订单。其产生的具体原因包括支付问题、海关税收、发货困难、物流延误、错发、漏发、客户不清关等问题。图 5-20 所示为特殊订单。

思政园地：树立以人为本的理念，提供个性化的服务

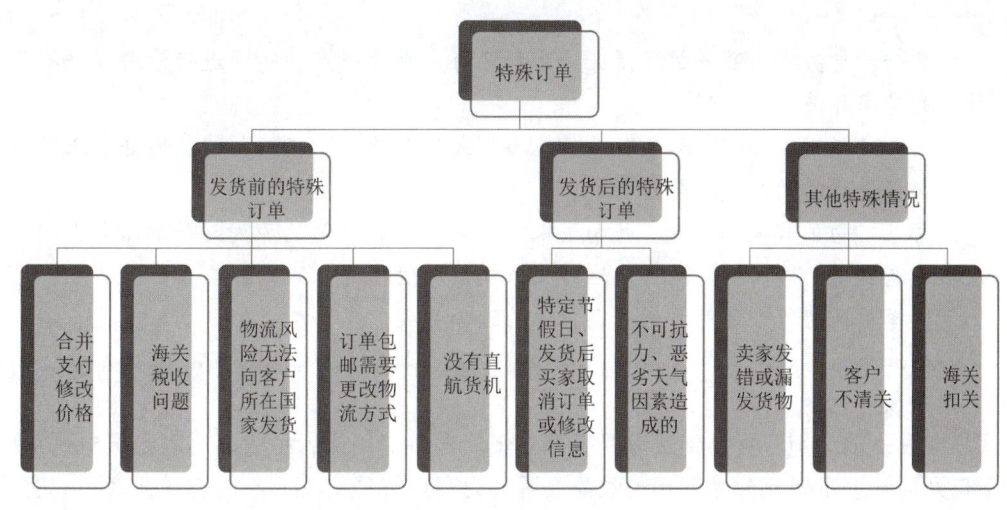

图 5-20 特殊订单

在处理特殊订单时，如果消极等待客户询问或推卸责任很可能会导致问题升级，客服人员需要站在客户的角度思考，发现特殊情况主动通知客户，解释原因并提出可行的解决方案，及时缓解客户的不满情绪，避免不必要的纠纷。同时，客服人员能够通过良好的沟通及专业化服务化危为机，赢得客户的信赖，提高客户满意度，为企业赢得更多的商机和口碑。

1. 发货前特殊订单

1）信用卡拒付

按照规定，海外信用卡用户有一个特殊权利：拒付。除了信用卡，其他支付方式如PayPal、Apple Pay 支付和 Google Pay 支付等，付款人都可以向支付机构发起拒付。客服人员需要及时联系客户了解拒付的具体原因，如果客户支付后因为感觉买贵了而产生拒付，客服人员要及时与客户沟通，同时可以给客户提供一定的价格优惠，以减轻客户的不满情绪，并引导客户撤销拒付或重新付款。

示例：

I'm sorry to give you a bad shopping experience. Although the price of our goods is slightly higher, our quality will definitely satisfy you. To show our sincerity, we can give you a discount of ×××; please reconsider it and confirm the payment again.

（参考译文：我很抱歉给您带来不好的购物体验。虽然我们产品的价格稍高，但产品的质量一定会让您满意。为了表示我们的诚意，我们可以给您×××折扣，请重新考虑一下并完成付款。）

[想一想]

假设你是一家跨境电商平台的售中客服代表。你遭到了一位买家的投诉，他在购买了一款商品后，商品一直未到货，经过查询得知商品被海关扣留并无法顺利清关。买家要求你解决这个问题并尽快将商品送达。

你需要面对以下情况，从中选择一种处理方案来应对：

> 方案一：与买家沟通并解释情况，告知他海关需要一定的时间进行清关，并提供预计清关时间和进展的更新。
> 方案二：与买家合作，尽快联系物流公司或海关代理，了解扣留原因并寻求解决办法，如提供所需的文件或补充资料。
> 方案三：向买家提供退款，并向买家解释无法顺利清关的原因，并承诺会在问题解决后重新发货。同时，应尽可能地为买家提供补偿措施，如优惠券。
> 请选择你认为最合适的方案并解释你的选择原因。

2）海关税收问题

客户在发货前会担心货物到达海关后需要额外支付费用或者税收。客服人员对这个问题不能信口开河，一定要充分了解相关政策之后再为客户答疑解惑，不能隐瞒或者引起客户误会，甚至欺骗客户。客服人员必须秉持诚实守信的职业准则，向客户如实说清楚，必要的时候应帮助客户查找当地海关信息，引导客户本人咨询。

示例：

In some individual cases, buyers might need to pay some import taxes or customs charges even when their purchase is small. As to specific rates, please consult your local customs office.

（参考译文：在某些个别情况下，即使买家购买量很小，也可能需要支付一些进口税或关税。具体的税率，请咨询您当地的海关。）

3）包邮问题

客服人员可以向客户清楚地解释公司关于包邮的政策和条件。例如，购买金额是否达到了包邮的门槛，是否存在特定地域的限制等。根据客户的具体情况，提供解决方案。如果客户的订单未满足包邮的条件，可以建议客户增加购买数量或选择其他产品以达到包邮的标准。如果符合包邮条件但未享受包邮服务，可以协助客户核对订单信息并提供相应的补救措施。

示例：

I'd like to explain our postage policy to you. According to the regulations of our company, orders need to meet a certain amount threshold to enjoy the postage service. At present, our postage threshold is ××× yuan. If your order amount reaches or exceeds this amount, we will provide you with free delivery service.

If your order does not meet the postage threshold, I suggest you consider increasing the purchase quantity or choosing other products to meet the postage requirements. In this way, you can not only enjoy free delivery, but also make better use of your shopping budget.

If the amount of your order has met the conditions of postage, but you still do not enjoy the postage service, I am very sorry for the trouble. Please provide the order number or related details, and I will check it in time and solve this problem for you as soon as possible. If there are indeed omissions in the postal service, we will give you corresponding remedial measures.

（参考译文：我想向您解释一下我们的包邮政策。根据我们公司的规定，订单需要满足一定的金额门槛才能享受包邮服务。目前，我们的包邮门槛为×××元。如果您的订单金额达到或超过该金额，我们将为您提供免费配送服务。

如果您的订单未满足包邮门槛，我建议您考虑增加购买数量或选择其他产品，以达到包邮条件。这样一来，您不仅可以享受免费配送，还可以更好地利用您的购物预算。

如果您的订单金额已经满足包邮条件，但您仍然未享受包邮服务，我非常抱歉给您带来的困扰。请您提供订单号或相关详细信息，我会及时核对并尽快为您解决这个问题。如果确实存在包邮服务方面的疏漏，我们将会给予您相应的补救措施。)

4）无法向买家所在地发货

针对一些特殊情况，如国家发生战争等，物流暂时无法向买家所在的国家或地区发货，客服人员需要与客户及时沟通，征求买家的意见，商议可能的解决方案，比如是否可以寄往其他国家或地区。

示例：

We are sorry to inform you that our store is not able to provide shipping service to your country. However, if you plan to ship your orders to other countries, please let us know. Hope we can accommodate future orders.

（参考译文：我们很抱歉地通知您，我们店铺无法提供您所在国家的运输服务。但是，如果您计划将订单运送到其他国家，请告知我们。希望我们能接受未来的订单。)

5）没有直航货机

有的客户所在国家或者地区，直航货机无法抵达。针对这些客户，客服人员应及时向客户说明情况：由于没有直飞航班，所有去往其所在国的包裹都要通过其他国家中转，所以在运输时间上很难控制。让客户对收货时间有一定心理预期。

示例：

Due to few direct cargo flight between Lithuania and China, the items shipped there has to be transited from other European countries. That make the shipping time hard to control.

Withour former experience, normally it will take 25-45 days to arrive at your country.

（参考译文：由于立陶宛和中国之间几乎没有直达的货运航班，运到那里的货物必须从其他欧洲国家中转。这使得运输时间很难控制。

根据我们以前的经验，通常需要 25~45 天才能到达您的国家。)

[职业技能证书考点]

根据1+X跨境电商多平台运营职业技能等级要求（初级），在客户服务项目中订单跟踪与反馈的任务下，要求学生具备一定的订单和运输问题的解决能力。

例题：【单选题】作为卖家，需要通过物流跟踪信息来判断货物风险是属于买家还是卖家，在买家签收之前，货物丢失或者损毁的风险，由谁承担？（　　）

A. 卖家

B. 买家

C. 物流公司

D. 菜鸟驿站

2. 发货后的特殊订单

1) 节假日等引起的可预测物流延误

当面对节假日等可预测物流延误情况时，客服人员应主动向客户传达延误信息，提前预警并解释原因，同时表示歉意并提供解决方案。客服需要保持沟通畅通，并根据实际情况，协助客户调整预期时间，提供追踪信息，或协助安排替代物流方案。客服应以友好和专业的态度处理客户的疑问和投诉，并努力保持客户的满意度和信任。

示例：

Due to the adjustment of logistics companies and the increase of orders during holidays, we expect that the logistics transportation time will be extended. This may result in your order not being delivered on time within the expected time. We apologize for this, and we will do our best to ensure the safe delivery of your order as soon as possible.

We understand your urgent demand for orders and the troubles caused by logistics delays. In order to reduce the inconvenience, we will keep tracking your order and provide the latest logistics tracking information so that you can know the order status. In addition, if you have any other special needs or questions, our customer service team will go all out to provide you with better solutions.

（参考译文：由于节假日期间物流公司的调整以及订单量的增加，我们预计会出现物流运输时间的延长。这可能会导致您的订单在预期时间内无法送达。我们对此深表歉意，同时我们也会尽最大努力，保证您的订单尽快安全送达。

我们理解您对订单的迫切需求，以及对物流延误所带来的困扰。为了减少不便，我们将不断追踪您的订单并提供最新的物流追踪信息，以便您了解订单状态。此外，如果您有任何其他特殊需求或疑问，我们的客服团队也将全力以赴，为您提供更好的解决方案。）

2) 天气、海关严格检查等不可抗力因素造成的物流延误

卖家发货后，严格的海关检查等突发状况也可能会导致运输时间的延长和客户收货时间的推迟。此时，客服需要在第一时间主动告知客户物流情况及卖家即将采取的应对措施，避免客户担心。如遇到海关查验，必要时可以与客户协商请其协助清关，最后要对此次给客户造成的麻烦致歉。

示例：

We received the notice from logistics company that your customs periodically inspected large parcel strictly recently. In order to make the goods sent to you safely, we wish you to consent to the delay in shipment.

（参考译文：我方收到物流公司的通知，最近你方海关对大包裹进行了严格的定期检查。为了使发送给你方的货物安全，我方希望你方同意延期装运。）

及时的沟通会让买家感觉到卖家一直在跟踪货物的状态，是负责任的卖家，若置之不理则会让买家误会。

旺季或者恶劣天气也可能造成物流延误。卖家应及时通知客户，表现出对客户订单的关注和负责。客服人员可以采用折扣、优惠券等方式对客户进行安抚和补偿。

示例：

Your order has been shipped since Monday. But we feel so sorry to inform you of a possible delay because of peak seasons or bad weather.

（参考译文：您的订单从星期一就已经装运了。但是我们很抱歉地通知您，由于旺季或恶劣天气，可能会有延误。）

3. 其他特殊情况

在跨境电商售中客户服务阶段，有时候也可能会由于卖家或买家自身的原因产生一些问题。无论什么情况，客服人员都应及时与买家沟通，尽快解决问题。

1）卖家发错货或者漏发货

发现错发或者漏发的情况，客服人员应该主动道歉请求客户的谅解，除了换货或者补货之外，还可以通过赠送小礼物、优惠券等方式安慰客户，提升客户的购物体验。

示例：

It is a pity to tell you that my colleague sent you the wrong bag. Could I send you again or we give you $10 refund? I guarantee that I will give you more discounts to make this up next time. So sorry for all your inconvenience.

（参考译文：非常抱歉通知您，我的同事给您寄错了包。我重新给您发货或者给您退款10美元可以吗？我保证下次会给您更多的折扣来弥补。很抱歉给您带来了不便。）

2）客户不清关

根据跨境电商的相关规则，客户是有义务清关的，但是客户有可能因为关税、怕麻烦等原因不愿意清关，客服人员要及时与买家沟通，一起寻求解决办法。

示例：

Thanks for your purchasing in our shop and we are sorry to tell you that your parcel was kept at the Russian Customs.

According to the rule of Ali, buyers have the duty to assist customs clearance and get the parcel. We also hope you can clear the customs as soon as possible and get the favor.

（参考译文：感谢您在我们商店购物，我们很抱歉地告诉您，包裹被扣留在俄罗斯海关。根据阿里的规则，买家有义务协助海关清关并获得包裹。我们希望您能尽快通关拿到。）

若遇海关扣关，客服人员需要及时确认扣关原因，积极与客户进行沟通交流，在安抚客户的同时，提出行之有效的解决方案供客户选择。

视野拓展：特殊情况之海关扣货

 **课外阅读**

海外仓，打通跨境物流"最后一千米"

中国海关总署最新数据显示，2022年，中国跨境电商进出口规模占全国货物贸易进出口总值的4.9%，占比与2021年基本持平。其中，出口1.53万亿元，增长10.1%，占全国出口总值的6.4%。随着跨境电商的迅速发展，中国企业加快搭建包括海外仓在内的跨境物流体系。目前建设的海外仓数量已经超过1 900个，总面积超过1 350万平方米，业务范围辐射全球，成为支撑跨境电商发展、拓展国际市场的新型外贸基础设施。

1. 跨境物流对接本土配送

共研产业咨询调研数据显示，中国跨境电商市场规模在2022年达15.7万亿元，继续实现跳跃式增长。跨境电商的迅速发展，催生跨境物流的多样化发展需求。海外仓不仅是跨境电商和跨境物流的产物，更是跨境电商时代物流业的大趋势。

2012年，看到跨境电商物流商机，长期从事物流行业的中国商人欧阳可与英国伙伴莫菲在深圳成立了皇家物流有限公司，向全球发货。自2014年4月在英国开设第一家海外仓至今，该公司已在欧洲、亚洲、美洲等地区的几十个国家建立海外仓。

"从中国发货到英国，如果使用传统物流方式，通常需要一个月左右时间运抵目的地。如今通过中国企业设立的海外仓，英国消费者可在两天内收到中国商品。海外仓形式增强了中国物流配送优势。"除了时效优势外，海外仓的批量进口可以节省高价值产品的增值税和进口关税，还有助于客户办理退货。在激烈的竞争背景下，有退货保障的电商无疑能树立更好的品牌形象。

"疫情防控期间，海外仓优势凸显，因为提前有较充足的备货，当地物流能更快地进行配送。"中国电商可在线上传订单，与当地英文系统无缝对接。借助海外仓，从采购、出口退税、代理进口报关、海外仓储，到最终整合本地物流发货，一整套国际物流方案让跨境购物更有效率。海外仓致力于降低成本、提高配送效率、提供一站式的解决方案，有助于解决中国产品在海外市场"最后一千米"的配送问题。

2. 优化海外消费者购物体验

考虑到疫情防控期间需要多"囤菜"少出门，住在西班牙马德里市郊的家庭主妇莱蒂西娅，不久前计划购置一台双开门冰箱。经过对比，她发现当地商场里的冰箱价格不菲，送货上门还要额外支付一笔运费。而在一家中国跨境电商平台上，一款双开门冰箱仅售399欧元，且免费送货，莱蒂西娅觉得很合适。下单后的第二天，冰箱就送到了家门口，莱蒂西娅惊喜不已。

该电商的海外仓西班牙站的供应链负责人周燕介绍，他们在西班牙拥有两个官方海外仓，另有超过10个第三方合作海外仓，货品实现西班牙、法国和波兰等地"3日达"，泛欧地区"7日达"。基于海外仓，商品退货、维修等售后服务也由本地承接，优化了本地消费者的购物体验。

来赞达是东南亚地区最大的在线购物网站之一，2020年3月在印尼新增了海外仓服务。喜欢在线购物的印尼姑娘拉德娜说："网购商品质量和价格都不错，最重要的是送货快。"

在广州速贸天下科技有限公司日本海外仓网站上，一名顾客在购买无线耳机后评价物流服务时留言："发货及时，到货很快，包装很好。"该公司创始人林雅志表示，2020年上半年，其日本海外仓销量增长了一倍以上，防疫用品成为最畅销的产品。

3. 提升外贸企业竞争力

海外仓的设立，直接拉近了中国卖家与国外客户的距离，推动中国商品海外营销，有效提升中国制造的全球竞争力。

以简诺电动平衡车海外销售为例。自2019年6月西班牙海外仓启用以来，该产品的整体备货成本下降15%，单个货品物流成本下降约20%，配送周期由跨境发货45天送达缩短至现在西班牙本地 24 小时送达，泛欧地区 5~7 天送达，经销商业绩也增长了 3 倍以上。

总部位于宁波的遨森电商，主营室内居家、户外藤编、运动健身、婴童用品、宠物用品等产品。依托"跨境电商+海外仓"模式，仅去年前三季度，就实现净利润 2.486 亿元，同比增长 1 936.4%。

"传统上，跨境电商根据订单单包跨境发货，海外仓则搭建了一个本地供应的闭环。"周燕说，当前形势下，海外仓在稳定畅通产业链供应链方面积极发挥了调节作用。此外，一些中国电商通过搭建海外仓，帮助所在国家的中小电商加快发展步伐。

如今，海外仓成为跨境电商发展的重要环节和服务支撑。未来，海外仓将在信息化建设、智能化发展、多元化服务、本地化经营等方面深入探索，助力中国产品更好地走向全球市场。

 项目小结

在整个客户服务一系列工作的过程中，售中客服人员与客户接触时间最长，也是最能体现客服人员专业性的环节，只有深入了解客户的需求，站在客户角度将客户需求与自身产品相匹配，才能更容易达成交易。

本项目主要介绍跨境电商售中客户服务涉及的业务范围以及工作流程，并依据不同场景给出了售中过程的沟通方式及技巧。同时，订单处理与物流跟踪也是售中贸易订单处理的重要环节，本项目以多个电子商务平台为例介绍了售中贸易订单的处理方法，并给出了特殊情况下与客户的沟通方式以及处理建议。

 同步测试

一、单项选择题

1. 以下选项中关于售中客户服务与沟通的说法不正确的是（　　）。
   A. 在售中阶段，卖家的服务质量是决定客户是否购买货物的重要因素
   B. 售中客户服务与沟通的主要形式包括书信往来、在线即时交流以及部分口语交流等
   C. 售中服务既是满足客户购买商品欲望的服务行为，又是不断满足客户心理需要的服务行为
   D. 交流时卖家应该主动、热情、耐心、周到，为客户提供最优质的服务解决方案，把客户的潜在需求变为现实需求，达到商品销售的目的

2. 以下选项中属于售中客服工作内容的是（　　）。
   A. 了解客户需求　　B. 订单跟踪　　C. 议价、催付　　D. 退换货处理

3. 客户前来咨询货物迟迟未发出的理由，以下选项中解决办法不正确的是（　　）。
   A. 礼貌接待，找客观因素，推卸责任
   B. 安抚客户，解释活动的因素，请求客户予以谅解
   C. 与客户沟通协商解决问题的方法
   D. 查询原因，快速反馈给客户信息

4. 客户称自己的父亲用另一个账号购买了本店产品，现在因为父亲出门旅游无法收货，

想替父亲修改收货地址以便自己代取快递，面对客户的请求，客服人员应如何处理？（　　）

A. 直接给客户修改地址，与人方便自己方便

B. 建议客户用购买的账号联系客服人员修改地址

C. 拒绝修改地址，可以退款重拍

D. 要求客户提供购买截图，再为客户修改地址

5. 以下选项中哪一项是回答禁用语。（　　）

A. 我不知道　　　B. 对不起　　　C. 请稍等　　　D. 不客气

二、多项选择题

1. 跨境电商售中客户服务与沟通涉及的环节有（　　）。

A. 收到订单　　　B. 物流跟踪　　　C. 关联产品推介　　　D. 特殊订单处理

2. 以下选项中属于商品在运输途中发生的情况是（　　）。

A. 货物在海关被扣

B. 物流信息未能及时更新

C. 货物没能按照预期时间到达客户所在地

D. 特殊原因造成货物延误

3. 在物流跟踪的过程中，为了让客户在第一时间内获取货物运输情况，需要与客户沟通的内容是（　　）。

A. 货物运输的进展情况　　　　　B. 货物库存情况

C. 后续工作流程情况　　　　　　D. 运输途中可能遇到的情况

三、判断题

1. 在和客户沟通时，应注意不要有意打断客户，在不打断客户的前提下，适时地表达自己的意见。（　　）

2. 客户下订单，仓库无货属于跨境电商售中沟通与服务的内容。（　　）

3. 包裹超出预计收货时间属于跨境电商售中沟通与服务的内容。（　　）

4. 跨境电商的售中服务阶段是指客户下单后货物出运的时间段。（　　）

四、简答题

1. 根据下面的问题给出合适的答复。

（1）Hello, I want to ask why my package has been stuck at the customs for so many days. Is there any problem?

（2）I have just paid, but I don't want this product any more for some reasons. Can I cancel the order now?

（3）When can my package be delivered? About how long can I receive it?

（4）Can I see the logistics information after delivery? About how long will it take to track the parcel?

2. 假设一位英国客户在店内购买了一件商品，但是现在包裹无法清关，作为客服人员应该怎么做？请举例说明。

3. 在售中阶段，跨境电商客服岗位的具体工作内容有哪些？工作范围包括哪些？请详细说明。

综合实训

学生分组,每组两人,分别扮演跨境电商平台的客服人员以及跨境买家,并根据下述的背景撰写相应的沟通邮件。

甲是来自巴西的买家,乙为速卖通中国卖家;甲在乙的店铺下单购买了一件男士 T 恤(如图 5-21 所示),两周之后没有按预期收到包裹,随后通过站内信询问乙原因;经查询,发现包裹滞留在海关。

图 5-21　男士 T 恤

项目六

售后客户服务与沟通

项目介绍

对于跨境客服人员来说,每天都会遇到不同的客户问题,例如未收到货、货不对版、不想要货了等。对于任何客户提出的问题,不管是因为客户、企业自身,还是第三方物流,客服人员都要摆正服务态度,妥善处理,否则损失的不仅是产品和跨境物流费用,还会进一步升级纠纷,影响卖家账号的表现和安全。那么,对于随之而来的各种售后问题,我们该如何处理呢?本项目重点介绍售后客户服务与沟通,包括售后评价的回复与处理、售后常规问题处理、售后纠纷的处理和平台售后服务操作四个环节。

 学习目标

知识目标：
1. 掌握售后好评、中差评及催促评价处理的技巧；
2. 熟悉处理纠纷和投诉的流程，并分析售后常规问题的处理方法；
3. 了解 B2B 及 B2C 的平台售后服务操作。

技能目标：
1. 能够制定各类问题的售后邮件模板，提升邮件回复的及时率；
2. 能使用站内信等聊天工具与客户沟通；
3. 具备各类跨境电商平台后台订单修改等售后服务操作能力。

素质目标：
1. 遵守平台规则及职业道德；
2. 具备跨文化交际意识和国际化视野；
3. 具备较强的沟通能力、应变能力，具备较强的团队意识和服务意识。

 知识导图

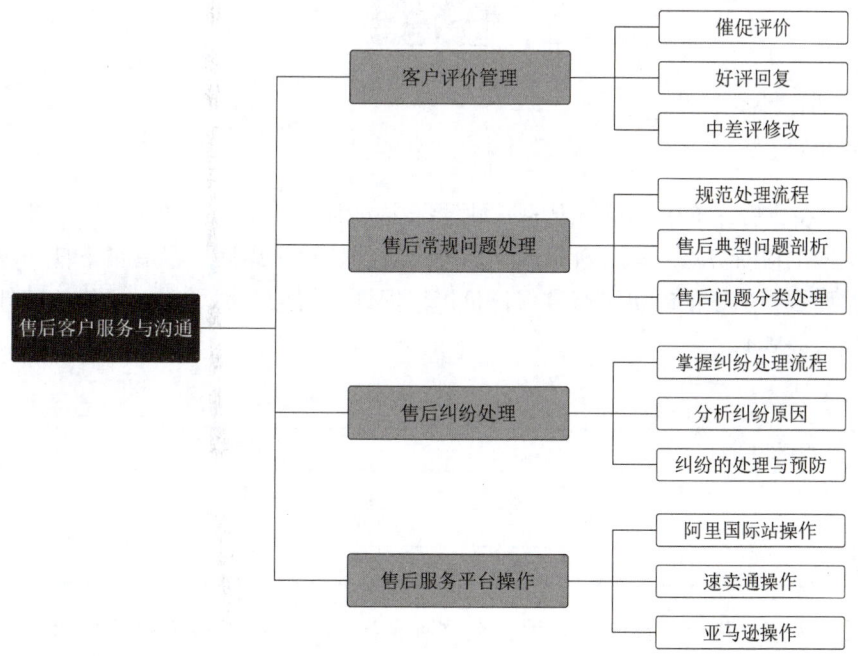

任务一 客户评价管理

订单评价是客户对卖家提供的商品和服务给出的最后证明与反馈。一般来说，各大跨境电商平台都希望客户在平台上获得良好的购物体验，所以平台对卖家的信用评价考核体系都非常严格，店铺及商品信用评分将直接影响店铺考核绩效，决定是否具备报名平台促销活动的资格，同时也间接影响商品曝光量、销售量及转化率。大多数客户在购买商品前都会查看其评价，评价越好的商品则越能够吸引更多的买家下单购买。因此，跨境电商客服人员应当高度重视客户评价。

 任务描述

林悠在浙江超卓有限公司从事跨境电商客服工作，主要负责亚马逊和阿里巴巴国际站的售后相关问题的处理。近期店铺的几款产品收到了负面评价，对产品转化率产生了不小影响。请你通过学习帮助林悠一起改善产品评价。

任务素材：网店订单及评价

 任务实施

步骤1：在售后评价中容易出现的三种情况，分别是未评价、好评、中差评，针对每种情况都有不同的应对方法。第一种情况：当客户收到货物一周后，没有留下任何评论。面对这个情况，要选择适合的时机进行催促评价。根据订单信息，撰写催促评价的邮件并将总结注意事项填入表6-1。

表 6-1 售后催促评价

催促评价的邮件	注意事项
	1
	2
	3

步骤2：买家收货后，给予了好评，在这种情况下，售后客服人员不应该直接忽略这个评价，对客户好评的恰当回复能够提升客户对店铺服务的满意度，促使客户乐于分享评价。根据客户好评内容进行回复并将总结注意事项填入表6-2。

表 6-2 售后好评回复

好评回复邮件	注意事项
	1
	2
	3

步骤3：针对具体客户做出的差评，分析原因，提出解决对策，并思考如何引导客户修改差评并撰写具体的回复信息。

（1）查看差评，从买家与卖家自身两个角度分析各差评的原因；

（2）针对差评的不同原因，思考并撰写具体的回复信息，引导客户修改差评，并填写表6-3。

表 6-3　售后中差评修改表

差评内容	分析差评原因	修改差评邮件

 学习评价

组织学生进行分享展示，从任务执行质量、效率、态度三个维度开展学生自评与教师点评，如表6-4所示。有条件的，可以邀请企业专家参与评价。

表 6-4　客户评价管理学习评价表

评价维度	评价内容		分值	学生自评	教师评价	企业点评
	目标观测点					
任务一　客户评价管理	任务执行质量	邮件格式正确，语言通顺	10			
		熟悉平台规则，能够顺利发出邮件	10			
		催评邮件的话术恰当	20			
		能够分析差评原因并提出合适的解决办法	30			
	任务执行效率	能够妥善处理客户评价，并通过模板提高邮件回复效率，准时完成任务	10			
	任务执行态度	遵守平台规则及职业道德，催促评价时不以利诱获取好评	20			
总评		目标达成总体情况	100			

知识储备

售后评价的回复处理是与客户沟通、管理客户关系的一种方式，也是促进客户再次购买的前提条件之一。尤其像通信类电子产品，客户也可能会不了解操作方式或因错误操作导致产品故障。售后客服人员通过及时回复售后评价，不仅可以向客户传达关注和认真负责的态度，也可以解决客户遇到的问题，避免不必要的退换货成本，提升客户忠诚度和信任度。因此，重视售后评价的回复处理对于维护品牌形象、提升客户满意度、提高销售业绩等方面都具有重要作用。

6.1.1 催促评价

在跨境电商的各大平台上,买家的好评是店铺推广的有力工具,每个卖家都想要获得更多的好评,而实际情况是买家的自然留评率非常低,这意味着客服人员需要催促买家评价。写催促评价邮件时要注意以下要点。

1. 注意发送站内信时不要使用违禁词

跨境电商平台对于催促评价是有严格要求的,客服人员要在平台规则允许的范围内进行催促评价。比如在亚马逊平台上,关于网站的链接、商品的营销信息、卖家的邮箱等都不可以出现在站内信中,不能利诱买家给予好评,如果在站内信中出现以上内容,可能会导致站内信不能发送,更严重的会导致卖家账号被封。

2. 注意催促评价的时间

当客户收到产品以后,要留出一定时间来让买家进行体验。如果马上就发送催评信件的话可能会引起客户的反感。客服人员应该选择在买家收货后的 3~7 天发送催评信件,并且具体时间最好在当地时间的上午 10 点左右,或下午 3 点左右,要保证不能打扰客户的休息并且保障客户能够收到消息并回复。若在客服人员发出站内信提醒客户评论 15 天后,客户仍未评价,这时可以再发一封站内信进行催促,特别是将店铺的链接或者商品名称列出来以明确提醒客户。

视野拓展:催评邮件模板

3. 注意催促评价时的话术

催评邮件中,态度要温和,切忌直接索要好评,以免引起买家反感。客服人员可以表示对客户体验的关注,询问客户对产品是否满意,如果客户不满意客服人员将尽最大努力帮助其解决问题。邮件中也表示出客户评价的重要性,例如:"客户的认可是我们最大的动力"。如果客户对产品或服务满意,希望客户尽快给予评价,礼貌地请求客户留下正面的评价,以帮助未来客户判断该商品是否适合他们,并表示感谢。

客服人员可以这样说:Dear customer, hello, your goods have been signed for. I wonder if you are satisfied with the goods you bought? Remember to comment if you are satisfied. Your support is very important to us! We look forward to your valuable purchasing advice to help other consumers determine whether the product is suitable for them.

接着,客服人员可以利用承诺的方式来引导客户参与评论,吸引客户的兴趣。客服人员可以这样对买家说:As long as you buy goods, you can enjoy special discounts. Evaluating goods can not only enjoy certain discounts, but also help us improve service quality!

同时,客服人员可以在邮件中贴心地附上评价页面的链接,以方便客户更快找到评价的地方,提高客户留评意愿。

最后,告诉客户"我们永远愿意为您提供优质服务"。这样既可以避免客户直接找全球速卖通，也可以更好地服务客户，提升客户体验，增加留下好评的概率。

6.1.2 好评回复

（一）好评回复的意义

对于电商平台的运营来说，客户好评的重要性不言而喻，客服人员应当认真对待每一条评价。客户进行好评以后，如果卖家一笑置之，不进行任何的回复，那么就有可能会使客户感到被忽视，从而产生不满情绪，导致客户不会再进行评价，店铺会因此失去一个优质客户。反之，如果客户的好评可以得到商家用心的回复，会更增加客户的好感度，从而将客户转化为店铺忠实粉丝，提高复购率和转化率。

（二）好评回复的注意事项

1. 及时回复，表示感谢

客服人员应该时刻关注店铺的后台，一旦发现客户给予好评，要及时地回复并表达感谢，也可以发送邀请，希望客户可以再次光临店铺，比如说 "I am very glad that you are satisfied with the products in our shop. Remember to come to our shop again if you need it next time."这样在无形中给客户留下好印象，对于提升客户的满意度也很有帮助。

2. 要做到差异化回复

客服人员在好评回复时要从不同的角度来回复，并且要根据客户的好评针对性地进行回复，而不是千篇一律。在称呼上，需要使用客户的名字，尊重客户，让客户有亲切感。在内容上，客服人员可以对客户评价的具体服务和产品特点来进行回复，比如说，如果客户评论说产品的材质非常好，并且穿着非常舒适（"This dress is chiffon, the fabric is slippery, it feels good, and it is very cool to wear."），那么客服人员就可以针对客户的好评内容进行针对性地回复。首先要表示感谢，然后再体现店铺的优势。例如，"Thank you very much for your support. The clothes in our shop are all made of high-quality fabrics, and will be made according to the characteristics of different clothes. It must be worth the money. Look forward to your next visit."。

3. 引用客户的评价

客服人员可以适当地引用客户在评价中说过的话，这样可以让客户感受到被重视被关注，从而增加对店铺的好感，提升客户的满意度。比如客户在评论中提到这件商品是三八妇女节送给妈妈的礼物，这时客服人员可以这样回复：Thank you very much for your support. I hope your mother will be more radiant after wearing this dress. 这样的回复是比单纯感谢的话会更让人有好感。

4. 态度热情，使用人格化称呼

客服人员在进行好评回复时要积极热情，在一定程度上能拉近与客户的距离感。并且可以使用恰当的人格化称呼，让客户更认可店铺的服务。客服人员可以这样说：Dear friend, thank you for your support. With your support, I believe we will do better and better. Next time you have a chance, come around again and see if there are any products you like, and we will provide you with appropriate discounts.

6.1.3 中差评修改

(一) 中差评产生的原因

由于客户给出中差评的目的、动机不同，因而在处理之前应该先对中差评产生的原因做出准确的分析。一般来说，产生中差评的原因有四种：对产品不满意、对服务不满意、对物流不满意，以及竞争对手或职业差评师恶意差评。

(二) 中差评的处理方法

1. 与客户沟通

客服人员应该针对具体情况具体分析，真诚向客户致歉，积极帮助客户解决问题。在与客户协商一致后，引导客户进行中差评修改。客服人员需要熟悉平台规则，注意评价修改时效，例如亚马逊平台客户只能在评价生效后一个月内修改评价为好评。

1）产品本身的质量问题导致中差评

如果产品有瑕疵，出现质量不过关这种问题，商家是需要承担全部责任的。这时客服人员可以先对客户道歉，并解释出现问题的原因，一定要及时地给出解决方案，例如询问客户是否需要重新发一件或者保留商品部分退款。客服人员的处理速度要快，要让客户感受到我们对于这件事情的重视，减轻客户的不满情绪，引导客户修改评价。

2）服务问题导致中差评

如果是客户因为其他客服人员的态度问题而基于差评，那么客服人员要首先代表出问题的客服道歉，让客户知道并不是所有的客服态度都有问题。同时，要及时向客户解释出现这种问题的原因可能是大促期间客服人员要接待的客户太多才导致消息回复得不及时等。解释时的态度要端正，心平气和，并希望客户能够理解，一定不要推脱责任。

如果是客户因为服务承诺未履约，存在额外扣费或购买后产品降价等情况，客服人员需要先对情况进行核实，并向客户解释原因，通过给予客户退差价的补偿，获得客户的谅解，引导客户修改评价。

3）发货物流问题导致中差评

当客户下单之后，最关心的一个问题就是购买的商品什么时候能够到达自己手中，因此对于物流问题是非常关注的。并且在跨境电商服务中，由于路途遥远，物流是最容易出现问题的环节。作为商家，首先要做到的就是及时发货，如果因为某些原因导致发货延迟一定要及时告知客户。如果因为物流问题导致客户给予差评，客服人员要与客户好好沟通，要认真倾听客户的问题，及时给予解决方案，可以适当地给客户一些好处，比如送小礼物或者优惠券等，一定要在这过程中打消客户的不满，引导客户修改评价。

2. 平台申诉

如果发现有竞争对手等给予店铺恶意差评，客服人员要保存好沟通内容截图以及评价截图，对不合理评价应进行申诉，然后由平台相关人员介入处理。

3. 评价解释

如果客户拒绝修改评价或者平台申诉失败，客服人员可以在相关评价下面进行解释，相信其他客户了解到真实情况以后也会理解。客服人员需注意在评价解释时保持礼貌和客观，避免情绪化或者攻击性的语言。

[职业技能证书考点]

　　跨境电商多平台运营职业技能等级要求（初级），在客户服务项目中的退换货与评价处理任务下，要求学生能够在客户留下中差评后，及时联系买家，了解原因，协商解决，提升店铺好评率。

　　例题：【单选题】买家因物流原因给出了差评，以下回复差评内容中最合适的是（　　）。

　　A. 诚恳向买家道歉
　　B. 解释物流问题的确没办法控制
　　C. 如实解释物流具体原因
　　D. 推卸说明物流问题不是卖家的责任

不论是催促评价、好评回复还是修改中差评，客服人员在处理售后评价时要仔细认真，和客户沟通时要端正态度，站在客户的角度上进行回复处理，能够以同理心赢得客户的理解，进一步提升客户对于店铺的满意度。

视野拓展：新手卖家必须知道的速卖通评价规则

任务二 售后常规问题处理

在进行售后处理时,客服人员一定要耐心细致地解决客户的每一个问题,只有分析不同售后问题产生的原因,根据客户需求提出有针对性的解决方案,才能提升客户满意度。

 任务描述

林悠担任售后客服期间,遇到了很多比较难缠的客户,也被一些客户投诉过。售后阶段是最容易产生纠纷的阶段,客服人员一旦处理不好客户提出的问题,就有可能遭到客户投诉或者被给予差评。平台大促马上开始了,请你帮助林悠对店铺以往的售后问题进行归类总结,以便做好充分准备投入大促活动,为客户提供更加贴心周到的售后服务。

 任务实施

步骤1:售后常规问题归类。

在处理售后阶段这些问题的时候,首先要对客户提出的问题进行分析,弄清楚是产品问题还是物流问题,还是客服服务问题等,不论买家提出什么样的问题,或者态度比较恶劣,客服都要调整好心态,尽职尽责地为客户提供解决方案,直到客户满意为止。整理信息并将其填入表6-5。

表 6-5 售后常规问题类型

买家问题	产生原因	问题类型
I received my package, but it is damaged. I want to return it.	快递的暴力运输	物流方面
……	……	……

步骤2:提出售后解决方案。

不同类型的售后问题需要提出有针对性的解决方案。在处理售后问题时,可以利用一定的技巧,在解决问题的同时还要提高客户的满意度,进而让客户产生信任感。请你帮助林悠整理问题,完成后将其填入表6-6。

表 6-6 售后问题处理表

类型	解决方案
产品质量问题的售后	
客服服务问题的售后	
物流出现问题的售后	
……	

步骤3:售后进度跟踪。

在解决售后问题时,还要着重注意对于问题的跟踪处理。例如在出现物流导致的投诉时,要及时跟进物流情况,并及时反馈给客户,而不是毫无作为,否则客户很难再次进行购买,客户的信任度也会降低。那如何进行售后问题的跟踪,请总结后将其填入表6-7。

表 6-7　售后问题跟踪处理表

售后问题	跟踪处理
产品质量	要及时跟踪重发商品的物流信息，并反馈给买家
……	

 学习评价

组织学生进行分享展示，从任务执行质量、效率、态度三个维度开展学生自评与教师点评，如表 6-8 所示。有条件的，可以邀请企业专家参与评价。

表 6-8　售后常规问题处理学习评价

评价维度	评价内容		分值	学生自评	教师评价	企业点评
	评价维度	目标观测点				
任务二　售后常规问题处理	任务执行质量	了解售后常规问题分类	10			
		熟悉售后问题的处理流程及方法	20			
		能够分析售后问题原因并提出针对性的解决方法	20			
		能够制定各类问题的售后邮件模板	20			
	任务执行效率	售后问题响应及时，能够通过邮件模板提升工作效率	10			
	任务执行态度	具有服务意识，与客户沟通时能够注意用词，不带入私人情绪	20			
总评		目标达成总体情况	100			

 知识储备

针对售后常规问题的回复处理，要进行详细的调查和分析，以确定问题的原因和责任，通过归类整理回复模板来提高问题响应速度及问题处理的准确性。跨境电商的客户往往来自不同的国家和地区，他们对售后服务的标准和要求也有所不同。如果客服人员能够在处理售后纠纷时充分考虑客户的文化背景和习惯，综合考虑多种因素，更好地维护客户的权益和满意度，从而建立起稳定的客户群体。并且客户所提出的问题和建议也会给企业提供宝贵的反馈和改进机会，通过不断优化流程和技术，不断提高售后服务的质量和效益，从而提升企业的竞争力和市场占有率。

6.2.1　规范处理流程

为了保障售后客户服务工作顺利展开，往往需要依照规范化的流程进行售后服务，下面具体介绍跨境售后问题处理的基本步骤。

1. 倾听客户诉求

客服人员的日常工作就是与客户沟通，倾听客户的心声是客服人员有效解决客户问题的基本要求。倾听是收集信息的过程，当客户提出疑问、需求时都能通过倾听来获取信息，这对理解客户至关重要。因为只有认真倾听和了解客户的问题之后，才能分析原因，做出适当的回应。

2. 真诚道歉

当客服人员面对疑难问题时，要理解客户遇到问题时的心情。所以在倾听并理解客户需求之后首先要做的就是代表店铺为其所造成的不便向客户道歉。以同理心和客户沟通，让他们知道你非常了解他们的感受。

3. 核实问题并分析原因

了解问题后要及时核实问题，进一步分析原因并明确责任。在核实过程中，如果是产品问题，有必要的可以联系客户拍照确认产品情况，再区分问题原因：卖家原因、买家原因、快递原因。注意客服人员在与客户沟通时一定要掌握一些沟通的技巧和方法，在咨询问题时，要用协商的语气。

4. 列出解决方案

客户咨询的目的是解决问题，并且是希望得到帮助的。因此客服人员需要迅速为客户提供准确的方案，并能在安抚客户情绪的同时提升客户的信任度，一定要向客户明确表示你们能为他做什么。对于问题的解决，客服人员可将自己认为最佳的 2~3 套方案提供给客户选择，既表达了对客户意见的尊重，同时也提高了沟通效率，如果客户提出异议，可再另行协商，等客户确认后再实施。

5. 实施解决方案

对待无法线上立即解决的问题，在和客户就解决方案达成共识之后，客服人员应当立即履行承诺，认真积极地帮助客户解决问题，不能累积客户问题，应减少客户重复咨询、情绪再次升级的可能性。

6. 采取额外措施

这是在对待投诉和疑难客户时格外重要的一个步骤，客服人员要表达的是店铺对客户的重视程度。通过满意度调查、跟踪回访等方式收集客户建议，提升客户体验。

7. 对问题进行跟踪

在根据与客户协商一致的方案进行处理后，需要对情况进行跟进，确认最终解决客户问题。处理完问题后，及时记录售后问题并总结。

在处理售后问题时，拖延会使客户不满的情绪加倍，客服人员要在第一时间进行处理。客户大多会情绪激动，有时候言语可能偏激。客服人员要学会倾听理解，与客户进行有效沟通，安抚客户情绪，并且要耐心细致，努力让客户满意，从而提高售后处理的效率及售后实际问题处理的满意度。售后问题处理是一门变废为宝的艺术，因此要把售后变成一次销售机会。这样的话，才不至于因为售后而流失老客户。

6.2.2 售后典型问题剖析

（一）退款处理

退款要求的出现往往是商品质量、误解商品描述或者未收到货等问题导致的。在处理退款请求时，要理解客户的退款原因，再根据情况判断。例如，如果是商品质量问题，在客户能接受商品瑕疵保留商品继续使用的情况下优先考虑与客户协商部分退款，如果协商不成功，再考虑退款。但如果是物流延迟，客服人员可以首先尝试协调物流，如果无法解决，再考虑退款。

案例分析：专业售后服务助力品牌出海

另外，退款操作完成后，要及时通知客户，以维持良好的客户关系。

（二）退货处理

由于跨境贸易运输距离远、时间长、成本高，甚至可能涉及关税问题，跨境商品退换货一般会比境内商品退换货成本更高。因此，如果商品的问题不大，仅存在一些轻微瑕疵，客服人员可以提出替代性解决方案，如提供大额优惠券、退还部分款项等，劝说客户撤回退货申请。如果商品无法使用，货值不高的可以直接送给客户并重新发货或者退款，以此维护客户关系，货值大的商品可以进行退货。

退货流程分为以下三个步骤。

（1）明确退货政策，包括退货流程、退货运费的承担方等。一般来说，如果是商品质量问题导致的退货，卖家应当承担运费；如果是客户个人原因，如不喜欢、误购等，那么运费应由客户承担。

（2）向客户提供详细的退货地址和退货流程指南，以及可能产生的关税问题。并且要求客户在退货时提供运输单号和产品照片，以便卖家跟踪物流情况，并避免在产品损坏时找不到责任方。

（3）收到退货产品后，仔细检查产品状况，如果存在问题，需要及时拍照保留证据，并寻求解决方案。如果产品无任何问题，那么卖家就需要将产品重新入库，并更新库存数量。

（三）换货处理

换货通常意味着商品存在一些问题，此时你要尽快确认问题，然后安排新商品的寄送。记住，关键在于效率，给客户留下好印象，增加后续下单的可能性。

同样地，由于是跨境业务，在商品客单价不高的情况下，卖家可以选择把原来的商品送给客户，否则可能要产生很高的运费与沟通成本。

跨境电商可以在后台轻松地看到售后订单的状态，对售后订单进行管理。在跨境交易中，退款和退货处理的良好体验，对于维护客户关系、提升品牌形象都有重要作用。因此，商家需要有一套完善的退款退货处理机制，以应对各种情况。

6.2.3 售后问题分类处理

（一）售后常规问题分类

产品问题，主要包括货不对版（即产品描述与实物不符，包括色差问题、码数问题、发错款式问题等）、产品质量问题、货物破损、缺货或货物短装、销售假货等问题。

物流问题，主要包括物流异常；物流延误，包裹无法准时送达；物流正常但客户着急；海关扣关；包裹拒收或退件等问题。

服务问题，主要包括缺少详细介绍导致客户不会安装或不会使用产品的问题，商家未履行承诺等问题。

客户问题，主要包括客户买多了，不想要；买贵了，退差价；客户更换收件地址等问题。

图 6-1 所示为售后常规问题类型。

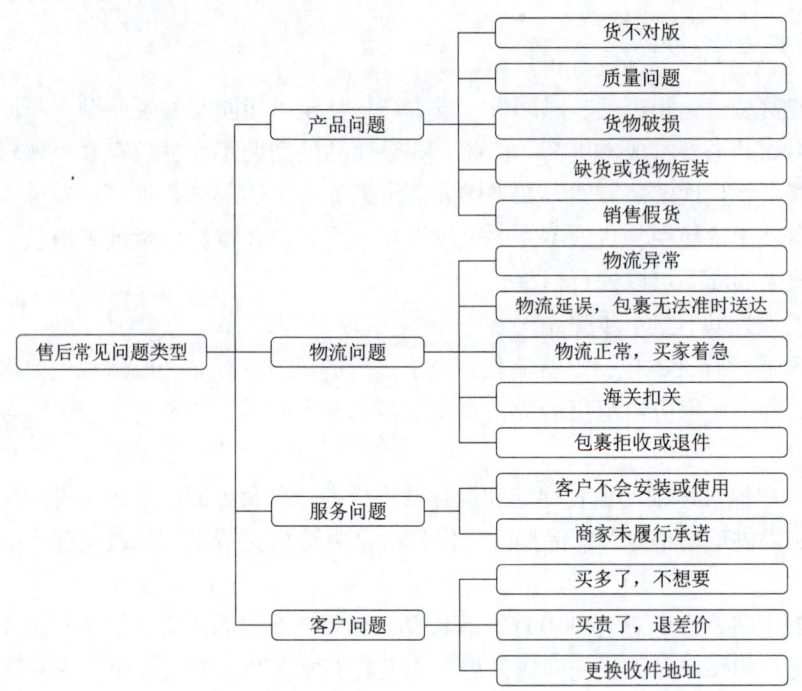

图 6-1　售后常规问题类型

（二）不同类型售后问题的处理

1. 产品缺陷导致的售后问题处理

首先，客服人员要请客户提供商品照片核实情况。其次，客服人员需要向客户解释原因并致歉，与客户确认产品是否能正常使用，客户是否能够接受该商品。最后，客服人员应提出有针对性的解决方案：如果客户接受产品，可以建议客户保留商品并补偿客户店铺红包、折扣券或者进行部分退款；如果客户不能接受该商品，针对货值较低的商品可以将商品赠送客户并补发货或直接退款，希望客户能够对你的服务给予好评，针对体积小、重量轻、货值高的商品，可以为客户进行换货或退货退款。在解决问题的同时也可以让客户提出自己想要的解决方案，尽量提高客户满意度。

示例：

Customer：Hi, I received my new bookshelf yesterday, but when I opened the package, it looked damaged.

Reply: I'm sorry to hear that. Could you please send me a photo of the damaged item, so that I can better understand the issue?

Customer: Sure, I'll send the photo right away.

(Photo received)

Reply: Thank you for sending the photos. I saw two slight scratches on the bookshelf. This situation often occurs during transportation because the handling of packages is very rough. Can you confirm if the bookshelf is still usable?

Customer: Yes, it can be used, but there is a problem with the appearance.

Reply: Understand. If you are willing to keep the product, we can compensate you with a discount coupon and give you a set of bookshelf protection film, or refund you $15 to provide compensation. If you are not satisfied with the product, we can provide you with a replacement or a full refund. Please tell me which option you prefer.

Customer: I have chosen to refund $15.

Reply: Okay, please provide me with your payment information so I can process your refund. Once your refund has been processed, you will receive an email notification.

Customer: Thank you for your help. I will definitely consider purchasing from your store again in the future.

Reply: Thank you for your feedback. We value your business and are committed to providing first-class customer service. If you have any other questions or concerns, please feel free to contact us at any time.

(Refund processed and email notification sent)

Customer: Thank you for your quick refund. I am very satisfied with your service.

Reply: We are glad to hear this news. If you have any other questions or need assistance in the future, please feel free to contact us. Wishing you a pleasant day!

(参考译文:

客户:嗨,我昨天收到了我的新书架,但当我打开包装时,它有些破损。

回复:听到这个消息我很抱歉。您可以将损坏的商品拍张照片发我吗?这样有助于我更好地了解情况。

客户:当然,我马上把照片发过去。

(收到照片)

回复:谢谢您发送照片。我看到书架上有两处轻微的划痕。这种情况经常发生在运输的过程中,因为包裹的处理非常粗糙。您能确认一下书架是否还能用吗?

客户:是的,可以用,但是外观有问题。

答复:明白。如果您愿意保留该产品,我们可以补偿您折扣券及一套书架保护膜,或者退还您15美元作为补偿。如果您对产品不满意,我们可以为您更换产品或全额退款。请告诉我您更喜欢哪个选项。

客户:我选择退还15美元。

回复:好的,请向我提供您的付款信息,以便我可以处理您的退款。一旦您的退款处理完毕,您将收到电子邮件通知。

客户：谢谢你的帮助。我以后一定会考虑再次到你们店购买。

回复：感谢您的反馈。我们重视您的业务，并致力于提供一流的客户服务。如果您有任何其他问题或顾虑，请随时与我们联系。

（已处理退款并发送电子邮件通知）

客户：谢谢你的快速退款。我对你的服务很满意。

回复：我很高兴听到这个消息。如果您将来有任何其他问题或需要帮助，请随时与我们联系。祝您度过愉快的一天！）

2. 客服人员服务不到位引起的售后问题处理

遇到产品无法安装使用引起的售后问题，客服人员可以将准备好的产品安装教程以文本或视频的形式发送给客户，并耐心解答客户疑问，指导客户操作，减少退换货风险。

示例：

Customer: Hi, I recently purchased a clothes dryer from your store, but I'm having trouble installing it. I've tried several times, but it doesn't seem to work. I suspect there's something wrong with the product, and I would like to return it for a refund.

Reply: Hello, I'm sorry to hear that you encountered difficulties during installation and use. This situation may be related to your improper installation. I can send you the installation tutorial in the form of text and video to assist you. Would you please try again? If you have any questions or concerns, please feel free to contact me at any time.

(Customer Service sends the installation tutorials)

Customer: Thank you for the instructions. I'll give it another try.

(Customer tries the installation again)

Customer: It worked! Thank you so much for your help. I will cancel the refund application.

Reply: I'm glad to hear that you were able to resolve the issue. Please let us know if you need any other assistance in the future. Have a great day!

（参考译文：

客户：嗨，我最近从你们店里买了一台干衣机，但安装起来有点麻烦。我试过好几次了，但好像都不管用。我怀疑产品有问题，我想退货退款。

回复：您好，很抱歉听说您在安装和使用过程中遇到了困难。这种情况可能与安装不当有关。我可以以文本和视频的形式向您发送安装教程，以帮助您安装。请您再试一次好吗？如果您有任何问题或顾虑，请随时与我联系。

（客户服务发送安装教程）

客户：谢谢你的指导。我再试试。

（客户再次尝试安装）

客户：成功了！非常感谢您的帮助。我将取消退款申请。

回复：我很高兴听到您能够解决这个问题。如果您将来需要任何其他帮助，请告诉我们。祝您今天过得愉快！）

3. 物流异常导致的售后问题处理

当客户投诉没有收到货时，客服人员应该先安抚客户焦躁的情绪，尽快联系物流查明原因。在和物流取得联系后，及时跟客户说明情况，并且提供补发或者退款售后服务。

示例：

Customer: Hello, I ordered a children's swimsuit from your store a week ago, but I haven't received it yet. Can you help me?

Reply: Of course. Could you please provide the order number.

Customer: The order number is ×××.

Reply: Thank you. Please wait a moment, I will check the logistics status and get back to you as soon as possible.

(Short waiting time)

Reply: I'm sorry to inform you that your package has been returned due to logistics issues. We can either reship your order or provide you with a refund. Which option do you prefer?

Customer: Well, I really want this product, so I'd like to choose to resend it.

Reply: Great. We will immediately arrange a new shipment for you. If you have any further concerns or questions, please let us know.

Customer: Thank you very much for your help. I look forward to receiving my order soon.

Reply: You're welcome. We will do our best to ensure that you receive your order as soon as possible.

(参考译文：

客户：你好，我一周前从你们店里订了一件儿童泳衣，但我还没有收到。你能帮我吗？

回复：当然。您能提供订单号吗？

客户：订单号是×××。

回复：谢谢。请稍等，我会查询物流状态，并尽快回复您。

(短时间等待)

回复：很抱歉通知您，由于物流异常，您的包裹已被退回。我们可以重新发货或为您退款。您更希望选择哪个解决方案？

客户：嗯，我真的很想要这个产品，所以我想选择重新发送。

回复：好的。我们将立即为您安排一批新的货物。如果您有任何进一步的担忧或问题，请告诉我们。

客户：非常感谢你的帮助。我期待着尽快收到我订购的商品。

回复：不客气。我们将尽最大努力确保您尽快收到商品。)

4. 买家因素导致的售后问题处理

买家因素导致的售后问题也是比较常见的，一般这类售后问题会在运费上存在争议，比如说在客户收到货后因为自身原因不想要了，想要进行退货，那这个时候就需要买家负担运费，客服人员在沟通过程中要告诉客户这件事情，并解释在店铺详情页都标明因质量等因素出现问题时卖家才会承担运费，尽量让客户理解，避免客户后续出现更大的纠纷问题，进而影响店铺。

示例：

Customer: Hi, I recently purchased a dress from your store, but I'm not really liking it. Can I return it?

Reply: Hello, if the dress has not been washed and does not affect secondary sales, it can be returned. However, if the return is not due to quality issues, you will need to pay the shipping fee. We can offer three options as a gesture of goodwill: ①We can provide you with a store voucher for your next purchase; ②We can provide you a beautiful belt to match with the dress; ③Alternatively, we can provide you with a full refund upon receiving the returned item.

Customer: Thank you. I'd like to use the store's voucher.

Reply: Okay, thank you for your support. We will issue the voucher for you as soon as possible.

Customer: Thank you very much for your help. I appreciate it.

Reply: You're welcome. If you have any further questions or concerns, please feel free to contact us.

（参考译文：

客户：嗨，我最近从你们店里买了一件连衣裙，但我不是很喜欢。我可以退货吗？

回复：您好，如果衣服没有洗过，不影响二次销售，是可以退货的。但是，如果不是由于质量问题的退货，您需要支付运费。为了表达我们的诚意，这里我们可以为您提供三种选择方案：①我们可以为您提供店铺代金券用于下次购买商品；②我们可以赠送您一条精美的皮带搭配连衣裙；③我们可以在收到退货后为您提供全额退款。

客户：谢谢。我选择商店的代金券。

回复：好的，谢谢您的支持。我们将尽快将代金券发放至您的账号。

客户：非常感谢你的帮助。我很感激。

回复：不客气。如果您有任何进一步的问题或担忧，请随时与我们联系。）

思政园地：耐心细致——售后服务的有效沟通

最后，想要强调一点的是，不论是退货、换货还是退款，关键在于如何看待这个问题，如何化解这个问题，让售后服务成为"利器"。售后服务不仅仅是处理问题，更是一个塑造品牌形象，建立客户关系的重要环节。

优秀的售后客服人员应该学会引导客户选择可以接受且成本较低的方案，以控制成本，维护企业利益。

案例分析：破局海外退换货售后

任务三　售后纠纷处理

跨境电商平台纠纷是指买卖双方在跨境电商平台交易过程中发生争议，卖家提出退货退款或 A-to-Z 索赔等情况。纠纷率是影响店铺表现的重要因素，因此客服人员应当妥善解决买家问题，尽量避免纠纷，纠纷产生后积极引导买家关闭纠纷。

 任务描述

近期，平台大促活动火热进行中，店铺的销量日益增长，售前及售中客服人员也都忙得不可开交。活动结束一段时间后，店铺销售的商品渐渐地都送到了买家手中。因此不少售后问题接踵而至，林悠作为直面客户的售后客服人员，需要处理的纠纷也日益增多。请你通过学习帮助林悠妥善处理售后纠纷。

 任务实施

步骤 1：整理客户纠纷产生的原因。

针对此次活动中买家提起的纠纷，分析其产生的原因，整理完成后将其填入表 6-9。

表 6-9　纠纷产生原因 1

买家提起的纠纷	产生的原因
……	

步骤 2：处理售后纠纷。

在分析了活动中买家提起的售后纠纷出现的原因，接下来要进行纠纷的处理，尽量在不损害店铺利益的前提下，满足客户的需求。

（1）在活动期间物流延迟，未在规定时间内收到货，买家因为物流时效问题提出纠纷。

（2）双方协商：林悠与买家进行了沟通，希望买家撤销申请，并承诺会尽快催促物流运输，将商品送到买家手中，但买家仍然坚持申请退款。

（3）因为货物已经在途中运输，无法拦截，并产生了一定的运费，因此林悠拒绝了买家申请，平台介入。

（4）平台介入后，买卖双方举证……

步骤 3：总结售后纠纷处理技巧。

针对此次活动出现的纠纷问题，进行总结并寻找应对技巧，在下次售后服务时让买家更加满意，从而降低纠纷率。整理完成后将其填入表 6-10。

表 6-10　纠纷产生原因 2

纠纷问题	应对技巧
……	

 学习评价

组织学生进行分享展示，从任务执行质量、效率、态度三个维度开展学生自评与教师点评，如表 6-11 所示。有条件的，可以邀请企业专家参与评价。

表 6-11　售后纠纷处理学习评价

评价维度	评价内容		分值	学生自评	教师评价	企业点评
	目标观测点					
任务三　售后纠纷处理	任务执行质量	了解纠纷规则	10			
		了解纠纷产生的原因	20			
		掌握纠纷处理流程及应对技巧	10			
		能够根据客户需求提出合适的解决方案	30			
	任务执行效率	能够快速将售后纠纷进行分类，并总结相应模板以提高工作效率，准时达成任务	10			
	任务执行态度	遵守平台规则及职业道德，小组成员能够清晰地表达自己的想法，同时理解他人的观点	20			
总评		目标达成总体情况	100			

 知识储备

不少售后纠纷是因常规问题没有得到及时处理或者处理不当而导致矛盾升级造成的。一旦纠纷过多，就会影响产品的曝光，使客源流失，影响正常经营，卖家的利益也将受到影响。例如，速卖通对于纠纷规则的评分推出三大指标：纠纷率、裁决提起率以及卖家责任裁决率。在速卖通平台卖家应当保证类目 90 天货不对版纠纷提起率小于 10 笔或小于 2.5%，否则将产生该类目经营权限关闭的风险；亚马逊平台的买家如果对购买的商品或服务不满意可以开启 A-to-Z 索赔，一旦 A-to-Z 索赔成立，就会直接影响卖家绩效指标中的订单缺陷率（ODR）和完美订单（POP）的分数，这会对卖家产生很大的负面影响，卖家甚至还会因为几个 A-to-Z 索赔导致账号被审核、冻结，甚至被关闭。

6.3.1　掌握纠纷处理流程

在跨境电商大促活动过后，卖家最担心的就是售后纠纷的处理。在售后服务中卖家常常会遇到客户的投诉、退货等问题，如果处理不好造成纠纷过多，会直接影响店铺的服务指标，导致店铺曝光率下降、订单量减少，甚至平台会直接关闭店铺经营的权限。那么跨境电商到底该如何处理纠纷呢？

一般来说，跨境电商平台纠纷处理分为两个阶段：第一阶段自买家提起退款/退货退款申请，即进入纠纷阶段，买卖双方需协商解决；第二阶段当双方协商不一致或纠纷期限内未处理则由平台介入纠纷处理。不同的跨境电商平台纠纷处理规则略有差异，客服人员需要先熟悉相应平台规则，把握处理时效。下面以速卖通平台为例，介绍纠纷处理的流程及方法。

1. 普通纠纷处理

第一步：买家提起退款/退货退款申请。

当买家因为某些原因比如未收到货、订单有问题或者商品不符合描述时，可以在速卖通平台上发起纠纷或退款请求。在提交退款/退货阶段，买家需要提供相应的证据和支持文件，以便卖家和平台能够更好地了解纠纷的情况。

第二步：买卖双方进行协商。

当买家提起退货/退款申请后，接下来就需要卖家的确认。卖家可以在后台纠纷列表中看到所有纠纷订单，并选择查看具体的纠纷内容，包括买家提起纠纷的时间、原因、证据以及买家提供的协商方案等信息。这里卖家可以选择接受或者拒绝并提供方案。在协商期间，买家和卖家均可在纠纷页面新增、修改或删除证据及协商方案。如果买家的问题已解决，卖家可以引导买家撤销纠纷。图 6-2 所示为纠纷详情页面。

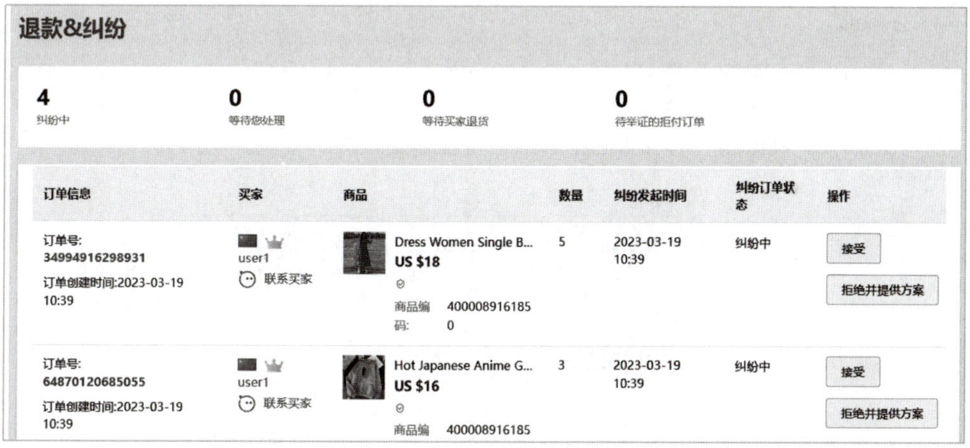

图 6-2　纠纷详情页面

根据速卖通平台纠纷处理规则，当买家提起速卖通纠纷后，卖家应该在买家提起纠纷的 5 天内接受或拒绝买家提出的速卖通纠纷，若逾期未响应，系统会自动根据买家提出的退款金额执行。在这个阶段，卖家应该积极与买家沟通协商，尽量能够协商一致。协商时卖家应该注意沟通的内容，首先应该弄清楚问题产生的原因，再根据原因进行解决，态度要端正，提出让买家满意的解决方案。如协商过程中买家未及时回应，当时间只剩下 2 天时，客户服务人员最好的做法是先拒绝这个纠纷，以免响应超时。图 6-3 所示为同意纠纷页面。

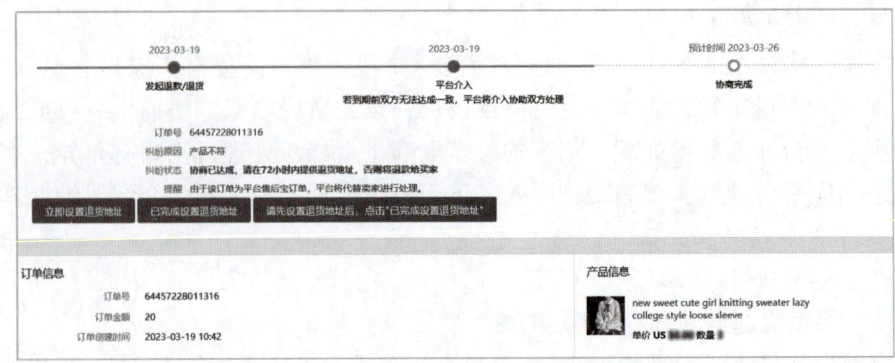

图 6-3 同意纠纷页面

第三步：卖家同意协商方案。

卖家对买家提起的纠纷申请没有异议，则在纠纷详情页面单击"接受"，买家提起的退款申请有两种类型。一是仅退款：若卖家接受，退款的具体金额会按照双方协议执行；二是退货退款：若卖家接受，这时候需要卖家确认收货地址，默认卖家注册时填写的地址，如果地址不正确，则单击"修改收货地址"。当收到买家退货时，应为其进行退款。进行退货时，买家应该确保货物是完好无损的，否则卖家有权拒绝退货/退款申请。图 6-4 所示为提交纠纷页面。

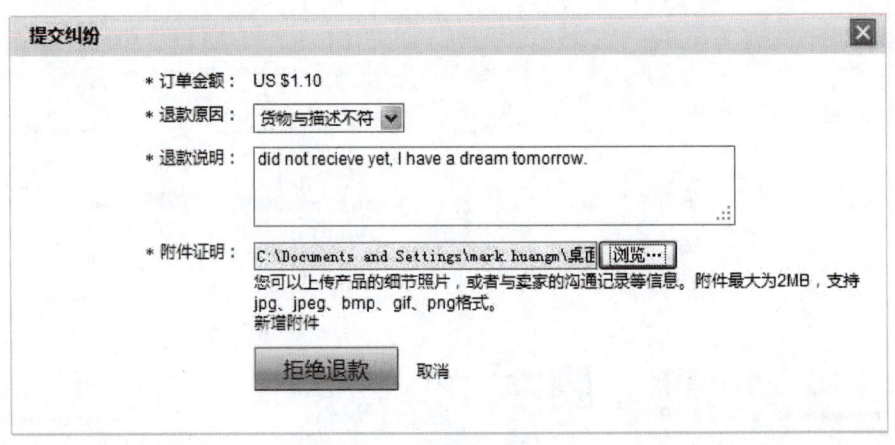

图 6-4 提交纠纷页面

第四步：卖家不同意退货退款申请。

平台需要卖家上传拒绝纠纷的证据来证明此次纠纷不是卖家的责任。这时交易状态会变成"卖家不同意协议，等待买家修改"。如果买家同意卖家提交的证据，那么就会取消申请；如果买家只同意一部分的证据，那么就会对申请进行修改，等待卖家的确认；如果买家完全不同意卖家提交的证据，并且协商后不能达成一致，那么就可以提交速卖通平台介入处理。

第五步：平台介入处理。

根据速卖通平台规则，如果买卖双方无法就纠纷协商一致，自买家第一次提起退款申请开始的第 4 天起，买家可以提起平台处理；或自买家第一次提起退款申请的第 16 天后，买家未取消退款申请，系统会自动提交至平台裁决。纠纷裁决产生的 2 个工作日内速卖通平台纠纷小组会介入处理。这个时候速卖通平台会根据此次纠纷买卖双方提交的证据进行判责并给出解决方案。之后卖家及买家都可以在纠纷详情页面查看平台给出的方案。在平台介入处理阶段，买卖双方都可以对之前提交的证据进行修改。如果买家或者卖家有一方能够接受提交的方案，那么就可以单击接受，这时买卖双方针对此次纠纷就会达成一致。达成一致后，就代表此次纠纷已经处理完成，之后就不能再进行协商。

双方达成一致之后，接下来就会根据最终解决方案执行。若最终卖家同意进行退货退款申请，那么买家必须在 10 天内将货物发出，而买家退货后，卖家也必须在 30 天内确认收货。如果卖家未收到货物或者收到的货物有破损等，卖家可以直接将订单提交纠纷平台，平台再进行处理。

图 6-5 所示为纠纷协商页面。

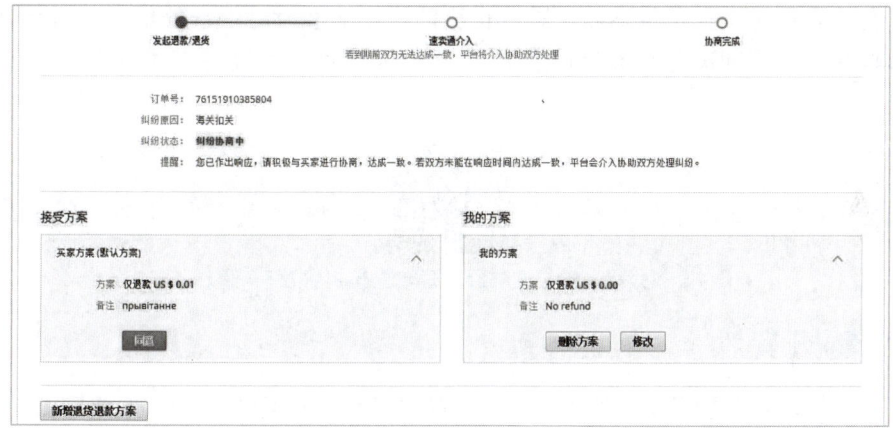

图 6-5　纠纷协商页面

2. 特殊纠纷处理

（1）速卖通平台售后宝纠纷，无须卖家处理，由速卖通平台直接介入处理，按照平台方案执行。售后宝是速卖通推出的专门为卖家解决售后纠纷的一项服务，当店铺发生退款退货交易时，将由售后宝为买家进行快速退款，以便提高卖家的反应速度，提升买家体验。

售后宝的优点就是省心省力，不需要卖家手动处理，缺点就是会影响纠纷提起率导致服务分下降，对店铺伤害较高。因此，建议客服人员在买家提起退款后，及时进行协商解决。若超过 5 天未响应，系统则会自动根据买家提出的退款金额执行。

（2）速卖通平台卖家如果使用无忧物流的订单，买家就物流原因发起的纠纷不需要卖家介入，直接由平台介入处理。与之类似，亚马逊平台卖家如果使用 FBA 物流的订单，买家就物流原因发起的纠纷将由亚马逊平台直接介入处理并承担责任，即使买家 A-to-Z 索赔成立，也不会计入卖家订单缺陷率。

视野拓展：速卖通售后宝服务

在跨境销售的过程中，客服人员应当重视纠纷提起率，在商品销售过程中积极与客服人员沟通，尽可能通过优质的服务预防纠纷的产生。如果遇到纠纷问题，客服人员一定要认真对待，熟练掌握操作纠纷的处理流程，积极解决客服人员问题，引导客服人员撤销纠纷。同时，客服人员必须具备勇于担当的精神和意识，不要畏惧困难，在出现纠纷时要及时与客服人员沟通，尽量提出能让买家满意的解决方案，避免纠纷的升级。作为卖家与买家人员沟通的桥梁，客服人员是一个非常重要的枢纽，如果没有勇于担当的精神，推诿责任，不主动帮助买家解决问题，就无法完成工作职责内最基本的要求，给公司造成不良影响。

6.3.2 分析纠纷原因

在跨境电商贸易中产生的纠纷属于交易纠纷，即在交易过程中产生了误会或者一方刻意隐瞒，从而无法使交易顺利完成。纠纷一旦提起，将会影响买家的购物体验。不良的购物体验，会使客户对卖家产生不信任感，也会间接影响客户对平台的信任，进而产生恶性循环，影响交易的顺利进行及资金的流动，导致客源流失。纠纷产生的原因主要有以下几种。

案例分析：筑牢诚信经营理念营造良好营商环境

（一）选品不当

（1）因货源不稳定引发客户纠纷。不同产品的供货稳定程度略有区别，卖家在跨境电商平台上销售货物一定要保证货源充足、库存稳定。若因为供给不足，导致短货（即买家收到货物数量少于实际订购数量），将引发客户纠纷，对店铺造成巨大的影响。

动画：纠纷的类型

（2）因产品不适销引发客户纠纷。面向海外市场的产品要适销对路。首先要对客户的偏好和需求进行前期调研，充分满足买家的喜好和需求。在调研中，要尊重客观事实，切忌主观臆测。例如，各个国家的常规电压不同，插头插座标准不同，形状更是五花八门，各种规格都有。因此做电子产品出口的卖家，一定要注意产品插头是否符合当地标准，否则会被客户投诉，给自己带来麻烦及损失。

（3）因疏忽产品知识产权引发客户纠纷。部分跨境电商在选品时容易忽视知识产权风险。跨境电商卖家应强化知识产权意识，打造自主品牌，避免因知识产权问题引发纠纷。

（4）因产品质量缺陷引发客户纠纷。在跨境电商选品环节，由于卖家疏忽与工厂沟通与协调，工厂会放松对产品质量的把控，从而不能保证产品质量。工作人员在发货前，未能做到对所有出库商品逐一检查，将导致买家收到有质量问题的产品而产生不满，极有可能导致客户纠纷。

（二）上架失误

（1）因主图与实物不一致导致的货不对版纠纷。速卖通平台注重主图上传的真实性和质量，因为主图传递的信息对客户的第一印象很重要。主图出现问题常常会带来客户的认知错误和货不对版纠纷的发生。

（2）因产品属性展示有误导致的货不对版纠纷。客户在浏览一件商品信息时，商品的属性也会是他们的一个关注点。在速卖通平台上，产品的属性分为"必填属性""关键属性"和"自定义属性"，这些属性如果出了问题就会导致双方发生货不对版纠纷。

（3）因标题描述与实际不符导致的纠纷。标题中的描述会给客户传递一些关键的信息，如商品的特性、卖点、适用人群、运输方式等。这些关键信息的传递失误同样会令客户产生误解从而导致纠纷，其中常见的就是运费误导，比如滥用 free shipping 和商品特性误导。

（4）因售卖方式填写错误导致的纠纷。在做跨境电商 B2C 零售时，售卖方式也是一个重要的细节，这一细节包含于产品上传这一环节。如果售卖方式出了问题，会导致重大的亏本问题和客户纠纷问题。

（5）因详情页面信息与实际不符导致的货不对版纠纷。对店铺商品有购买意向的卖家会进一步通过详情页展示来了解商品更多的细节与信息，最后做出决定。详情页往往用来展示商品的详细参数，通过视觉效果设计等展示商品的特性，在此处出了差错也会导致货不对版纠纷。

（三）沟通不当

（1）因客服人员表述不清晰或隐瞒缺陷引发纠纷。未向客户全面说明产品使用方法及适配的型号，易导致客户收到货物与预期产生偏差，因无法与自身产品相匹配或无法合理使用而提起纠纷。例如，速卖通平台某店铺出售耳机，因售前客服人员未与买家进行沟通，导致在买家收到耳机后因不会正确使用怀疑产品损坏，直接提起纠纷。若急于达成交易而对买家有所欺骗，隐瞒产品的缺陷，易导致买家收到产品后提起纠纷。若未向买家提供产品授权证明，更易导致买家认为货物为假货，进而向平台进行举报。

（2）因特殊需求未满足引发纠纷。例如，买家对产品包装有特殊需求、需要卖家提供商业发票、需要附赠贺卡及要求使用指定的物流渠道等。因客服人员没有注意到这些细节，或者忽略了买家的特殊需求从而导致纠纷，会大大降低买家再次购买的可能性。若确实无法满足客户需求时，应当及时向买家说明情况并协商处理。

（四）包装不当

（1）因包装不当导致商品损坏纠纷。部分跨境电商卖家存在发货时为了降低成本而采用价格比较低的包装材料，但劣质包装使商品在运输途中容易受损，从而导致客户纠纷。牢固、安全的产品包装可以使货物在运输途中减少破损，而劣质的产品包装不但不美观，还不利于保护货物在运输途中的安全，容易导致货物破损，从而引发纠纷。

（2）未按客户要求进行包装导致客户纠纷。许多国外客户的消费偏好个性、独特，所以部分速卖通平台卖家是支持批量定制的。也有不少买家购买商品的用途是送礼，需要精美、时尚的礼品包装。如果买家收到货物后，发现产品包装上的设计和自己要求的不符，与客服人员进行沟通时，也没有得到及时回复，或回复后也没有给客户一个满意的解决方案，从而导致客户极为不满,他会觉得卖家未按要求来包装,不重视他的要求,故引起纠纷。

(五)物流问题

(1)物流时效慢导致客户纠纷。邮政比其他物流方式的覆盖面积更广,相对更便宜,因此邮政小包就成为很多跨境 B2C 卖家的首选。但其弊端不容忽视。速度较慢、丢包率高是邮政最显著的缺点,速卖通平台最常用的邮政小包,几乎 80% 以上都是超过 30 天递送的,碰到圣诞等旺季时,时间将有可能无限延长。国外买家虽然对跨境电商物流的投递时效有一定的心理预期,但是运输中的不可知性往往会导致投递时效超出买家的心理预期而使其选择发起包裹还在运输途中或超时的纠纷。

(2)妥投失败或包裹被退回导致客户纠纷。有些买家会因出差、搬家、外出旅游等特殊事件无法正常收货,有些买家还会遇到因邮编错误导致物流分拣时包裹被分拣到了另一个城市的情况,或是因电话错误导致快递员无法联系,造成收到包裹的时间延长或收不到包裹。因此,在店铺生成订单后务必要与客户核对收件信息,包括投递地址、邮编、收件人和联系方式。海关扣关也是常见的物流问题之一,需要补齐相关手续,尽早完成清关。

除了以上问题,客户还经常遇到物流信息的跟踪不及时或查询不到物流信息等问题,这就容易引起客户的担忧,导致纠纷。

(六)售后不当

(1)因售后回复不及时导致客户纠纷。部分成熟店铺,伴随着每天大批量成交的订单也会有许多售后问题,售后客服人员需要回复大量的订单留言和站内信难免会出现疏漏,造成没有及时回复客户而导致客户不满,提起平台纠纷。

案例分析:小问题引发大纠纷

(2)没有成熟的售后解决方案导致客户纠纷。成熟的售后解决方案可以应对许多棘手的客户纠纷。如果客服人员未对客户进行引导,直接让客户提出售后方案,这时客户由于对跨境贸易环节不了解,提出的方案往往是高成本的,容易出现和客户相持不下的情况。部分不专业的客服人员在处理售后问题时,没有从客户的角度去考虑,提出的解决方案也比较简单粗暴,不是退货就是退款,这样不仅没有解决客户实际问题,最终还会导致客户差评及纠纷。完善的售后解决方案则有利于避免客户纠纷。

客户服务人员在进行纠纷处理时要及时响应,还要有大局意识,学会统筹货物在到达目的地之前的所有环节,掌握货物的实时信息,当出现售后问题时要和其他环节的人员团结协作,争取能在短时间内帮助客户解决问题,减轻客户的不满情绪。同时,定期进行总结,向其他相关环节反馈信息,及时完善商品信息及各环节服务,做到纠纷的预防。

6.3.3 纠纷的处理与预防

客服人员遇到投诉纠纷时,要做好充分准备,积极面对,一切以客户满意为目标,主动与客户协商解决，提升客户的满意度，为自己得到更多的订单打下基础。

(一) 处理纠纷问题的原则

1. 沟通及时

纠纷具有较强的时效性，如果不能及时做出回应，会逐渐形成对卖家不利的影响。因此，当收到客户的疑问或不良体验反映时，客服人员一定要第一时间回复，与客户进行友好协商，若是客户迟迟未收到货物，客服人员可以在承受范围内给客户重新发送货物或采取其他替代方案。若客户对货物质量不满，客服人员应与客户进行友好协商，提前考虑好解决方案。这样能让客户感觉自己被重视，卖家有解决问题的意愿。

2. 保持礼貌

牢记以和为贵、就事论事、不意气用事、礼貌对待客户。不礼貌的态度，甚至争吵会导致客户恼怒，使客户不配合解决纠纷。

3. 态度专业

与客户沟通要有专业的态度，英文表达力求完整正确，应对客户所在国家有一定的了解，熟知海外客户的消费习惯以及相关政策、法律规定。

和客户沟通时，应注意客户心理的变化，当客户不满意时，客服人员应尽量引导客户朝着能保留订单的方向走，同时也满足客户一些其他的需求；当出现退款时，尽量引导客户达成部分退款，避免全额退款退货。客服人员应努力做到"尽管货物不能让客户满意，态度也要让客户无可挑剔"。

4. 方案合理

客服人员应坚持与客户进行联系，尽可能提供让双方都能接受的解决方案，希望客户能撤销纠纷。但是跨境电商售后纠纷的解决不仅是退货退款这样简单，草率的退款看似豪爽，实际上并没有解决客户对商品的需求，同时也会造成店铺成本的巨大损失，体现了客服人员的不专业和不成熟。跨境售后客服人员需要核实纠纷产生的具体原因及客户诉求，有针对性地提出解决方案，尽量引导客户朝着能保留订单的方向走，同时也应满足客户一些其他的需求；当出现退款时，客服人员应尽量引导客户达成部分退款，避免全额退款退货。

若客户未如期收到货物，且货物正在运输途中，不建议直接退款，客服人员可以联系物流公司进行催件并向客户提供优惠券或部分退款作为补偿，请客户耐心等待。

一般情况下，客服人员应该主动提出 2~3 种解决方案供客户选择，以便引导客户选择可以接受且成本较低的方案。同时，需要注意语言文字简洁精炼、语气委婉。

5. 保留证据

客服人员应尽量以书面沟通的方式为主，应避免与国外客户进行语音对话。使用书面的形式沟通，不仅能让买卖双方的信息交流更清晰、准确，也能够留下交流的证据，利于将相关信息提供给客户进行协商，或者提供给速卖通帮助裁决。

尽管客服人员做出了各种努力，但有时仍未能与客户协商一致，导致客户将投诉升级为平台纠纷。遇到这种情况，在平台给予裁决后，客服人员也要继续与客户联系，根据裁决结果执行，如果平台裁决让卖家退货退款，那么客服人员应再次告诉客户退货地址，并表达后续交易的期望。

(二) 纠纷的预防

除了积极有效地解决纠纷外，卖家应该更积极主动一些，以减少纠纷发生为目标，尽量避免纠纷的产生，所以，预防纠纷就变得尤为重要。

案例分析：售后纠纷处理——以客户满意为中心

1. 商品保证

商品纠纷主要是由商品描述不真实、商品质量把控不严和卖家出售假货所引起的。因此，为了有效防止纠纷，卖家可以从商品描述、商品质量和杜绝假货这三方面着手。

（1）商品描述真实全面。客户对商品要求的主要依据是商品描述，商品描述越详细、越全面，客户的预期也会越接近实物，因此真实、全面、详细的描述是避免纠纷的关键。在编辑商品信息时，卖家务必基于事实，全面而细致地描述商品。

例如，电子类商品需将商品功能及使用方法给予全面说明，避免客户收到货后因无法合理使用而提起纠纷。服饰、鞋类商品建议提供尺码表，以便客户选择，避免客户收到货后因尺寸不合适而提起纠纷等。表6-12所示为尺码表。如果商品有部分瑕疵，那么卖家在商品描述中对于商品的瑕疵和缺陷也不应有所隐瞒。另外，商品描述中建议注明货运方式、可送达地区、预期所需的运输时间，同时建议向客户解释海关清关缴税、商品退回责任和责任承担方等内容。

表6-12 尺码表

Length/cm	23~23.5	24~24.5	25~25.5	26~26.5	27~27.5	28~28.5
Length/in	9.1~9.3	9.4~9.6	9.8~10.0	10.2~10.4	10.6~10.8	11~10.2
CN	36~37	38~39	40~41	42~43	44~45	46~47
US	5~6	7~7.5	8~9	10~11	12~13	13.5~14
UK	4~5	5.5~6.5	7~7.5	8~9	9.5~10	11~11.5
EU	36~37	38~39	40~41	42~43	44~45	46~47

（2）严格把关商品质量。在发货前，客服人员需要对商品进行充分地检测，保证商品质量。例如，检查商品的外观是否完好、商品的功能是否正常、商品是否存在短装、商品邮寄时的包装是否抗压抗摔、商品是否适合长途运输等。在发货前一定要尽可能避免残次商品的寄出，优质商品质量是维系客户的前提。若发现商品质量问题，客服人员应及时联系厂家或上游供应商进行更换，避免因纠纷而造成退换货。外贸交易中退换货物的运输成本是极高的。

（3）杜绝假货。许多跨境电商平台都强调保护第三方知识产权，保证市场经营环境的公平有序。卖家如果销售侵权或假冒商品而违反有关法律法规，或违反电商平台的经营政策，必须承担全部责任。因此，卖家应杜绝出售假货，树立法制意识，把假冒伪劣商品的投诉和纠纷降为零。表6-13所示为侵权处理规则。

表 6-13 侵权处理规则

侵权类型	定义	处罚规则
商标侵权	严重违规：未经注册商标权人许可，在同一种商品上使用与其注册商标相同或相似的商标	三次违规者关闭账号
	一般违规：其他未经权利人许可使用他人商标的情况	1) 首次违规扣 0 分 2) 其后每次重复违规扣 6 分 3) 累计达 48 分者关闭账号
著作权侵权	未经权利人授权，擅自使用受版权保护的作品材料，如文本、照片、视频、音乐和软件，构成著作权侵权。 实物层面侵权： 1) 实体产品或其包装被盗版 2) 实体产品或其包装非盗版，但包括未经授权的受版权保护的内容或图像 信息层面信息： 1) 图片未经授权被使用在详情页上 2) 文字未经授权被使用在详情页上	1) 首次违规扣 0 分 2) 其后每次重复违规扣 6 分 3) 累计达 48 分者关闭账号
专利侵权	外观专利、实用新型专利、发明专利的侵权情况（一般违规或严重违规的判定视个案而定）	1) 首次违规扣 0 分 2) 其后每次重复违规扣 6 分 3) 累计达 48 分者关闭账号（严重违规情况，三次违规者关闭账号）

2. 物流把控

1）尽量选择有物流跟踪信息的运输方式

在跨境电商里，选择正确的物流方式是很重要的。国际物流过程中往往存在很多不确定因素，如海关问题、关税问题、派送转运等。在整个运输过程中，这些复杂的情况很难控制，难免会产生包裹清关延误、派送超时甚至包裹丢失等状况。客户如果长时间无法收到货物或者长时间查询不到物流更新信息，将会直接导致其提起纠纷。

同时，没有跟踪信息的快递方式对于卖家的利益也是没有保障的，当客户提起"未收到货"的纠纷时，货物信息无法跟踪，对卖家的举证是非常不利的。因此，在选择快递方式时，可以结合不同地区、不同快递公司的清关能力以及包裹的运输期限，选择 EMS、DHL、FedEx、UPS、TNT 等物流信息更新较准确、运输时效更佳的快递公司，这些快递方式相较于中邮小包和中邮大包，风险会小很多。

对于需寻找货代公司帮助发货的卖家，应优先选择正规、能同时提供发货与退货保障的货代公司，这能在最大程度上保证卖家的利益不受损害。总体来说，选择快递方式时务必权衡交易中的风险与成本，尽可能选择可提供实时查询货物追踪信息的快递公司。

2）主动告知客户物流状况

客户下单后，客服人员应及时告知其预计发货及收货时间，及时发货，主动缩短客户购物等待的时间。及时良好的沟通能够提升客户的交易感受。

3）选择牢固的运输包装

国际物流的包装不一定要求美观，但必须保证牢固，包装一直是客户投诉的重要原因。对于数量较多、数额较大的易碎品，客服人员可以将包装发货过程拍照或录像，留作纠纷处理时的证据。客服人员还应注意商品的规格、数量及配件要与订单上的一致,以防漏发引起纠纷;客服人员也可在包裹中提供商品的清单,以提高其专业度。

3. 服务至上

当客户遇到售后问题寻求客服人员帮助时,客服人员应当及时响应并根据客户诉求提出有效的解决方案,提升客户满意度。客服人员应当熟悉平台规则,以热情的态度、专业的服务赢得客户的信任。

客服人员要牢记,做好商品质量、货运质量是获得客户好感与信任的前提条件。没有在这些方面打牢基础,再优质的服务也无法将普通客户转化为忠诚的老客户。

为了避免同样的事情再次发生,售后客服人员需要分析原因,总结经验教训,做到举一反三,并把信息反馈给其他相关环节的团队,减少未来同性质的客户投诉。

[职业技能证书考点]

跨境电商多平台运营职业技能等级要求(中级),在客户服务管理项目中的客户服务异议问题处理任务下,能够根据客服人员所上报的无法处理的有关物流时效、退换货、退款等异议问题,与客户进行有效沟通并解决,避免问题升级。

例题:【多选题】售后问题处理是客服人员每天最繁忙的工作内容,也是客服人员的主要工作之一。处理客户投诉时采取的策略包括(　　)。

A. 搁置一段时间,等待客户冷静后处理

B. 及时道歉,安抚客户情绪

C. 认真耐心地听取投诉并记录细节

D. 积极回应,及时做出解释

任务四　售后服务平台操作

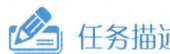

任务描述

浙江超卓有限公司负责人针对开店以来的数据进行了分析，发现跨境电商平台的运营效果还不错，因此想要进一步开拓新平台运营。林悠被调岗到亚马逊平台新店担任售后客服，请你通过学习帮助林悠熟悉亚马逊平台操作，维护好店铺评分。

任务实施

步骤1：仔细阅读差评，如图6-6所示，找到原因。给客户发送一封站内信，针对客户反馈的内容向其做出解释，并提出解决方案。在这个阶段，只需要帮助买家先解决问题，再谈以后修改评价的事情。

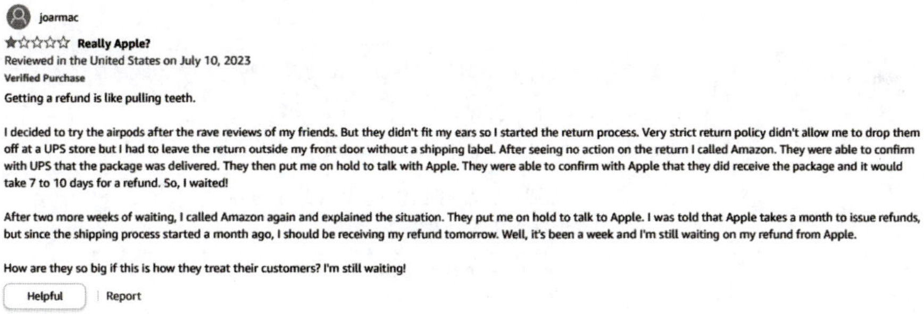
joarmac

★☆☆☆☆ **Really Apple?**

Reviewed in the United States on July 10, 2023

Verified Purchase

Getting a refund is like pulling teeth.

I decided to try the airpods after the rave reviews of my friends. But they didn't fit my ears so I started the return process. Very strict return policy didn't allow me to drop them off at a UPS store but I had to leave the return outside my front door without a shipping label. After seeing no action on the return I called Amazon. They were able to confirm with UPS that the package was delivered. They then put me on hold to talk with Apple. They were able to confirm with Apple that they did receive the package and it would take 7 to 10 days for a refund. So, I waited!

After two more weeks of waiting, I called Amazon again and explained the situation. They put me on hold to talk to Apple. I was told that Apple takes a month to issue refunds, but since the shipping process started a month ago, I should be receiving my refund tomorrow. Well, it's been a week and I'm still waiting on my refund from Apple.

How are they so big if this is how they treat their customers? I'm still waiting!

Helpful | Report

图6-6　亚马逊差评

步骤2：在解决完问题后，立刻给客户发一封邮件，说明已经按照承诺解决了问题，询问客户是否对服务满意，请求客户给出一个公正的评价。

步骤3：如果客户没有回复或者不同意修改评价，可以登录亚马逊卖家中心，通过"Help"—"Get support"—"Selling on Amazon"—"product reviews"—"case"，请求亚马逊卖家支持团队删除评价。表6-14所示为差评删除请求。

表6-14　差评删除请求

Contact reason
Please describe your issue
Additional information

步骤4：找到产品评价，通过 Report Abuse 快速举报违规评价。
步骤5：通过同样的方法移除负面的 Feedback。

 学习评价

组织学生进行分享展示，从任务执行质量、效率、态度三个维度开展学生自评与教师点评，如表6-15所示。有条件的，可以邀请企业专家参与评价。

表 6-15 售后服务平台操作学习评价

评价维度	评价内容		分值	学生自评	教师评价	企业点评
	目标观测点					
任务四　售后服务平台操作	任务执行质量	了解跨境电商平台规则及后台操作页面	10			
		能够合理处理阿里巴巴国际站的纠纷及违规评价的申诉	10			
		能够熟练使用速卖通在线聊天工具进行实时回复	20			
		能够根据亚马逊不同站内信类型选择恰当的处理方式	20			
		能够根据 eBay 平台的规则进行评价及交易管理	10			
	任务执行效率	小组成员能够主动寻找和尝试新的工作方法、工具或技术，以提高工作效率并简化重复性任务	10			
	任务执行态度	小组成员注重细节，能够提供高质量的工作成果，并在工作中展现出专业素养和责任心	20			
总评		目标达成总体情况	100			

 知识储备

客户在购买商品后出现问题或不满意，可以通过平台的客服服务渠道反馈问题并提交售后申请。售后服务完成后，平台会向客户发送评价内容，客户需要评价售后服务的质量。平台也会对客户评价进行回复，以便更好地了解客户需求和改进服务。不同平台的售后服务政策和具体操作流程可能有所不同，因此在进行售后处理前需要仔细了解平台的规定和要求。

6.4.1 阿里国际站操作

（一）信用保障订单纠纷的处理

随着平台线上交易规模的不断增加，交易纠纷量也在不断增加，下面介绍信用保障订单纠纷的操作流程和处理时可能会遇到的一些问题。

（1）进入"My Alibaba 后台"—"信用保障交易管理"—"所有订单"，找到对应订单纠纷的订单，单击"查看退款申请"。信保订单主页如图6-7所示。

（2）在处理退款申请页面单击"同意"。处理退款申请页面如图6-8所示。或者单击"提出新方案"并补充信息，如图6-9所示。

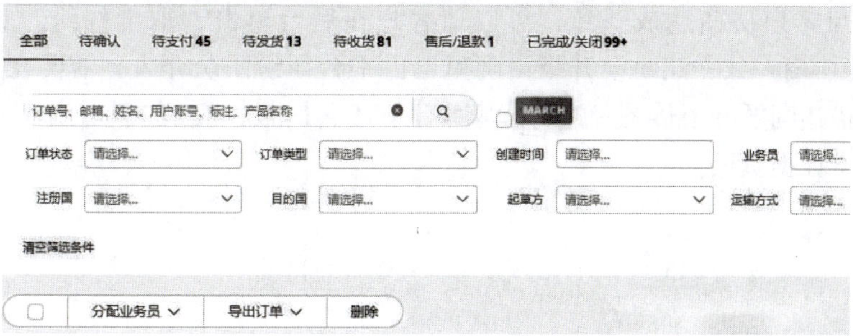

图 6-7　信保订单主页

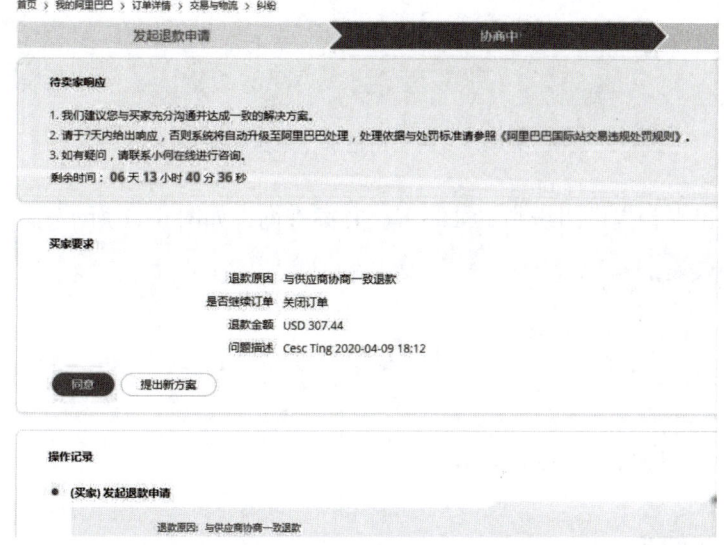

图 6-8　处理退款申请页面

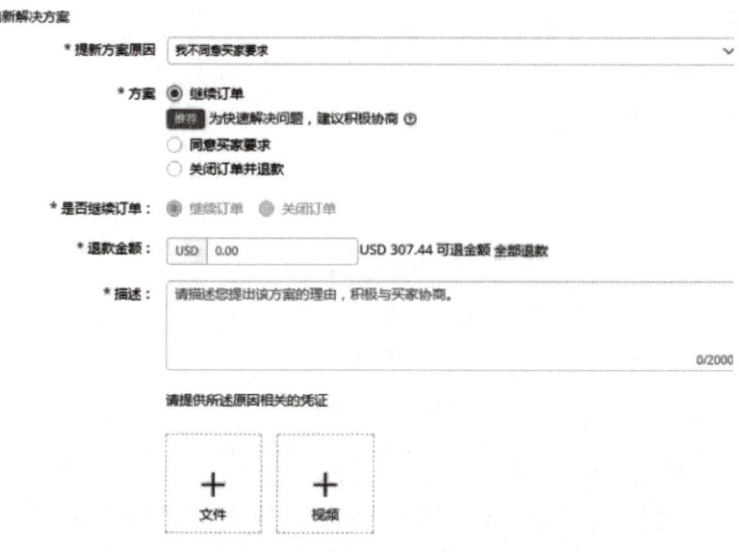

图 6-9　提出新解决方案页面

（3）如果与客户协商达成一致，可以请客户在后台单击"取消纠纷"或"已协商一致"。如果未能协商一致，纠纷会升级由阿里巴巴平台纠纷团队介入，需要在后台纠纷页面尽可能详细地描述问题并上传图片进行卖家举证，上传时效一般是 3 个工作日。图 6-10 所示为阿里巴巴提交证据页面。

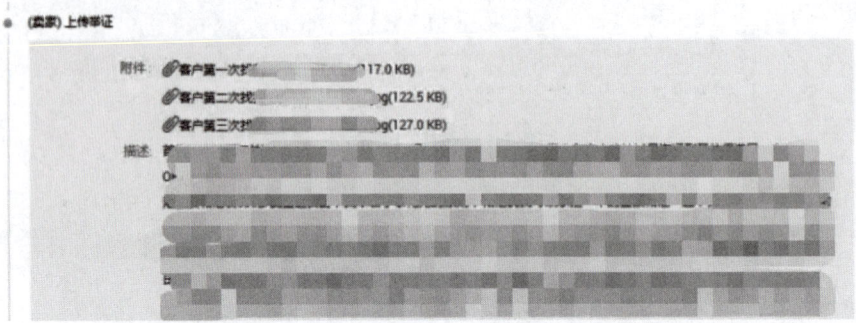

图 6-10　阿里巴巴提交证据页面

（4）阿里巴巴平台提供纠纷判定最终解决方案查询，如图 6-11 所示。

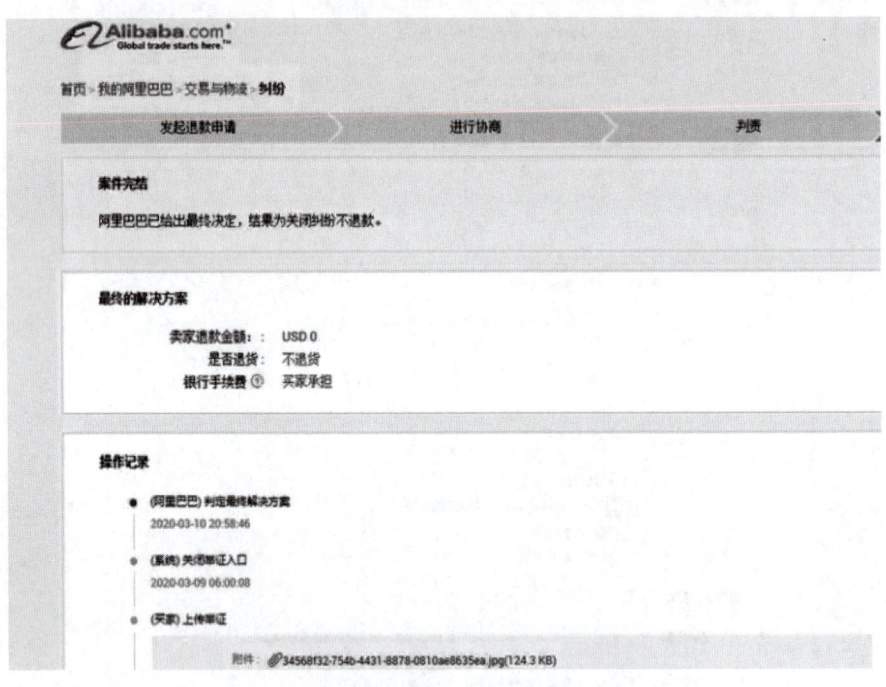

图 6-11　阿里巴巴纠纷判定最终解决方案页面

（二）违规评价申诉

如果卖家认为收到的某条评价属于违规评价，在评价生效后 7 天内，客服人员可以在系统里向平台提起 1 次申诉，申请平台移除该评价。违规评价申诉操作流程如下。

（1）在"My Alibaba 后台"—"账号设置"—"收到的评价"菜单中找到您要申诉的评价，单击"申诉"。图 6-12 所示为评价申诉页面。

图 6-12 评价申诉页面

（2）在打开的页面中，选择要申诉的违规类型，补充原因，上传证据，并单击"提交"，如图 6-13 所示。

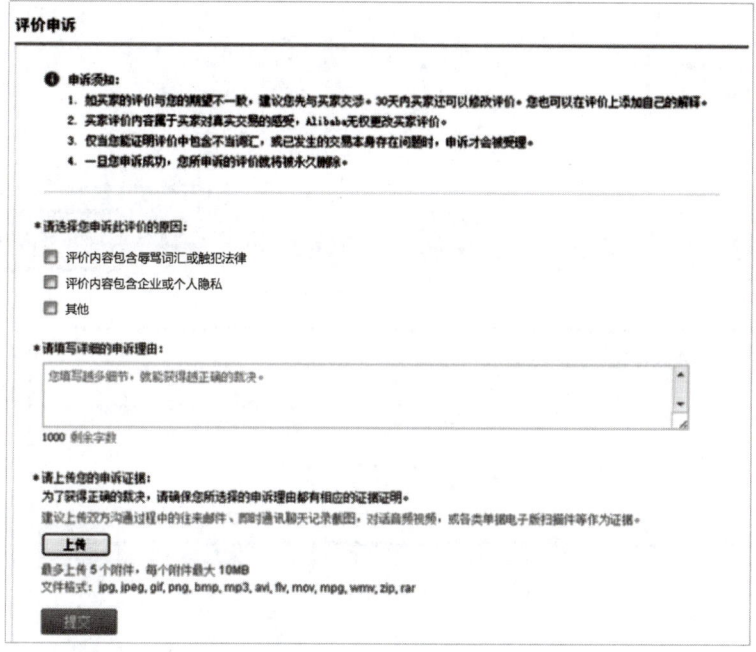

图 6-13 申诉上传页面

（3）平台收到申诉后会在 2~4 个工作日内给予回复。若买家再次举证，平台会在 3 个工作日内进行复审。申诉之后审核结果也会展示在"My Alibaba 后台"的"账号设置"—"收到的评价"菜单中查询到。图 6-14 所示为申诉结果页面。

图 6-14 申诉通过结果页面

6.4.2 速卖通操作

买家对于售后服务的需求逐渐呈多元化发展，对于服务的标准与期望值也在不断提高。售后人员与客户零距离接触，良好的服务态度、标准的服务流程能够减少客户抱怨，提高客户满意度与忠诚度，给客户带来更专业、更舒心的体验。

（一）订单留言处理

（1）登录速卖通卖家后台，在主页"交易"栏中单击"未读留言"或在"消息中心"栏单击"订单留言"查看消息，如图6-15所示。

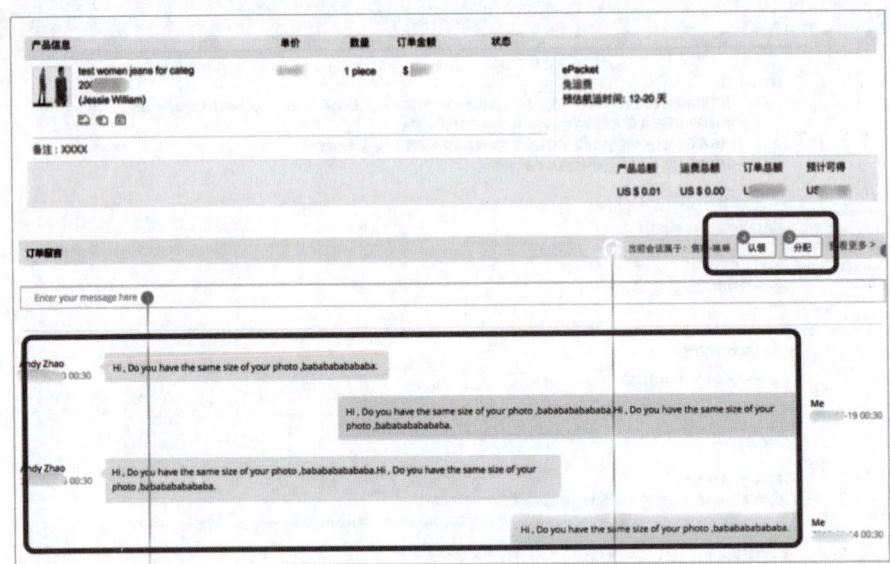

图6-15　速卖通订单留言页面

（2）回复订单留言，并单击"标记为""打标签"对订单留言进行标记，便于分类处理。

在订单留言处理时，客服人员遵循以下基本原则。

快递订单优先处理：客服人员点开今日订单后，看到有的客户指定了具体的快递方式，如DHL、UPS、Fedex等，发现这种情况时，客服人员应针对性地进行留言回复，以提供更好的售后服务。

备注订单单独处理：当客服人员看到订单备注需要提供商业发票等留言时，可以选择一个单独的时间来整体处理这些问题订单，以免造成遗漏。

（二）站内信处理

客服人员可以按照订单留言中的操作方式对站内信进行标记、打标签，然后对站内信进行筛选。图6-16所示为速卖通站内信处理页面。

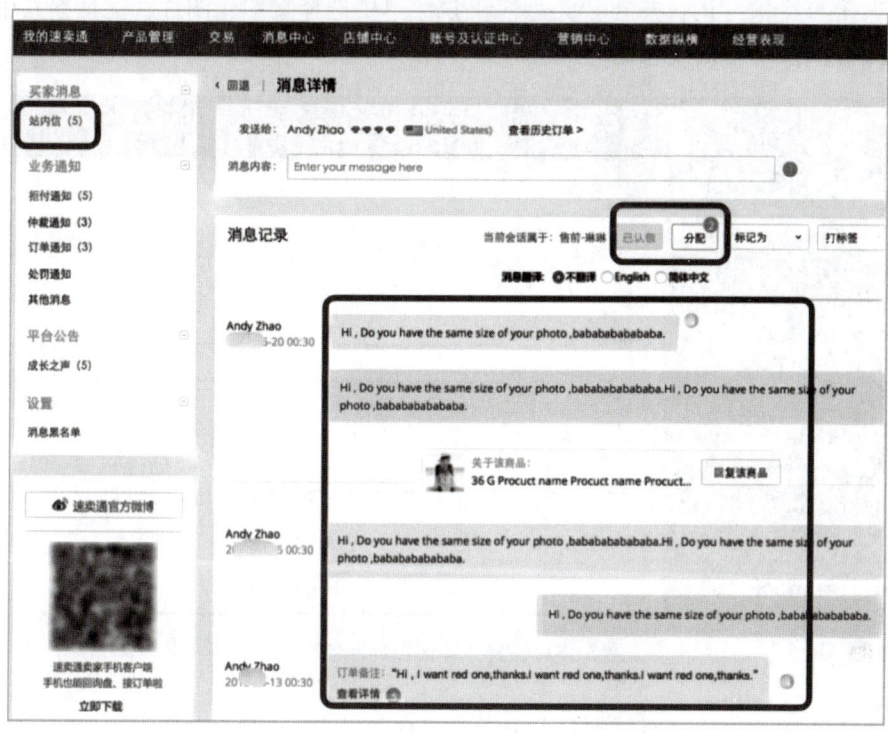

图 6-16　速卖通站内信处理页面

(三) 自动回复设置

随着订单量的增加，客服人员要面对大量的客户，在沟通中消息回复不及时可能会导致订单损失。这个时候客服人员可以通过设置自动回复提高工作效率及客户体验。这样即使速卖通卖家们不在线，客户的一些简单问题也能够回复，以下就是具体的设置方法。

（1）登录卖家的速卖通后台，进入消息中心，找到买家消息，有一个回复设置，选择自动回复模块。

（2）单击右侧"开启"按钮，开启自动回复功能，在对话框里设置店铺的自动回复内容，如图 6-17 所示。

图 6-17　自动回复设置页面

（3）设置关键词自动回复。勾选"添加关键词"，然后单击"添加"，在弹窗内"关联内容"输入 3~9 个关键词,并在"类型"下拉菜单中选择文本、图片、优惠券其中一种回复类型。图 6-18 所示为设置关键词自动回复页面。

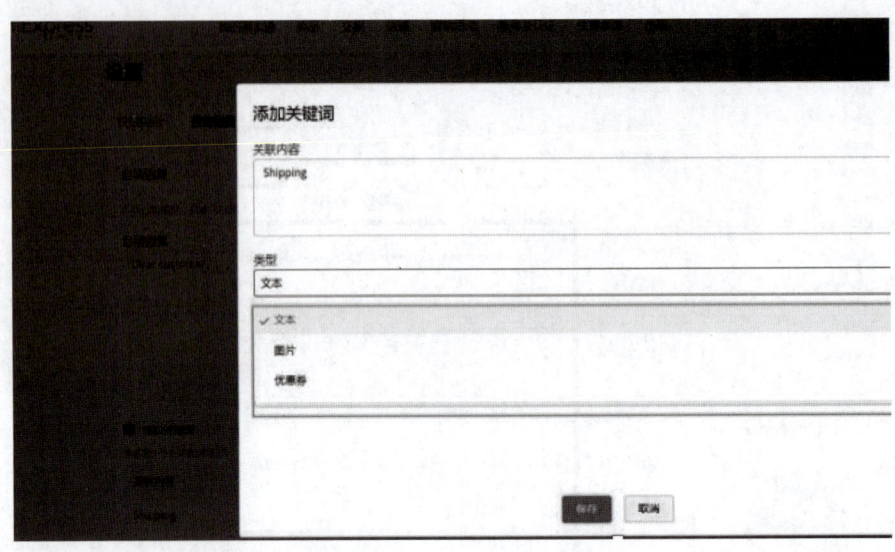

图 6-18 设置关键词自动回复页面

(4) 在右上角预览自动回复内容,单击"保存",完成设置。

温馨提示:

(1) 关联内容仅限 300 个字符以内;回复内容设置可支持文本、图片、优惠券(仅支持店铺优惠券)三种类型,单一关键词回复仅支持一种类型;

(2) 若只设置了关键词/菜单,而没有设置自动回复,则整体不生效;若卖家只设置了自动回复,却没有关联关键词/菜单,则只有自动回复生效;

(3) 此功能设置后可以在买家的 PC 端和 App 端上都生效;但卖家只能在卖家的 PC 页面设置。

6.4.3 亚马逊操作

在亚马逊评价管理中,产品评价(Review)和店铺评价(Feedback)是账号表现重要的考核标准之一,同时也影响着客户的购买决策。亚马逊偶尔会遇到差评,当无法联系买家修改评价时,可以尝试通过以下方法移除 Review 和 Feedback。

(一) Review 移除

方法一:Report Abuse 快速举报。

(1) 登录亚马逊平台,打开产品 listing 页面,单击"ratings"查看买家评价,如图 6-19 所示。

(2) 在左上角"Customer reviews"单击星级进行评价筛选,如图 6-20 所示。

(3) 单击评价下方的"Report Abuse"按钮,进行举报,如图 6-21 所示。

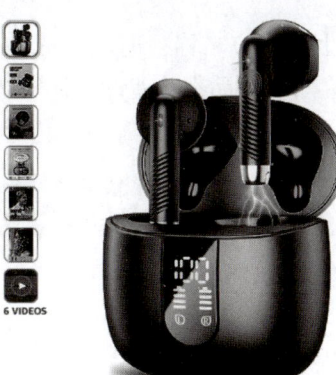
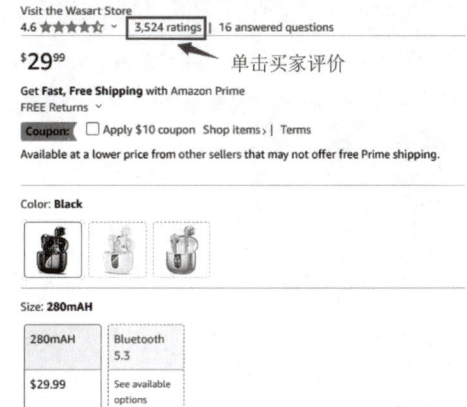

图 6-19　产品 listing 页面

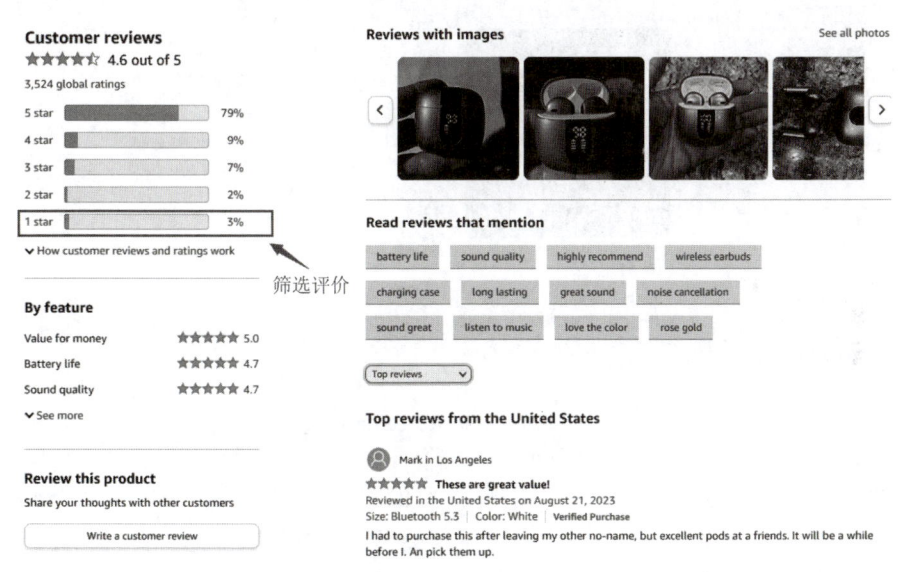

图 6-20　按星级筛选评价

图 6-21　举报评价

方法二：联系亚马逊团队移除差评。

（1）整理客户恶意评价的证据，例如，单击差评上方客户名称，进入 Amazon Profile 页面，如图 6-22 所示，观察其最近留评是否正常，如存在所有产品都给差评，怀疑是职业差评师，可截图 Profile 页面保存。

图 6-22　Amazon Profile 页面

（2）登录亚马逊卖家后台首页，单击选择"Help"—"Get support"—"Selling on Amazon"—"product reviews"—"case"联系亚马逊卖家支持团队。

（3）在问题描述区分别说明需亚马逊进行的操作及理由，并单击下方"+add attachments"上传证明材料，填写联系邮箱，等待亚马逊审核处理，如图 6-23 所示。

(二) Feedback 移除

（1）登录亚马逊卖家中心主页，在"Reports"和"AppStore"之间选择"Performance"标签。

（2）向下滚动到"Recent Feedback"，找到需要删除的差评。

（3）在右侧找到相关订单 ID 旁的"Action"，然后单击下拉菜单，选择"Request Removal"。

（4）输入你认为亚马逊应该删除相关 Feedback 的原因，完成后提交。

项目六　售后客户服务与沟通 | 223

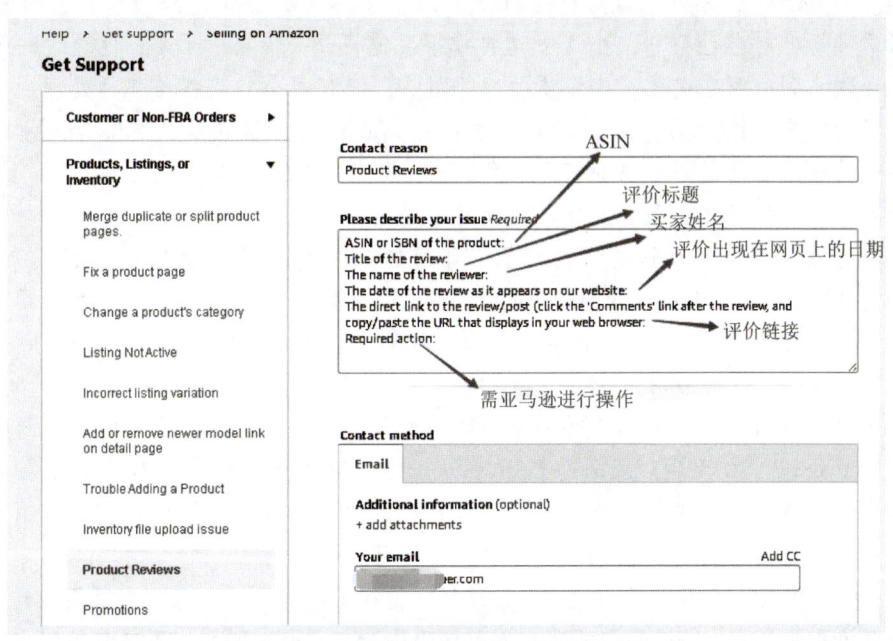

图 6-23　联系卖家支持团队移除差评页面

温馨提示：亚马逊通常会快速移除以下四种违规评价：客户误将产品评论写在 Feedback 部分；评价内容是对 FBA 订单的物流不满意；评价包含推销内容或侮辱性语言；评价包含个人详细信息。

实操视频：如何移除亚马逊店铺差评　　　视野拓展：用好售后服务卡，高比率留存老客户

 课外阅读

遇到法律纠纷时，学会妥善处理

跨境电商一定会涉及不同国家的不同法律领域，遇到形形色色的法律问题。被诉侵权、店铺被封、资金冻结、钓鱼圈套、FBA 货物被销毁、库存丢失……这些问题想必卖家都曾遇到过或正在经历。但一般卖家遇到问题时，总是由于种种原因只顾焦头烂额了，没有妥善处理。今天就跟大家说说当遇到法律纠纷时成功解围的案例。

1. 亚马逊卖家被诉侵权，成功解冻 75 万美元

小 A 是中国内地的一名卖家，一直在亚马逊上做跨境电商。2016 年年初时，他店内销售的商品被某国际知名奢侈品牌起诉侵权，随后其账户里的 75 万美元被亚马逊冻结。

事情发生后，小 A 与该奢侈品牌及亚马逊平台沟通，希望能尽快解决此事。但由于小 A 人在国内，又没有任何国外诉讼经验，所以沟通效果并不乐观。大量资金被冻结，很快致使

小 A 的资金运转困难，陷入难以为继的困境。

眼看这种情况对自己不利，小 A 知道再拖下去他将损失惨重。于是，他通过一个法律咨询服务平台联系到一家在美国很有资质的律师团队，把官司全权委托给律师处理。代理律师在了解了事情的来龙去脉后，第一时间与这家奢侈品牌进行了联系，很快与该品牌达成和解。同时成功要求亚马逊对小 A 的 75 万美元进行解冻。最终小 A 走出困境。

2. FBA 数十万货品被销毁，成功获得亚马逊赔偿

小 B 如今在亚马逊上也算是大卖家了。可回想起两年前的那场纠纷，他现在都感到后怕。之前他在 FBA（fulfillment by amazon）储存了价值数十万的货品，由于某些原因亚马逊单方面决定不再为小 B 提供 FBA 仓储服务，随后便发邮件通知他，并要求他在 30 天内将货物移出清理。

但由于当时小 B 的英文理解能力有限，误将此邮件当作亚马逊的广告邮件而忽略，没有及时进行回复处理。30 天后，亚马逊开始对小 B 的货物进行销毁。小 B 了解情况后，赶紧与亚马逊进行沟通，并要求其停止对货物的销毁。但效果不佳，亚马逊还在继续销毁。看着自己每天都有成百上千的货品被销毁，小 B 心疼不已，欲哭无泪。

为尽量挽回损失，小 B 最后决定走法律途径，他在美国找到一个具有丰富经验和广泛人脉的律所出面协调解决。律师接到委托后，马上与亚马逊方面取得联系，不仅有效制止了亚马逊的销毁行为，成功挽回了他上万件货品的损失，而且要求亚马逊对已销毁的货品进行相应赔偿。

这让小 B 觉得惊喜万分。自从这件事后，小 B 再遇到法律纠纷会第一时间找到那家律所寻求帮助。用他自己的话说，"这样我省了不少心"。没有后顾之忧的小 B，现在的生意不仅做得顺风顺水，而且越做越大。

3. 被第三方品牌起诉，PayPal 账户被封

小 C 作为独立站的销售方，曾被美国某品牌起诉侵权并要求赔偿 200 万美金，同时他的 PayPal 账户被冻结。小 C 接到起诉后，经朋友介绍在美国找到一家口碑不错的律所协助解决问题。律师接到案件后开始收集相关证据，积极与对方沟通，不久后，就成功帮助小 C 赎回 PayPal 账户并解冻了资金。同时与该品牌达成和解，将索赔金额降低到 5 位数，为小 C 挽回了巨大的经济损失。

4. 关联账户被封，律师帮助赎回

小 D 曾在买家数次投诉后，其账户及资金被冻结。随后，小 D 意识到事态的严重性，立即与买家进行沟通。并根据亚马逊规则积极写申诉信，与亚马逊客服人员沟通。但得到的一直是亚马逊绩效团队非常强硬的回复。小 D 一时不知所措，后来找到美国的一家律所。经专业律师调查才知道，原来他的账户是因为被关联到其他账户，才导致亚马逊把他的账户给关了。最终，律师通过亚马逊仲裁程序帮助小 D 赎回了账号且解冻了资金。

5. 其他成功案例：FBA 库存遗失也可寻求法律帮助

与库存销毁类似的还有库存遗失。根据 FBA 使用规定，超过一定时间无论何种原因造成的库存遗失，亚马逊一律不予调查回复。在亚马逊上做跨境电商的卖家一般都会选择使用 FBA。卖家们为方便起见，会把数万、数十万，甚至上千万美元的货物存在里面。库存遗失的现象时有发生。卖家察觉后与亚马逊联系，事件进度会非常缓慢，一直拖到超过规定时间，亚马逊便不再给予调查回复。

但是，有经验的卖家会在第一时间联系美国律所，委托当地律师予以解决。通过律师与亚马逊沟通，申请调查，并可以顺利帮助卖家拿回相应赔偿。

 项目小结

跨境电商的售后服务与沟通非常重要，关系到后期客户评价的好坏，而客户评价的高低也间接影响商品的曝光率，以及其他客户购买该商品的意愿。在售后评价时，要以尽量获取好评为主，在出现中差评时也要去说服客户进行修改。

本项目介绍了售后服务与沟通，包括客户评价管理、售后常规问题处理、售后纠纷处理、平台售后服务操作四个环节。在客户评价过程中，应注意催促评价的方法，并及时对评价进行正反馈，在遇到中差评时积极与客户沟通。同时，本项目介绍了售后常规问题的处理，并给出了常见问题处理方法的建议。在遇到售后纠纷时，要学会安抚客户，并积极提供解决方案，帮助客户解决问题，若解决不了，也要在维护店铺的基础上进行申诉。此外，本项目也列出了一些常见跨境平台的售后服务操作模式。

 同步测试

一、单项选择题

1. 对于因货物破损、少件等引起的退货要求，争取处理的措施不包括（　　）。
A. 核实进货时商品质量是否合格
B. 联系买家提供商品照片确认商品情况
C. 向物流公司核实是谁签的包裹
D. 如果不是买家本人签收，且没有获得买家授权，建议客服人员直接给买家退款

2. 面对"友善型客户"的投诉，售后客服的策略是（　　）。
A. 提供最好的服务，不因为对方的宽容和理解而放松对自己的要求
B. 尽可能满足其要求，让其有被尊重的感觉
C. 真诚对待，做出合理解释，争取对方的理解
D. 学会控制自己的情绪，以礼相待，对自己的过失真诚道歉

3. 对于修改评价的说法，以下选项中正确的是（　　）。
A. 随时可以修改评价
B. 不能修改评价
C. 协商后可以将中差评修改为好评
D. 评分确认后才能修改评价

4. 售后客服人员应该具备的知识有（　　）。
A. 产品相关专业知识
B. 属性平台交易规则和基本商业法规
C. 工作重心是处理纠纷控制事态恶化
D. 以上几点都包括

5. 跨境电商售后客户服务工作主要集中在（　　）两大方面。

A. 售后评价和客户管理 B. 售后评价和纠纷处理
C. 邮寄货物和售后评价 D. 邮寄货物和纠纷处理

二、多项选择题

1. 以下情况中，需要卖家承担售后物流费用的是（　　）。
   A. 仓库发错货 B. 订单商品选错颜色
   C. 7 天无理由退货 D. 商品质量问题
2. 一般来说，导致中、差评的主要原因有（　　）。
   A. 恶意中、差评 B. 商品质量问题
   C. 服务售后相关问题 D. 买家的主观感受问题
3. 售后客服人员的工作范围包括（　　）。
   A. 退换货处理 B. 售后问题答疑
   C. 维权纠纷处理 D. 评价维护

三、判断题

1. 售后客服人员只需要了解退款/退换货流程、纠纷维权规则，对产品相关知识不需要掌握。（　　）
2. 跨境电商的售后服务阶段是指从卖家发货到平台放款的这一时间段。售后服务的好坏会影响店铺的评级。（　　）
3. 店铺的好评数越多，好评率越高，说明店铺的信用度和产品越受客户的认可。（　　）
4. 售后客服人员针对客户提出的问题，采取拖延、推诿，尽量不要理睬。（　　）

四、简答题

1. 简述预防客户纠纷的策略。
2. 买家收到货之后没有留下评价应该怎么办？请举例说明。
3. 请简要说明买家提出纠纷的原因，以及当出现纠纷时客服人员应对的方法。
4. 当遇到买家给予差评，客服人员应该怎么办？请举例说明。

五、案例分析

买家以未收到货为由提起纠纷，卖家经过查证后发现此包裹已经妥投，而且在物流官网上查询到该包裹已经妥投在买家的邮箱。下面是卖家发给买家的订单留言。

Dear friend,

Whenever you meet any problems, you can directly contact us. There is no need to open the disputes.

Due to the weight limit, we sent your parcel in 2 parcels with 2 tracking number LN848064174CN and LN864724825CN.

For the rest 6 pieces, they are in the parcel LN864724825CN. You can track it on USPS website.

The information is "2019-03-01 13:14 BROWNSVILLE, TX78520, Delivered, In/At Mailbox. Your item was delivered in or at the mailbox at 1:14 pm on 2019-03-02 in BROWNSVILLE, TX78520."

It shows that the parcel has been delivered at the mailbox on March 2. Kindly suggest that you can go to the mailbox to pick up your parcel. Thank you for understanding.

What's more, the dispute you have opened is very critical to us and will even frozen our account. Could you kindly help us close the dispute?

Thank you so much for your understanding. Waiting for your reply.

Best regards!

请根据以上信息，评价卖家的处理方式。

 综合实训

假设你是一名跨境电商平台的客服人员，最近你所在的公司出售的一种手工艺品在美国销售很不错，但是有些手工艺品在运输过程中被损坏了，导致客户感到非常失望并投诉售后问题。你需要快速响应客户的投诉，解决问题并保持客户满意。具体要求如下。

（1）请思考并列出你的回应计划和解决方案，并详细阐述沟通方案中涉及的具体步骤和方法。

（2）完成后，请撰写一篇综合实训报告，提交相关数据和沟通记录，并总结整个过程中的感悟和收获。

注意事项：

（1）在处理问题的过程中，请注意文化差异，尊重不同的文化和价值观念；

（2）在处理问题的过程中，请尽可能做适当假设，以便更快速、更专业地服务客户，使客户满意；

（3）在处理过程中，请遵循公司政策并注意保护客户隐私。

项目七

客户关系管理与维护

项目介绍

客户关系管理，指的是企业在经营管理过程中，通过不断加强与客户的沟通和交流，适时掌握客户需求，并根据客户的心理想法、心理需求来开展市场营销工作，改进产品和服务，提供差异化、个性化的营销对策，能够可持续地满足客户需求的企业经营管理过程。本项目重点介绍客户关系管理与维护，包括客户的识别与分类维护、客户跟进管理两个环节。

学习目标

知识目标：
1. 理解客户识别的重要意义，熟悉客户识别的途径及方法；
2. 掌握客户类型的划分方法及不同等级类型客户的管理方法；
3. 掌握提升客户忠诚度的手段，以及有效提高客户满意度的方法。

技能目标：
1. 能够高效准确地识别客户；
2. 能够将客户分级或分类并进行针对性管理；
3. 能够通过有效的方法跟进客户，提升客户满意度及忠诚度。

素质目标：
1. 培养学生良好的沟通能力；
2. 树立正确的客户信息管理伦理观，提升学生的责任感；
3. 培养学生主动维护跨境客户关系的服务意识。

知识导图

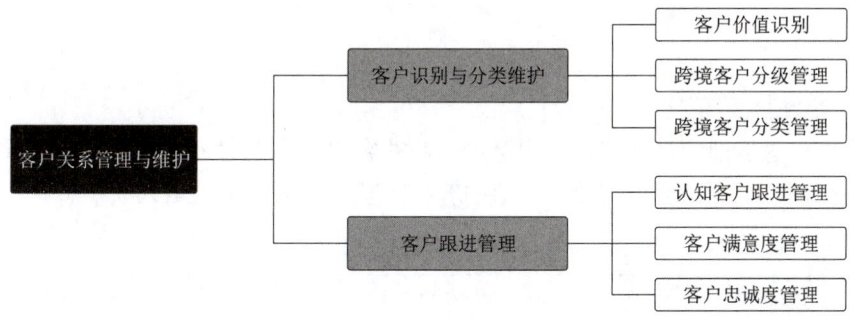

任务一　客户识别与分类维护

"二八原则"告诉我们,把有限的优势资源用到 20%的关键客户上,就能收获最大化的效果和利益。也就是我们常说的"好钢用在刀刃上"。把这 20%的客户找出来,关心他们,为他们营造更好的客户体验,才能够创造更高的价值。跨境电商在经营过程中,要想跨越国家或地区带来的客户不稳定性,更需要在现代网络系统和数据软件的支撑下,识别有效的客户,做出合理的决策,为企业创造价值。

 任务描述

浙江超卓有限公司发现新客户引流需要大量的费用,各种广告、促销活动,以及了解客户的时间成本,然而维持现有老客户的长期关系的成本可以逐年降低,回头客的重复购买会使营运成本降低,随之利润就会提升。公司在各个跨境平台的网店已经运营了一段时间,积累了不少客户信息和数据,但是李佳发现客户的复购率还是较低,问题出在哪里呢?请你从已有客户信息和网购行为数据中提取出隐藏的、有价值的信息,对客户进行分级或分类,实现差异化管理。

 任务实施

步骤 1:识别有价值客户。

收集已购买过店铺商品的客户、浏览过店铺的客户、回购过商品的客户等信息,将客户信息进一步整理,识别出对公司更有价值的客户。整理完成后将其填入表 7-1。

表 7-1　客户识别

类别	客户特点	客户价值
浏览过店铺的客户		
下单过商品的客户		
回购过商品的客户		
评价过商品的客户		
……		

步骤 2:进行客户等级划分。

从客户价值的角度看,不同的客户能够为企业提供的价值是不同的,企业要想知道哪些是企业最有价值的客户,哪些是企业的忠诚客户,哪些是企业的潜在客户,哪些客户的成长性最好,哪些客户最容易流失,企业就必须对自己的客户进行细分。对客户进行分级有利于针对不同类型的客户进行客户分析,分别制定客户服务策略。

接下来针对已经整理好的客户信息,按照对企业不同的贡献程度进行客户分级,以便后期更好地进行针对性地跟进。将客户分级后的信息填入表 7-2。

表 7-2 客户分级

客户人群	客户等级	客户特点
已有客户	关键客户	
	普通客户	
	小客户	
潜在客户	……	
……		

步骤 3：差异化管理。

对于不同等级的客户要利用不同的方式进行差异化管理，因此要针对不同等级的客户采取不同的技巧，整理好相关内容并将其填入表 7-3。

表 7-3 不同等级的客户管理

客户等级	管理技巧
关键客户	
普通客户	
小客户	
……	

学习评价

组织学生进行分享展示，从任务执行质量、效率、态度三个维度开展学生自评与教师点评，如表 7-4 所示。有条件的，可以邀请企业专家参与评价。

表 7-4 客户识别与分类维护学习评价

	评价维度	评价内容		分值	学生自评	教师评价	企业点评
		目标观测点					
任务一 客户识别与分类维护	任务执行质量	能够正确识别价值客户		10			
		掌握订单处理及物流信息追踪的方法		20			
		能够及时发现订单物流异常并主动和客户沟通、协调处理		20			
		能够妥善处理特殊订单，解决客户问题		20			
	任务执行效率	能够快速精准地识别客户，达成客户分级及跟进任务		10			
	任务执行态度	具有正确的客户信息管理伦理观，责任感强		20			
总评		目标达成总体情况		100			

 知识储备

客户识别和分类是店铺管理中非常重要的部分，其主要目的是更好地了解和服务客户。通过客户信息和购买行为的记录，可以更好地了解客户的购买需求和偏好，以便店铺提供更准确的服务和推销相关的产品，促进销售。通过客户信息分类并定制相应的服务策略，能够快速解决客户问题和需求，提高客户的满意度。客户信息的分类能够有助于店铺更好地制定个性化的营销策略，并针对不同客户采取不同的推销手段，提高拓展客户群体的可能性。

7.1.1 客户价值识别

客户价值识别就是通过一系列技术手段，根据大量客户的特征、购买记录等可得数据，找出最有价值的客户。识别客户价值应用最广泛的模型有三个指标：最近的消费时间间隔（Recency）、消费频率（Frequency）和消费金额（Monetary），利用上述三个指标细分客户，识别高价值客户，简称 RFM 模型。

动画：RFM 客户细分模型

时间间隔：一般情况下，客户最近的消费时间和截止日期之间的间隔越短，越有可能对即时商品或服务感兴趣。如果分析报告显示，近期消费时间的客户越来越少，这表明公司需要发现问题，及时调整客户营销策略。

消费频率：消费频率越高，客户满意度、忠诚度越高，客户价值越大。增加客户购买的次数意味着从竞争对手那里获取了相应的市场份额及营业额。客服人员可以不断刺激客户消费，提高客户的消费频率，进而提高店铺的回购率。

消费金额：消费量越大，客户的消费能力自然越大，这就是所谓的"二八定律"。特别是在企业早期资源不足时，这些客户必须是企业在营销活动中需要特别照顾的群体。

图 7-1 所示为 RFM 模型客户价值象限分类。

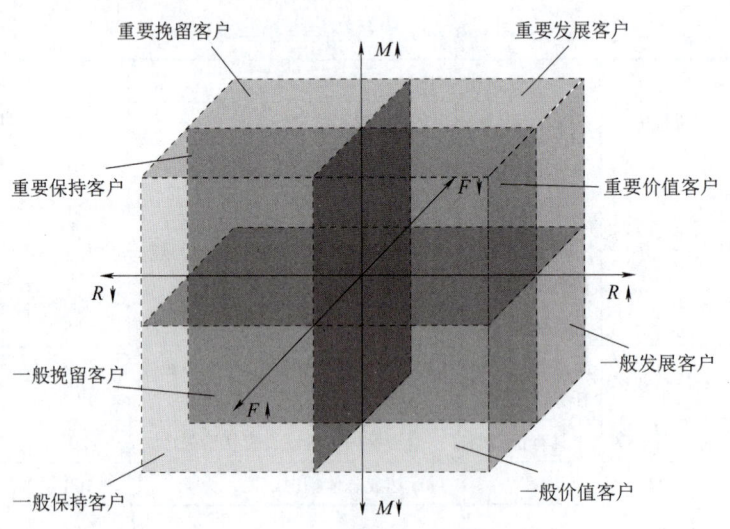

图 7-1　RFM 模型客户价值象限分类

RFM 模型无法用平面坐标图来展示，但可以使用三维坐标系进行展示，R 轴表示 Recency，F 轴表示 Frequency，M 轴表示 Monetary，坐标系的八个象限分别表示八类用户，从中可以识别重要价值客户。

对于企业来说，每开发一个客户，都是需要时间和各种资源投入的，是有成本的，客服人员需要识别重要价值客户，有针对性地进行客户开发和维护，从而进一步减轻企业成本，减少企业资源的浪费。

7.1.2 跨境客户分级管理

（一）客户分级管理的重要性

每个客户能给企业创造的收益是不同的，对企业来讲，客户的价值也是不同的。客户的分级是企业依据客户对企业的不同价值和重要程度，将客户区分为不同的层级，进行有针对性的服务和管理，进而更好地了解客户需求，提升客户满意度和忠诚度，从而达到更好的经营效果并收获更多的利润。具体来说，对跨境客户进行分级管理的好处有以下几个方面。

（1）更好地了解客户需求：通过对客户进行分级管理，可以更好地分析客户的消费行为和习惯，了解客户的需求和偏好。这有助于企业制定更有针对性的市场营销策略，提供更贴合客户需求的产品或服务。

（2）提升客户满意度和忠诚度：针对不同等级的客户，企业可以采取更加个性化的服务和营销方式，给予客户更好的体验和关注，增强客户满意度和忠诚度。同时，针对高价值客户或忠实客户，企业还可以提供一些特殊的优惠或礼品等，进一步巩固客户关系。

（3）改善销售效率和利润：通过分级管理客户，企业可以更好地了解客户的价值和潜在贡献，有针对性地调整销售策略。同时，针对不同的客户等级，企业可以采取不同的价格策略、促销活动等，提高销售效率和利润。

（二）客户等级划分的主要依据

一是可量化的价值：主要包括客户的消费情况，消费越多且越频繁，所创造的价值越高，自然这样的客户级别就越高。客户的消费金额和购买频率是客户等级划分的重要参考因素，通常情况下，消费金额和购买频率较高的客户会被划分为高级客户。

二是不可量化的价值：客户的传播影响力和口碑效应是企业宣传和营销的重要资源。有些客户购买力有限，但是乐于分享、宣传，他们会通过Facebook、Twitter等社交平台进行传播分享，且具有较高的传播影响力和口碑效应，可以考虑将这些客户划分为高级客户，并通过更专业和个性化的服务打造品牌形象。

（三）跨境客户等级划分

跨境企业可以根据客户给企业创造的利润和价值的大小塑造一个"客户金字塔"模型。给企业创造利润和价值最大的客户位于"客户金字塔"模型的顶端，给企业创利润和价值最小的客户位于"客户金字塔"模型的底部。企业可将"客户金字塔"模型进行三层级划分，分别是关键客户、普通客户和小客户。

1. 关键客户

关键客户处于金字塔的顶端，可以说是一个企业的核心客户群体，通常占企业客户总数的20%。这部分客户往往向企业贡献了总利润的80%，应该成为企业重点维护的对象。

关键客户对企业和产品有较高的忠诚度，是企业客户资源中最稳定的一部分。这部分客户对产品的价格升降敏感度不高，对新品有一定的好奇，有兴趣试用且乐于帮助企业推荐商品，为企业节省了开发新客户的成本。他们为企业创造了绝大部分利润，并且能保持较好的长期合作关系，还有较高的增值潜力。他们有多次回购行为而且只要企业上了新品，常常是第一批关注并下单购买的客户，甚至不需要咨询客服人员。同时，他们热衷于在评论页面分享自己的使用心得、商品实物图等，认真地留下好评，给后来者以正面的参考信息。因此，重要客户是最有价值的一类客户。企业拥有重要客户的数量决定了其在跨境贸易平台上的竞争力。对于这部分客户的管理目标就是尽一切可能维护这部分客户群体，与他们保持一种长期稳定的战略合作关系。

2. 普通客户

普通客户是指在为企业创造价值的前 50% 的客户中，除关键客户外的客户群体，通常占客户总数的 30%。普通客户的购买行为具有一定的偶然性，他们可能只是偶然进入企业店铺，偶然产生购买行为，比如说受打折或优惠活动吸引。这部分客户多是对产品有较为明确的需求导向，基本是冲着产品而来。因此，他们可能会与客服人员有一定程度的交流，以进一步了解产品相关信息。如果企业在货物中留下邀请留评的信息，他们在收货后也会留下好评。

普通客户通常是较为理性的消费者，如遇物流延迟、货损等问题也会接受卖家的沟通建议。这部分客户虽然在购买力、忠诚度及价值创造方面远不及关键客户，但客户数量较大，所以卖家即使不进行特殊对待，也应该给予一定的重视，因为他们有可能发展成为关键客户，进而为企业带来可观的利润。对于普通客户的管理应以提高其在店铺购买产品的频次为目的。

3. 小客户

小客户群体数量占客户群体总量的 50%，在"客户金字塔"中位于最底层。这部分客户总购买量不多，忠诚度也较低。

在为跨境电商卖家贡献价值较低的小客户中，有近 40% 的客户可能仅进行一次购买，在购买前由于对企业店铺与企业不了解，常常需要客服人员进行较长时间的沟通，咨询次数多、下单慢，并且一般不会在收货后的第一时间进入平台确认收货及同意放款，企业通常要等平台放款规则时限到期才能收到款项。并且这部分企业不一定会主动为商品留下好评，经常是一次交易结束后就会消失，再也联系不上了。

他们在遇到物流延迟、货损等问题时会比较着急、焦虑。出于对企业的不信任，可能会直接向平台申诉，也会要求一定程度的赔偿。还会有一部分特殊的小客户，经常提出苛刻的服务要求，消耗卖家资源，这种问题客户过多会占用企业资源却不能为其带来利润，甚至在很大程度上侵蚀了企业的利润。对于这类客户，企业可以通过一定方式给予剔除，以降低客服人员的工作量，也保护企业信誉及收益。

只有通过明确的客户等级划分，才能有效地将企业有限的资源进行合理分配，并且进行差异化服务，更大程度地使每一类客户都能够满意，从而提高客户的忠诚度，也达到了维护好每一位客户的目的。

案例分析：VERIZON 客户等级划分

（四）跨境客户分级管理策略

在对客户进行等级划分以后，客服人员需要根据不同等级的客户特点，将服务重点放在为企业提供 80% 利润的关键客户上，给予他们特殊的服务及重点关注，提高关键客户的满意度。还要通过一定的方式积极提升各个等级客户的级别，逐渐淘汰劣质客户，将企业资源得以有效的分配。

1. 对于关键客户的管理

1）设立专门的客户服务团队

关键客户为企业创造的利润占企业总利润的 80% 左右，是企业获利的主要来源。因此，企业只有维护好与关键客户持久、良好的关系，才能保证企业持续稳定地发展。

设立专门服务团队可以提高对关键客户的服务质量和满意度，从而增加客户忠诚度并促进业务增长。同时，维护好与核心客户的关系，还可以通过口碑宣传、推广等方式带来更多的潜在客户，从而拓展市场份额。

关键客户服务团队不仅需要进行信息的收集和管理，还需要具备较强的沟通技巧和业务知识，能够根据不同客户的需求和市场趋势提供相应的产品和服务解决方案，增强客户的满意度和信赖感。此外，团队成员还需要及时跟踪和反馈客户的动态，分析原因并采取有效措施，以免影响客户体验和客户流失。

建立关键客户服务团队是跨境电商客户服务的一个必要环节，精细化管理和个性化服务，可以提升客户的体验和忠诚度，进而为企业创造更多的商业价值。

2）集中优势资源服务关键客户

跨境企业应根据关键客户服务团队提供的客户信息及情报，准确预测关键客户需求，集中优势资源进一步加大对关键客户的服务力度，提供"优质、优先、优惠"的个性化服务。在客户提出要求之前服务，如主动提供售前、售中、售后的全程、全面、高档次服务。也可邀请关键客户为产品的研发、设计、定价等提供意见，以便更好地满足优质客户的需求，提供更为精准化的服务。例如，在速卖通平台经营 T 恤的店铺客服人员在与关键客户沟通时，可以强调对方是特殊贵宾，企业店铺为其推出了一项定制化服务，可以根据客户提供的照片为客户印制专有图案。在服务力度和产品资源方面，也应向关键客户倾斜。例如，在供货紧张时，应优先保证关键客户的需要，以免因缺货而引起关键客户的不满。对于部分关键客户而言，直接的财务利益也是他们乐于接受的。例如，可以给予一定的优惠与折扣，或者为优质的关键客户提供灵活的支付条件和安全便利的支付方式。

3）通过密切的沟通，促进双方关系的维护

针对关键客户，跨境客服人员可以选择每个月打一次电话或者发送一次邮件，或者在企业店铺进行推新、促销等关键活动前通知客户，让客户提前了解活动机制等，提高关键客户对于企业的满意度。

跨境客服人员还要经常征求关键客户的意见，比如，对于企业产品的优化意见、对于企业店铺的服务体验等，这些都有益于企业与关键客户建立长期、稳定的战略合作伙伴关系。

4）及时、有效地处理关键客户的投诉或者抱怨

当关键客户对企业店铺的产品、服务等方面不满或进行投诉时，客服人员应当首先安抚客户的情绪，并且为关键客户提供有效的解决方案。一定要做到及时处理，并且要优先、认

真、迅速及专业地处理，不能让关键客户对企业失望。

2. 关于普通客户的管理

针对普通客户，可以把它分为两类进行管理。

1) 针对有升级潜力的可以努力培养，争取升级

跨境电商平台上的卖家面临的每个客户都会经历第一次进店、第一次与客服人员联系、第一次下单和第一次留评等行为。这些客户最初都是普通客户，因此需要筛选出有潜力成为关键客户的普通客户，并通过引导、创造和增加他们的需求，鼓励他们购买更高价值的产品或服务，提高他们的价值和贡献。例如，在向普通客户发送邮件时，可以适当展示向 VIP 客户或回头客提供的价格优惠或更全面的服务，以激发普通客户渴望成长为关键客户的愿望。这也是线下零售行业常用的客户级别培养方法。

一些企业会根据普通客户的需求扩展产品线，为普通客户提供"一条龙"服务，满足他们的潜在需求，增加普通客户的购买量，从而提升客户层级。例如，经营发饰的企业可以设计一套鼓励普通客户增加消费额的计划。对于一次性或者累计购买达到一定标准的客户，企业可以设置初级 VIP 会员身份，每次购物金额可以折算成 VIP 会员积分，达到一定积分数就可以升级成为高级 VIP 会员，购物时可以获得一定的折扣，还可以参加抽奖或者使用积分抵扣购物金等福利。更高级别的 VIP 会员还可以获得定制饰品或者在指定的饰品上镌刻姓名等服务，以刺激普通客户购买更多的产品或服务。这样的方式可以帮助企业增加普通客户的忠诚度，同时促进客户的消费行为，提高客户的购买量和贡献度。

2) 针对没有升级潜力的要适当减少服务

对于这部分普通客户，可以采取"维持"的战略，不增加进一步的投入，甚至是减少资源的配给，降低交易成本。除此之外，跨境客服人员也可以适当地缩减对这类普通客户的服务时间、服务内容等，附加服务也可适当提供或者不提供，其宗旨就是减少服务，降低投入，减轻企业成本。

案例分析：京东国际客户分级管理

3. 关于小客户的管理

虽然小客户为企业提供的利润所占比重并不高，但是企业也要珍惜现有的每一个客户，因为每一个客户的积累都是非常不容易的。一旦放弃这些低价值的小客户，如果流失到竞争对手那边，不仅使企业失去成本优势，还会壮大竞争对手的客户规模，对企业产生不利的影响。

1) 挖掘可提升客户层级的小客户

卖家应该帮助有升级潜力的小客户成长，给予其一定的照顾，将其培养成普通客户甚至是关键客户。小客户的成长必然带来店铺利润的提升。

在速卖通平台上，通过俄罗斯团购、巴西团购、印度尼西亚团购和西班牙团购等活动可以看出，在活动期间大部分订单都来自陌生的客户，这些客户可能表现为小客户，但其中必然有具备升级潜力的群体。因此，卖家应该在最初就给客户留下精品、重服务的好印象，让

客户感受专业严谨的服务，从而塑造品牌美誉度和高端形象。

同时，对于初次购物行为后出现"买家自责"的客户，客服人员的鼓励和安抚也非常重要。如果客服人员能够让客户感受产品的质量和服务的优秀，使其对品牌产生信心，那么这些小客户才有可能对产品及品牌产生信任，出现回购行为，增加购买频次和使用量，最终慢慢提升客户层级，并为企业带来更多的利润和发展空间。

2）减少没有升级潜力小客户的服务投入

对于没有升级潜力的小客户，企业不应该选择直接放弃，更不能简单地忽略这些客户，让他们对企业产生不满。这样会给企业的品牌带来巨大的负面影响。

在网络时代，信息传递极其迅速，一旦某个客户对卖家的产品、品牌乃至服务产生不良口碑，也会对企业形象造成巨大的影响。因此，对于这类小客户，企业可以参考一些服务行业的做法。

一个常见的做法是，企业可以采取自助服务的方式，为小客户提供便捷、快速、简单的在线服务。例如，建立在线知识库或 FAQ，提供产品使用手册、视频教程等各类学习资料，帮助小客户解决常见的问题和疑问。这种方式不仅可以帮助企业节省服务成本，而且可以提高小客户的满意度和忠诚度，增加未来的回头率。

另外，企业也可以考虑通过优惠促销、礼品赠送等方式，鼓励小客户继续购买自己的产品，以此提高小客户在未来的价值。这样既可以维护小客户的良好关系，又可以保护品牌形象和企业利益。

3）淘汰劣质客户

虽然企业应该尽心竭力地服务所有客户，但并不是所有客户都值得企业费尽心思去维护。总会有一些劣质客户，他们对企业既不能带来利润及增值，甚至会侵蚀其他客户给企业带来的利润。

视野拓展：对不同级别客户的流失采取不同的态度

例如，拒绝沟通、恶意给差评的客户；不停骚扰客服人员却迟迟不下单的客户；对产品各种挑剔、中伤品牌与企业的客户，拒绝付款以差评威胁企业的客户等。一旦这些客户做出破坏企业与品牌形象的行为，企业应该率先联系运营平台提出申诉，而不是被迫消耗资源。

在事后，企业甚至可以直接建立劣质客户黑名单，将这些客户列为拒绝往来客户，从而防止其再次出现。这不仅可以保护企业的品牌形象和企业利益，还能减少企业的工作量和精力开销。与此同时，企业也应该尽最大努力去吸引和留住优质客户，为自己的业务和品牌带来更多可持续的利益。

企业针对不同级别的客户采取分级管理和差异化的激励措施，可以使关键客户自豪地享受企业提供的特殊待遇，并激励他们努力保持这种尊贵地位；同时，刺激有潜力的普通客户向关键客户看齐，鞭策有潜力的小客户向普通客户甚至关键客户看齐，坚决淘汰劣质客户，这样，就可以使企业在成本不变的情况下，产生可观的利润增长。

> **[职业技能证书考点]**
>
> 根据1+X网店运营推广（初级）职业技能要求，在网店客户服务项目中客户关系维护的任务下，要求学生能够根据客户信息分析，将客户分级划分，并为不同类型的客户提供差异化服务。
>
> 例题：【单选题】卖家通过客户分级后主要针对忠诚客户与流失客户提供差异化服务，针对流失客户使用的营销方法是（　　）。
> 　A. 优惠券营销挽回法
> 　B. 场景营销挽回法
> 　C. 情感关怀挽回法
> 　D. 支付宝红包营销挽回法

7.1.3 跨境客户分类管理

除了针对性地对客户进行分级管理，跨境客服人员还可以通过客户分类进行客户管理，可以从客户的性别特征、所属区域、浏览特征、性格特点、下单习惯、留评行为等角度判断客户需求、消费水平、购买能力后，对客户进行归类并制定相应的服务对策。

（一）按网购客户下单习惯分类管理

1. 狂热爱好者

这些客户非常喜欢网购，购物频率高，并且对商品相关信息敏感度也高。虽然他们的购物行为未必全都是理性的，但对于每个常购平台的优惠活动了如指掌，在社交网络上的购物性群组中占据主导地位，非常热衷于下单并接收来自各大跨境电商平台的快递包裹。

针对这类客户，卖家需要提供更加完整和详细的商品信息，并在推荐产品时多提供商品的图片与文字信息，必要时附带一些使用视频，以增强客户的购买欲。卖家还可以邀请这类客户提出个性化的产品建议，并试用新品，以满足他们的需求，并刺激他们的购买欲。同时，卖家还可以在社交网络上与这类客户互动，了解他们的购物偏好和需求，并通过合适的优惠活动吸引他们进一步了解和购买自己的产品。此外，卖家还可以通过增加购物体验的趣味性，如提供小礼品、折扣券等方式，提高客户的满意度和忠诚度。为了更好地提供跨境客户服务，卖家也需要关注客户的文化背景、语言习惯等方面，提供更贴近客户需求的服务。同时，卖家还需要提高自身的跨境服务能力，包括了解产品相关的法律法规、海关政策等信息，以确保顺利进行跨境交易。

2. 目标明确者

这类客户对购物有自己的理念和标准，并会更为明确地寻找符合自身需求标准的商品信息。他们会使用关键词进行搜索，找到合适的产品后就会下单购买。在选择过程中，他们主要参考产品描述和其他客户对产品的评价，甚至会向客服人员详细地咨询。

对于这类客户，卖家需要投其所好，提供最直接明了的真实产品信息，向他们展示其他购物者的购物体验与评价。同时，针对电子产品等需要专业知识的商品，卖家也需要配备具有丰富专业知识的客服人员,以解答客户疑问。卖家还可以通过不断改进产品描述、优化产品页面等方式提高产品的可信度和吸引力,增强客户的购买欲望。同时,卖家还可以通过有针对性的促销活动,引导这类客户进一步了解和购买自己的产品,从而提高销售额和客户满意度。

最后,卖家还可以通过分析客户数据和消费行为,了解这类客户的购物偏好和需求,不断完善自己的服务和产品,提高客户的忠诚度和回头率,从而实现可持续的业务增长。

3. 低价淘货者

这些客户只有一个购物标准,即低价。即使有些价格对很多人来说不合理,他们也会被低价吸引而点击产品链接。他们没有品牌忠诚度,非常敏感于价格,购物时间大部分用来比较价格,对找低价商品始终保持耐心。当不得不购买价格较高的商品时,他们会比较多个卖家的价格,有时即使知道不可能,也会尝试与客服人员讨价还价以获得更好的价格。图 7-2 所示为速卖通筛选价格搜索页面。

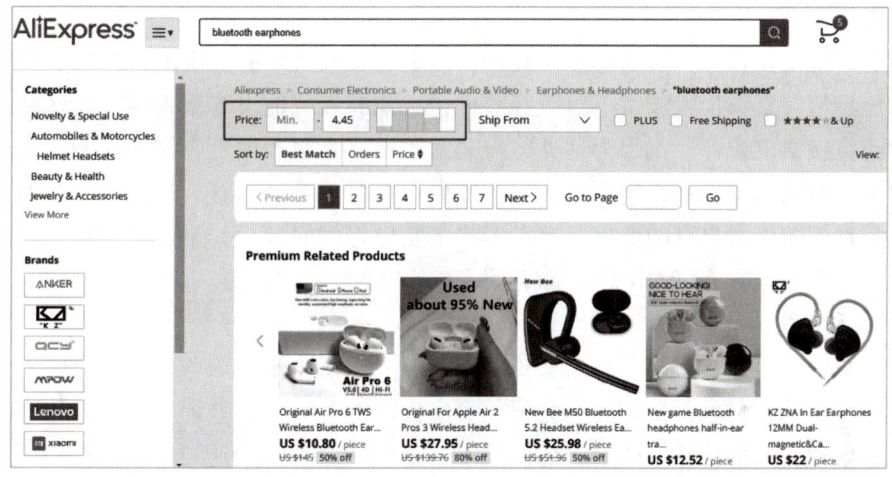

图 7-2　速卖通筛选价格搜索页面

对于这类客户,跨境客服人员要多向其推荐特价商品。当他们犹豫不决时,可以提供适当的折扣及优惠券。

4. 谨慎购物者

这些客户对跨境贸易平台和网购都有一定程度的不信任。他们担心在跨国网购物时可能会收到描述不符合的商品/货物,也担心通过这些平台进行购物会导致个人信息泄露。这些客户最初的购买意向可能并不明确,所询问的问题通常与产品的真实性、是否能够退换货等有关,在面临两个卖家提供的相同产品时,通常存在选择恐惧症,下单后再出现"买家自责",即后悔下单的感受。

面对这类客户,客服人员应积极肯定地向其说明卖家对产品和服务的负责态度,以及卖家在售前、售中和售后的服务政策,承诺提供最优质的服务,并让客户对自己的购买决策感到满意。店铺服务等级的提高也可以增加客户对卖家的信任感。

5. 跨境初购者

这些客户可能已经有过网上购物的经验,但却是第一次通过跨境电商平台从其他国家的卖家那里购买商品。其中一些人与上述"谨慎购物者"很相似，由于地域不同、语言沟通障碍等原因，对跨境电商平台和卖家都有一定程度的不信任感。

在这种情况下，客服人员必须耐心地解释并积极地介绍自家产品的优点，也要注意累积好评作为主要参考因素。另一部分客户则更容易适应环境，清晰明了的操作页面、详细明确的产品描述和照片为这类客户下单提供了更有效的帮助。

（二）按网购客户性格特点分类管理

1. 外向健谈型

很多这一类型的客户来自社交平台，因为关注和喜爱卖家分享的产品故事或推文，进而对产品产生兴趣。他们喜好交友与聊天，最初对和社交网络的账号主人进行交流和分享可能更感兴趣。聊得多了，成了朋友，客户出于对朋友的信任，下单也会比较爽快。因此，对于这些热情健谈的客户，卖家可以重点关注，保持真诚热忱的服务态度。

2. 理智友好型

这类客户情商比较高，咨询过程有礼貌，尊重客服人员，不会提出苛刻的服务要求，即使遇到物流延迟、货物损毁或货不对版等事件，也能够理智地与客服人员进行沟通，而不是口出狂言或直接奉上差评。正因为这类客户非常难得，客服人员更应该为他们提供更优质的服务。卖家应主动承担责任，宁愿自己承担损失也要尽量避免给客户造成损失，而不是因对方的宽容和理解放松对自身的要求。这类客户享受更好的服务后，更容易提高忠诚度，产生回购行为，并且向他人夸赞卖家的产品和服务。

3. 干脆利落型

这类客户比较自信，对产品有自己的一套判断标准。他们选中货物后，直接下单购买；到货后，会尽快确认付款；使用后，会根据真实情况给予好评或差评。整个购物过程几乎不与客服人员沟通，即使你非常热情，他们也不会给予回应。对于这类客户，应用比较直接的方式对待，如在站内信中直接对其表示谢意，同时说明在下次购物时可以给予一定的优惠。在这之后最好不要再发营销邮件，以免被认定为骚扰。

4. 热衷谈判型

这类客户无论面对哪种程度的优惠与折扣，都难以满足，总是希望通过讨价还价再得到些让利。他们在与客服人员沟通时，会以其他卖家同类产品的价格、产品本身可能的不足、包装方面的欠缺等一系列理由，要求降价。这类客户坚信只要纠缠客服人员，就一定能得到优惠。面对这类客户，卖家最好不要轻易妥协，否则他们很有可能不满足，会一再要求多降一点。只有从一开始就坚定地表达价格不可能退让，并且坚持到最后，才可能让他们信服自己受到的和所有客户是一样的待遇，做出购买决定。

5. 固执自我型

这类客户常以自我为中心，不会站在他人的立场考虑问题，仅关注自身的利益得失。他们一般会拒绝沟通，不接受他人的意见与建议。客服人员未对邮件及时回复，可能会在遇到问题后，引起他们的投诉。若交易过程出现问题，他们可能直接就给差评。遇到这类客户，还是需要有足够的耐心，理智地与对方进行沟通，尽量让对方感受到足够的尊重，而不是争吵或是放弃。

（三）按网购客户留评行为分类管理

1. 晒单"狂魔"型

这类客户是跨境电商卖家的最爱，他们不需要引导与提醒，总是在第一时间发布最兴奋的文字，还会将精心处理的图片上传到买家评价。一旦产品得到他们的喜爱，他们甚至会在社交网站上公开分享自己的使用心得。这个过程是他们的乐趣所在，如看客有兴趣向他们请教产品相关的问题会让他们更有成就感。图7-3所示为买家晒单页面。

面对这类客户，卖家所需要做的最重要的事，就是将产品做到最好。只有好的产品才得到好的评价，如果产品质量不过关，这类客户的真实宣传将给卖家带来负面影响。同时卖家应感谢他们的分享，也可以邀请他们对产品理念与功能设计提意见，这类客户将会非常乐于参加这些项目。

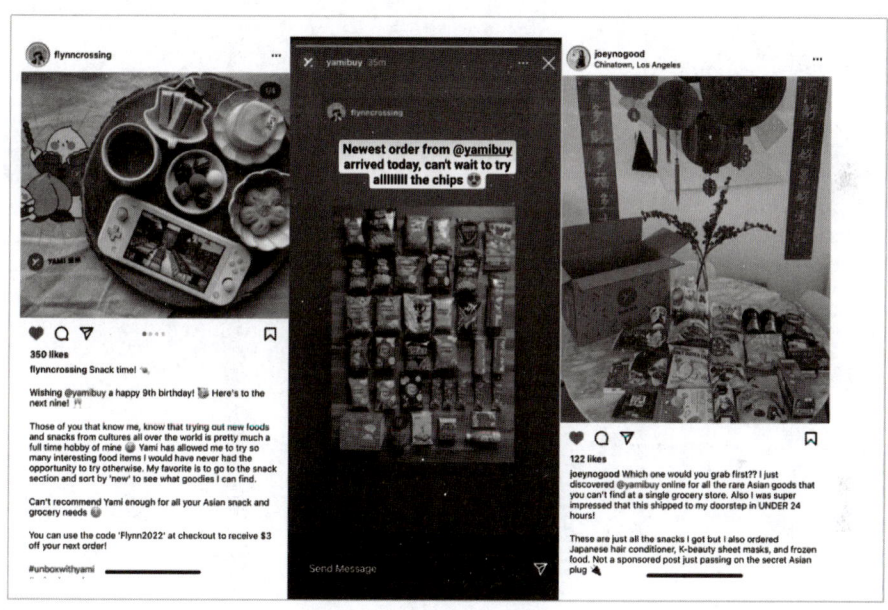

图7-3 买家晒单页面

2. 理性留评型

这类客户对网购流程及自身需求非常明了，但是一般不会在收货后立即给予好评。他们认为自己的评价会对后来者起到一定的参考作用，所以会在真正使用产品后，写下使用心得。可能不会有太精彩的文字，但一般措辞比较真实，更能让观评者信服。对于这类客户，不需要催评，可以多与对方沟通产品使用感受，对方提出的问题应及时解决，避免因产品问题或服务的不到位出现负面评价。图7-4所示为买家评价页面。

3. 忽略评价型

这类客户没有主动留评的习惯，在他们的观念中，交易行为到收货付款就结束了。或者说，他们认为自己没有必要花时间去主动留评，常常是遇到问题了才想起评价这回事。还有一类客户是新手买家，他们可能并不知道卖家期待在交易结束后得到他们宝贵的评价。图7-5所示为买家忽略评价。

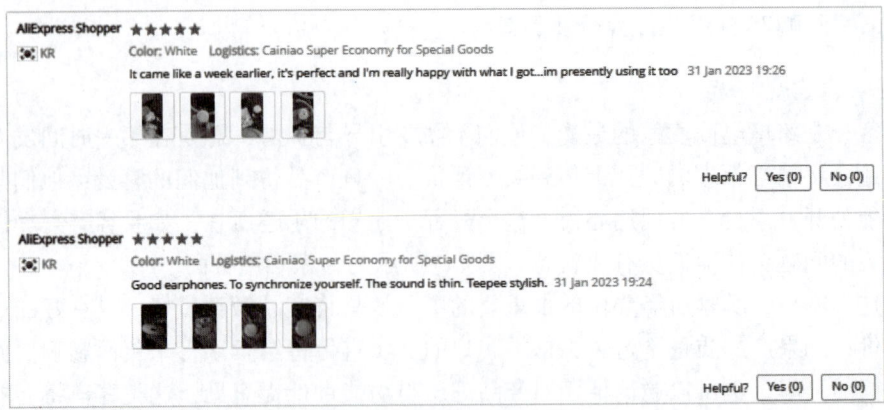

图 7-4　买家评价页面

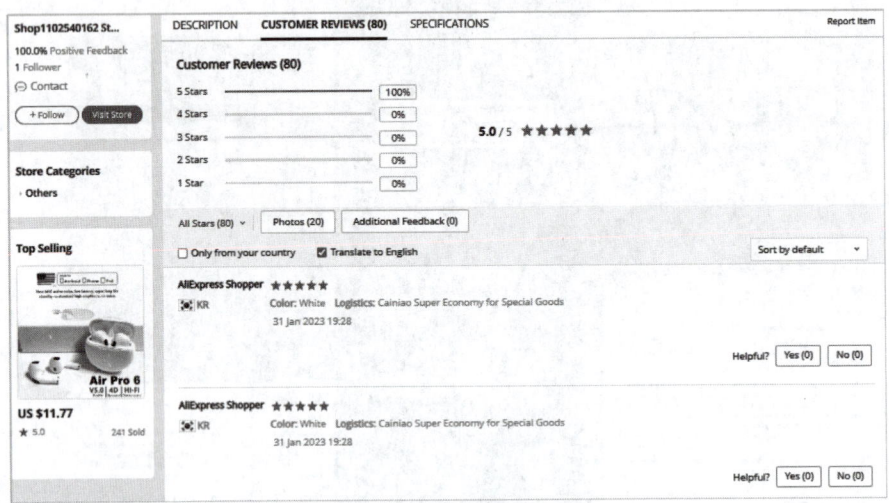

图 7-5　买家忽略评价

对于这类客户，卖家在提供高性价比产品的同时，可以采取一些方法引导他们给出评价，如发站内信进行交流，或者在货物包裹里放上卡片，真诚地表示为了让后来的客户能有更多的参考信息，邀请他们在使用商品后给出评价，并将留评的操作步骤截图印制在卡片上。

对于企业来说，80% 的收益来自 20% 的高贡献度的客户，也就是说少数的客户为企业创造了大量的利润，而多数的客户仅为企业带来了少部分利润。由此可见，客户价值有大小，贡献有差异。因此，对客户进行分级分类管理，根据利润贡献比较大小，为他们提供有针对性的服务，将一部分关键客户转化为企业的忠诚客户，从而持续不断地为企业创造更多的利润。

视野拓展：跨境客户分级管理与分类管理的区别与联系

任务二　客户跟进管理

客户跟进管理是指在销售的过程中，建立有效的客户关系、提高客户满意度并促进销售业绩增长的管理手段。在跟进过程中应提供专业、贴心的服务，加强与客户之间的信任和沟通，积极推动口碑传播，提高品牌形象和知名度。建立良好的客户关系，及时跟进客户需求和问题，展现企业专业态度和责任意识，提高客户对企业的信心和满意度。

 任务描述

浙江超卓有限公司在各个跨境平台的网店在运营了一段时间后，已经积累了不少客户，回头客也比较多，其中有些还与店铺有着频繁的互动；当然，也有部分访客表现出对店铺产品的兴趣，做了相关咨询，并没有购买。为有效维护和拓展客户，李佳已经完成客户的分级和建档，接下来请你帮助李佳一起针对这些分级的客户进行跟进管理，目的是维护好客户并提高客户满意度和忠诚度。

 任务实施

步骤1：跟进客户。

根据前期整理好的客户等级信息表，针对性地进行跟进，目的是让客户感受到公司的重视以及起到进一步推销产品的作用，并填好如表7-5所示的客户跟进记录。

表 7-5　客户跟进记录

客户等级	分析客户需求	分析客户情况	跟进记录
关键客户			
普通客户			
……			

步骤2：提高客户满意度。

通过跟进回访，调查公司客户的满意度，并通过客户跟进管理，提升服务水平，提高客户满意度，并在整理完成后将其填入表7-6。

表 7-6　客户满意度提升

客户类型	客户满意度	原因分析	满意度提升方法
给予差评的客户			
未回购的客户			
……			

步骤3：提升客户忠诚度。

判断客户的忠诚类型，衡量客户忠诚度，并找到有效的忠诚度提升方法。客户忠诚度提升如表7-7所示。

表 7-7 客户忠诚度提升

客户类型	客户忠诚度	忠诚度提升的方法
潜在忠诚的客户		
方便忠诚的客户		
……		

 学习评价

组织学生进行分享展示,从任务执行质量、效率、态度三个维度开展学生自评与教师点评,如表 7-8 所示。有条件的,可以邀请企业专家参与评价。

表 7-8 客户跟进管理学习评价

评价维度	评价内容		分值	学生自评	教师评价	企业点评
		目标观测点				
任务二 客户跟进管理	任务执行质量	了解客户跟进管理的重要性	10			
		掌握客户忠诚度的衡量方法	20			
		掌握客户满意度及客户忠诚度提升方法	20			
		能够妥善维护客户关系,提升客户满意度及忠诚度	20			
	任务执行效率	能够快速精准地识别客户,达成客户分级及跟进任务	10			
	任务执行态度	能够科学严谨地判断客户满意度及忠诚度,服务意识强	20			
总评		目标达成总体情况	100			

 知识储备

在激烈的市场中进行竞争,为保证交易的达成,需要不断地跟进客户,在销售过程中,一般来说,如果开发 100 个客户,按照二八法则,至少有 80% 的客户需要二次跟进。及时、定期地对客户进行跟进,一方面能够使客户感受到我们对客户的重视,从而提高我们在客户心目中的地位,使客户更加信赖我们,从感情上维系与客户的合作关系;另一方面,有助于及时了解客户的需求,及时地调整战略步骤,更好地适应客户并自我发展。

7.2.1 认知客户跟进管理

在跨境 B2B 贸易中,对于一些新客户,大家互相没有信任基础,一次性谈成订单的客户太少,谁也不会轻易花很大一笔资金去购买一批未知的货物。大部分的客户都在跟进中成交,除去那种意向非常强烈的,比如事先了解过你们公司和产品并且有朋友推荐的有一定信任感的客户。因此,客户跟进就显得非常重要了,但是跟进客户还要掌握一定的原则,不能盲目地或者在不合时宜的情况下打扰客户。

(一)客户跟进管理的重要性

(1)提升客户满意度:通过客户跟进管理,企业能够及时、全面地了解客户需求,及时回应客户的问题和反馈，提供更优质的售前和售后服务，从而提升客户满意度和忠诚度。

（2）提高销售效率：客户跟进管理可以帮助企业深入了解客户的购买行为和需求，并根据客户的兴趣点和偏好，定制个性化的营销方案，有效地提高销售效率和转化率。

（3）建立良好的口碑：通过客户跟进管理，企业可以更加关注客户的反馈和需求，及时解决客户遇到的问题，提升客户体验。这有助于树立良好的企业形象和品牌口碑。

（4）探索商机：通过对客户的信息搜集和分析，企业可以发现客户的需求和痛点，从而为企业的产品和服务设计提供更准确的方向，同时也可以挖掘潜在的商机和市场需求。

（5）优化企业管理：客户跟进管理需要建立完善的信息管理体系和流程，这有助于企业优化管理，提高运营效率和服务质量。

（二）客户跟进管理的技巧

（1）掌握适度原则。掌握好跟进客户的频率，不宜太过热情，但也不宜不冷不热。比如，可以在客户发动态的时候及时地给客户一个点赞，一个评论。通过客户的朋友圈看客户最近做了什么，说了什么，包括客户使用的另外一些社交网络也要关注。

（2）不能太过着急。在跟客户首次沟通之后，要给客户一定的考虑时间，不要接着就询问客户意向，这样显得太过着急。无论是自己的言语、动作、心态，只要你着急，客户就能感觉到。如果太急会让客户认为你的目的性太强，从而更需要多一点思考的时间。

（3）要找到合适的借口。要和客户联系，首先需让客户不觉得诧异，而且借口和理由合情合理，也能让客户欣然接受。可以利用节假日给客户送祝福的时候探测客户的口风或者意向，或者当客户发了动态的时候，找机会和客户聊天。这样的方式既不显得刻意突兀，又让客户了解到你的想法，从而达到跟进客户的目的。

视野拓展：不同类型客户的跟进管理

（三）客户跟进过程中的注意事项

1. 分析客户的关注点

如果客户关注的是价格，在给他最优惠价格的基础上，要给他讲清楚价格以外产品的优势或附加价值，或者能给他提供什么保障；如果客户关注的是质量、效果，那就给客户提供多方面的反馈，证明质量是过硬的；如果客户关注的是服务，那你就给客户保障能提供多么周到、细致的服务，让他觉得与你合作将来无忧。

案例分析：星巴克不断提高客户的感知价值

但是考虑到这些核心关注点是基于你与客户的谈判过程和对客户的了解，不同的客户自身的需求和痛点也各不相同，所以需要以自身的能力进行处理。

2. 分析客户的不同情况

跟进客户也需要考虑不同客户的具体情况，针对不同情况的客户应采取不同的跟进方法。对已报价的客户，几天后要记得询问一下对方是否收到报价，如果客户有兴趣也有需要，但对价格还有不同意见的话，在跟进时最好收集其他同类产品或服务的价格情况，向客户说明自己所报价格的成本依据及优势等。

有些客户由于对产品或服务了解得还不够深入，表现出一种可买可不买的态度，让人捉摸不透其最终意图。这类客户首先需要你在跟进时进一步根据对方的反馈将自己的产品或服务以简洁的语言阐述清楚，并且向客户明确核心的优势，让客户知道购买你的产品或服务能给他带来什么样的好处，从而让其下定决心购买。

对于已经成交的客户，很多人总会狠心地"过河拆桥"，再也不搭理对方或者忽视对方。实际上，如果注意后续的跟进和维护，即使是已经成交的客户，也可能会再次成为"回头客"，甚至自发为你推荐更多的新客户。因此，需要适时地保持与这类客户后续的沟通，根据对客户需求的了解，有针对性地向其推荐新的产品或服务。

3. 做好客户跟进记录

客户跟进还要做好记录，在这个过程中可以使用客户跟进记录表，这样更方便整理客户信息。客户的信息包括客户的所有联系人、性格、脾气、爱好，最重要的是之前浏览过哪些商品，这些都是可以了解客户喜好的"蛛丝马迹"。卖家一定不要忽视这些细节。知道了这些，卖家就可以为客户提供个性化的服务了。

同时，每个客户服务人员最好能为自己联系过的客户进行资料建档，包括客户信息、货物信息、同行信息、操作流程、客户的商品对接人等，以便制定相应的服务策略。这时往往需要用到客户跟进记录相关表格。客户跟进记录表可以由跨境电商客户服务人员用 Excel 软件绘制而成，也可以通过目前的各种跨境电商 ERP 系统来创建。

7.2.2 客户满意度管理

客户满意度管理是指企业通过对客户需求和期望的调查研究，了解和分析客户在使用产品或服务过程中的感受和评价，并对客户反馈的信息进行处理和完善，以达到提升客户满意度的目的。常见的客户满意度管理方法包括客户满意度调查、客户反馈处理、客户投诉管理等。

（一）提升客户满意度的重要性

客户满意度被认为是适度维持既有客户和吸引新客户的关键因素之一。高的客户满意度可以帮助企业留住老客户，增加忠诚度，并减少退货率以及负面评价。同时，它也能够提升品牌形象，吸引更多的潜在客户。

客户满意度通常是基于客户在服务过程中的整体体验来评估的。这包括产品或服务的质量、交货时间、售后服务、沟通水平、价格等方面。客户在这些方面的体验直接影响了他们对企业的态度和未来行为决策。企业可以通过不断地优化产品和服务，以及积极地关注和处理客户反馈，提高客户满意度。

（二）客户满意度的衡量指标

（1）客户反馈：与客户建立良好的沟通渠道，收集客户的反馈和评价。可以通过电话、短信、电子邮箱、在线调查等多种形式进行反馈收集。

（2）客户投诉率：投诉率是客户不满意的一个重要指标，如果企业在服务中存在问题，可能会引发客户投诉，因此需要加强对投诉的处理。

（3）重复购买率：衡量客户对于产品或服务的满意度，要看有多少客户会再次下单。

（4）竞争力：了解客户选择本企业的原因，并将其与市场上其他同行业企业进行比较和分析，考察企业的竞争力。

（5）客户可推荐度：该数据表示客户愿意推销你公司产品的概率。

（6）反馈率：依据询问客户情况的方式占合理市场比例。

以上指标或方法，经常被用作客户满意度的衡量指标，企业可以根据自身情况选择合适的指标或方法来衡量客户满意度，为之后的改进提供基础数据。同时，企业还应根据不同的行业特性和服务模式，制定出科学的客户满意度衡量方法。

（三）提升客户满意度的方法

提升客户满意度可以从以下几个方面入手。

（1）了解客户需求：企业应该了解客户的需求和期望，以提供符合他们要求的产品或服务。

（2）提供高品质的产品和服务：企业应注重产品和服务的质量，提供优秀的售前、售中和售后服务。

（3）快速响应客户的反馈：及时回复客户的投诉和建议，确保能够有效地处理客户问题。

（4）建立良好的沟通渠道：为客户建立多种沟通渠道，如热线电话、电子邮件、在线聊天等方式，更好地理解客户需求并提供及时帮助。

（5）注重客户体验：让客户感受到温暖和友好的服务态度，持续改进服务质量和流程。

（6）提供个性化服务：在可能的情况下，为每个客户提供个性化的服务和定制方案。

关注客户内部管理：注重了解企业开展的客户管理工作情况，详细地记录客户对产品或服务的反馈信息，坚持不断改进整个服务生态圈。

总的来说，提升客户满意度需要企业全面把握客户需求和反馈，并不断改进产品和服务，建立良好的客户关系。同时，要搭建开放、多元化的沟通平台，展现真诚、关爱的态度，赢得客户信任并提高客户满意度。

7.2.3 客户忠诚度管理

在以客户为导向的市场环境中，企业要想长期发展下去，必须维护好老客户并且不断开发新客户，同时还要提升现有客户的满意度和忠诚度，为企业赢得一批忠诚客户，才能持续地获取利润，在市场中占有一席之地。那么在所有的客户中，你的客户忠诚吗？什么样的客户才算忠诚呢？

客户忠诚度是指客户满意后产生的对企业某种产品、品牌的信赖和维护，希望重复购买的一种心理倾向。但客户忠诚度并不等同于客户满意度，在某次服务过程中也许你赢得了95%的客户满意度，但在忠诚度上可能还相差很远，所以企业一定要搞清楚哪些才是企业的忠诚客户。为忠诚客户提供更好的超值服务，才能与客户维持长期的合作关系，为企业创造更多的利润。

案例分析：客户忠诚的战略意义

（一）忠诚客户的类型

（1）潜在忠诚：客户希望能够不断地购买企业的商品或服务，但由于企业的一些内部规定或其他因素限制了这些客户的购买行为。

（2）方便忠诚：类似于惰性忠诚，方便忠诚指客户由于供应商所处地理位置的便利性，总是在该处购买商品或服务，一旦出现更方便的供应商或更满意的目标后，客户的这种忠诚就会随之减弱，甚至消失。

（3）价格忠诚：客户对商品或服务的价格非常敏感，重复购买的原因在于企业所提供的商品或服务的价格符合其期望。价格是影响价格忠诚客户购买行为的关键因素，他们更倾向于能为其提供最低价格商品或服务的企业。

（4）激励忠诚：在企业提供奖励计划时，客户就会经常去购买企业的商品或服务，因此企业所提供的奖励是影响客户重复购买的关键因素。一旦企业不再提供奖励时，这些客户可能就会转向其他能为其提供奖励的企业。

（5）超值忠诚：客户在了解、消费企业商品或服务的过程中与企业产生了某种感情上的联系，或者对企业有了趋于正面的评价而表现出来的忠诚。具有超值忠诚的客户不仅在行为上表现为重复购买商品或服务，而且在心理上也对企业的商品或服务有着高度的认同感。

（二）忠诚客户的判断依据

（1）重复购买次数：忠诚的客户会经常、反复地购买同一产品或服务。客户购买企业产品及服务的次数越多，越能说明客户对该企业的忠诚度越高。

（2）挑选产品的时间长短：从客户挑选产品的时间也能看出客户对企业的忠诚度差异。通常来说，如果客户挑选的时间越短，越能说明客户对该企业的信任度和忠诚度高。

（3）是否乐于向他人推荐你的产品：忠诚的客户是愿意为企业进行口碑宣传的，乐于推荐企业产品，将自己的使用感受分享给更多的人，能够帮助企业挖掘更多的潜在客户。

（4）是否抵触企业的竞争对手：对企业产品或服务比较忠诚的客户，会对企业竞争对手的产品有排斥心理。如果客户对竞争对手的产品有好感或者有购买行为，那么就说明客户对企业的忠诚度是比较低的。

（5）对产品价格变动的承受能力：忠诚的客户通常对自己喜爱及信赖的产品价格敏感度比较低，当产品价格因某种因素调高时也不会立即停止购买，但如果是对企业忠诚度比较低的客户，对于价格变动的承受能力会比较弱。

（6）对企业的宽容程度：企业忠诚客户在面对产品或服务出现轻微的质量问题时，一般会采取较为宽容的态度，会谅解和协商，不会失去对产品的信任和喜爱。但是客户如果对产品忠诚度不高，那么一旦出现质量问题，就会进行投诉，要求索赔甚至诉诸法律等强硬手段。

（三）客户忠诚度梯度

著名的营销专家格里芬（Jill Griffin）提出过客户忠诚阶梯的概念，描述了企业与客户建立客户关系和客户忠诚的过程往往会经历以下七个阶段。

阶段一：潜在客户

潜在客户是指那些有可能购买企业产品或服务的客户。企业往往假定这些客户有可能购买，但并没有足够的信息来确定或证明这一点。在大众市场营销中，企业往往将符合目标产品使用需求的人都认为是潜在的目标客户，一些公司也往往以此为依据来计算潜在市场容量。

阶段二：目标客户

目标客户是指需要企业的产品或服务，并且有购买能力的客户。比如那些正在光顾手机卖场准备更换新手机的客户就是这类客户。尽管这类目标客户目前还没有购买企业的产品或服务，但他们可能已经听说过企业的一些情况，了解过企业的产品或服务，或者听到过别人的推荐。目标客户知道企业是谁，企业在哪里，以及企业卖什么，只是他们目前仍然没有购买企业的产品或服务。

阶段三：不合格的目标客户

企业往往对这些客户已经进行过研究和调查，知道他们暂时并不需要或没有足够的购买力来购买你的产品或服务。比如，对宝马汽车非常喜爱，但又没有足够经济实力的车迷们。

阶段四：第一次购买者

第一次购买者有可能成为企业今后的长期客户，但也很有可能仍然是企业竞争对手的客户。

阶段五：重复购买者

重复购买者已经向企业购买了多次产品或服务。这类客户的购买行为主要有两类，一类是重复产品的多次购买；另一类是在不同的场合购买了企业两种以上的产品或服务。

阶段六：长期客户

这些长期客户会购买他们所需要而企业又正在销售的所有产品。这类客户通常是周期性地采购。企业必须生产和销售这些长期客户所需要的产品或服务，以适合这类客户的需求。企业与这些客户已经建立起稳定而持续的客户关系，这些客户不会轻易被竞争对手所吸引。这些长期客户往往是企业最主要的利润来源。

阶段七：企业拥护者

与长期客户一样，企业拥护者会购买他需要或可能使用的企业正在销售的所有产品，并且也是周期性地采购。同时，拥护者会积极推荐其他人购买。这些拥护者无时无刻不在谈论企业及产品，为企业的产品或服务做市场宣传，同时帮企业带来新客户。

（四）提升客户忠诚度的方法

当企业的忠诚客户群体比较少甚至没有时，企业就应该认真思考如何去提高客户的忠诚度，积累更多的忠诚客户，为企业创造收益。

1. 让客户感到满意

首先企业应该保证产品的质量，提供质优价廉的产品。产品质量是企业开展优质服务、提高客户忠诚度的基础。客户对产品的忠诚在一定意义上也可以说是对其产品质量的忠诚。其次，企业应该努力使品牌在行业内比较专业且受欢迎，让客户在进行选择时的第一印象是好的，让客户产生信赖感。此外，客服人员要有良好的服务态度，热情积极地接待客户，并且在售前应清晰并充分地向客户提供上架产品的价格、规格、性能、效用、使用方法等信息；在售中应及时并准确地回应客户的咨询；在售后应重视客户的反馈信息，及时答复客户的疑问，处理客户的意见，积极处理客户纠纷。

2. 增加客户的信任

如果想让客户信任，那么首先需要遵守承诺，因此只要答应了客户的要求，比如，给到什么样的优惠，或者优先给客户发货，都应该如约完成，让客户觉得你说到做到，从而信赖你。客服人员还应该树立"以客户为中心"的理念，了解客户需求，为客户提供可以满足其需求的产品或服务。当客户在店铺中的每一次购物都非常满意时，他就会逐渐信任你，长期的信任就会形成客户忠诚。

3. 与客户保持积极的沟通联系

客服人员可以积极地与重要客户进行定期或不定期沟通，了解他们的想法与意见，并可以在之后的服务中使用这些意见进一步改进产品和服务。也可以邀请他们加入新品开发、设计、试用等决策过程，让他们享受到与众不同的待遇。如果条件允许，可通过重要客户留下的一些信息在一些重要的节假日，以恰当的方式予以问候。恰到好处的联系可使客服人员和部分客户成为朋友，通过互相关注社交网络，在日常也可为客户送上一些问候，解决客户在产品使用上的一些困惑等。

通过与客户积极的沟通，可以进一步维系与客户的关系，让客户感受到卖家的重视与关怀，从而加深企业在客户心中的印象，使客户在购买产品时能首先想到你，最终实现客户忠诚度的提升。

案例分析：针对性的服务，提升客户忠诚度

思政园地：坚守初心，提供优质服务

4. 重视客户的抱怨

当客户对于产品或者服务不满或者抱怨时，客服人员应该及时采取行动加以修正，尽量提出让客户满意的解决方案。要不然，客户就会因为失望而不再愿意提供反馈，并且客户的满意度也会降低，更不可能成为企业的忠诚客户。这个时候关键在于将心比心，把自己当成一名客户，问自己希望受到怎样的对待才会满意。以同理心去对待客户，让客户感受到你的真诚，从而对你的服务满意，进而提高对企业的忠诚度。每个客户都有自己的特点，企业只有做到知己知彼，努力运用技巧提高客户忠诚度才能在激烈的市场竞争中脱颖而出。

（五）客户满意与客户忠诚的区别与联系

客户满意和客户忠诚是企业中非常重要的两个指标，二者有以下联系和区别。

（1）联系：客户满意度和客户忠诚度是密切相关的。只有满足客户的需要和期望，才能获得客户的信任和支持，提高客户保持率和品牌忠诚度。

（2）区别：客户满意度强调的是客户对产品或服务的感受程度或评价，客户忠诚度则更多地关注客户对于品牌和企业的认可度和信任程度，着重于客户回购、续费过程中表现出来的忠诚度。

企业需要高的客户满意度来满足客户的需求和期望，从而获得新客户和留住老客户；企业追求高的客户忠诚度则需要建立长期的关系，实现销售增长和市场份额提升等目标。

在实际应用中，企业可以通过改进服务、促进沟通、投资营销推广等方式提高客户的满意度，以此为基础来保持客户忠诚度；也可以借助分析数据、针对性的市场策略等手段来提高客户忠诚度，从而取得更高的市场竞争力。总之，客户满意度和忠诚度是企业构建良好客户关系的基础，需要通过多种方式来提升他们的指标表现，并在实践中不断地强化两者的联系。

对跨境企业来说，客服人员是与客户直接接触的一个群体，他们的言行，往往代表着企业的形象，代表着企业的价值观。因此首先需要提升客服人员自身的忠诚度，然后在与客户的沟通中也会把这种理念传递给客户，所提供的服务才能促进客户满意度和忠诚度的提升。

 课外阅读

小米客户跟进管理

小米是中国知名的跨境电商企业，他们通过有效的客户跟进管理实现了成功的业务增长。

在小米的客户跟进管理中，存在一件真实事件，该事件是他们成功实施客户跟进管理的案例。这个事件涉及一位小米的高价值客户，他购买了一款小米旗舰手机，并在社交平台上对该手机进行了积极的评价，并且在评论中提到了一些产品使用上的体验问题。

小米的客户服务团队在发现这条评价后，立即与这位客户联系，表达感谢并表示对他的问题感兴趣。客户服务团队了解客户的反馈后，立即将问题转达给产品研发团队，并保持了与客户的良好沟通。

在与客户协商后，小米为该客户提供了以下解决方案。

（1）提供了关于产品使用的详细技术说明和操作指南，以帮助客户充分了解产品特性和使用方法。

（2）提供了一对一的在线客服支持，为客户解答疑问。

（3）针对客户在评价中提到的体验问题，小米迅速进行了产品改进，并承诺在未来版本中解决这些问题。

通过这种及时的客户跟进和解决方案的提供，小米成功地解决了客户的问题，并赢得了客户的满意和忠诚。这位客户也在社交平台上积极地向其他用户推荐小米的产品和服务品质，对小米的形象和口碑产生了积极的影响。

通过及时响应客户反馈、提供个性化的解决方案，并保持与客户的沟通，小米实现了客户满意度的提升，同时也加强了品牌形象和口碑。

项目小结

通过本项目的学习，了解了客户的识别方法，客户分级的依据以及客户的等级分类，只有通过明确的客户等级划分，才能有效地将企业有限的资源进行合理分配，并且进行差异化跟进管理，更大程度地使每一类客户都能够满意，从而提高客户的忠诚度，维护好每一位客户。

虽然认识到客户关系的重要性，但想获得这种持久稳定的客户关系，却是一个循序渐进的过程，不是一蹴而就的事。互联网在传统意义上改变了客户与企业之间的关系，客户比以往时候有更大的发言权和选择权，企业通过引进 CRM 系统，建立良好的客户关系，既能降低成本还能提高利润。

CRM 可以通过分析客户的需求以及服务和销售流程来改善服务质量，有效地提高客户满意度，帮助企业更好地留住客户。另一方面，CRM 系统对客户的投诉和反馈能及时给出预判，并自动让客服人员及时回应，有力地加强了服务团队的问题处理能力，客户的个性需求也得到了极大地满足，提高了客户满意度和忠诚度。

同步测试

一、单项选择题

1. （　　）是指客户在限定的时间内购买本店铺的产品或者服务的次数。
   A. 消费数量　　　B. 消费习惯　　　C. 消费频率　　　D. 消费次数

2. 客户关系管理是指企业在既定的资源和环境条件下为发现客户、获得客户、维系客户和（　　）而开展的所有活动。
   A. 提高客户潜在购买量　　　　B. 提高客户现实购买量
   C. 提高客户光顾次数　　　　　D. 提升客户价值

3. 以下各项中符合小客户的特点的是（　　）。
   A. 回购　　　　B. 合作稳定　　　C. 订单量少　　　D. 信任卖家

4. 以下各项中不属于客户忠诚的表现的是（　　）。
   A. 重复购买
   B. 对企业及其品牌产生信任与依赖
   C. 即使对产品不满也懒得投诉
   D. 向周边人强烈推荐企业的产品

5. 企业实施客户关系管理的最终目的是（　　）。
   A. 把握客户的消费动态
   B. 针对客户的个性化特征提供个性化服务，以客户为中心
   C. 做好客户服务工作
   D. 尽可能多地收集客户信息

二、多项选择题

1. 客户关系维护的意义主要有（　　）。

A. 有效节约成本 B. 增强卖家的竞争优势
C. 有利于发展新客户 D. 优化产品线

2. 关于客户忠诚度管理，以下各项说法中正确的是（　　）。
A. 如何让买家喜欢并重复购买就是客户忠诚度管理所要解决的问题
B. 让客户喜欢和依赖的前提是做好客户忠诚度管理
C. 客户购买的次数越多，其忠诚度越高
D. 一个客户是否忠诚于某个卖家，最直接的体现就是购买次数

3. 客户分级管理的方法有（　　）。
A. 关键客户管理法 B. 普通客户管理法
C. 小客户管理法 D. 重要客户管理法

三、判断题

1. 跨境电商客服人员只需专心服务新客户，老客户会自动购物。（　　）
2. 客户分级管理侧重于从客户的外在属性、内在属性或消费行为分类。（　　）
3. 客户满意只是客户忠诚的前提条件之一，客户满意并不必然导致客户忠诚。（　　）

四、简答题

1. 按照店铺与客户之间的关系，客户可以划分为哪些类型？针对不同类型的客户应该采取何种管理策略？
2. 假如你是一个销售女装店铺的客服人员，在营销过程中应该如何寻找并精准定位自己的优质客户？
3. 简述影响客户忠诚的因素，如何对客户忠诚进行衡量。
4. 如何对待没有升级潜力的普通客户和小客户？

综合实训

泽泰公司是一家销售厨房小家电的跨境贸易公司。该公司的客服团队需要与潜在客户进行跟进，以促成销售交易。然而，该公司的客服团队过于依赖手工记录和传统的跟进方式，并且出现了一些问题，如错过跟进的机会、信息丢失等。因此，该公司决定实施客户跟进管理系统，以提高客服团队的效率和提供更好的客户体验。

问题：请分析该公司可能遇到的问题，并提出一个有效的解决方案，以改进客户跟进管理。

提示：客服团队可能会面临跟进机会的错过或延迟，导致客户流失或交易机会丧失；手工记录和传统的跟进方式很容易出现信息丢失或不准确的情况，使客服团队在与客户互动时缺乏准备或深入了解客户需求的能力。

请你参考以上背景和提示，在回答问题时给出详细而全面的解决方案。

参考文献

［1］苏朝晖. 客户关系管理——建立、维护与挽救［M］. 3版. 北京：人民邮电出版社，2022.

［2］朱香奇，张涛. 外贸客户开发与管理［M］. 北京：机械工业出版社，2017.

［3］刘敏，高田歌. 跨境电商沟通与客服［M］. 2版. 北京：电子工业出版社，2022.

［4］张康，徐俊凌. 跨境电商客户服务英语：标准、案例、模板［M］. 北京：中国人民大学出版社，2022.

［5］"跨境电商B2B数据运营"1+X职业技能等级证书配套教材编委会. 海外客户开发与管理［M］. 北京：电子工业出版社，2021.

［6］"跨境电商B2B数据运营"1+X职业技能等级证书配套教材编委会. 海外社会化媒体营销［M］. 北京：电子工业出版社，2021.

［7］亚马逊. 适用于初学者：在亚马逊开设网店的基础知识［EB/OL］. https://sell.amazon.com/learn.

［8］罗俊. 跨境电商B2C背景下跨境客服常见问题与对策分析［J］. 中国集体经济，2021（34）：114-115.

［9］杨红，邱婉宁. 国际商务英语谈判与函电［M］北京：机械工业出版社，2022.

［10］陶境峰. TikTok运营实战［M］. 北京：电子工业出版社，2023.

［11］SCOTT D T. 潜在客户开发新规则：提高营销投资回报率的7种成功策略［M］. 北京：电子工业出版社，2022.

［12］易静，樊金琪，彭洋. 跨境电商客户服务［M］. 北京：人民邮电出版社，2023.

［13］蔡泽民. 开发：在外贸客户发掘中出奇制胜［M］. 北京：中国海关出版社，2020.

［14］AliExpress. 全球速卖通大学［EB/OL］. https://university.aliexpress.com/index.htm?spm=a2g09.8133122.0.0.59Yy4G.

［15］罗俊. 跨境客户关系管理［M］. 2版. 北京：电子工业出版社，2022.